智慧绿色交通

SMART ECO-FRIENDLY

朱鲤　张品立 等◎编著

上海交通大学出版社
SHANGHAI JIAO TONG UNIVERSITY PRESS

内容提要

近年来,伴随城市和经济的快速发展,交通问题日益复杂。从我国城市交通的生命周期来看,已经从以基础设施建设为主的增量型发展阶段,逐步进入了以品质优化提升为主的存量型发展阶段。在新阶段、新技术、新要求的背景下,智慧、绿色逐渐成为城市交通发展的重要主题和成功关键。为了及时总结交通领域智慧、绿色发展方面的研究成果,特此出版了本书。本书总结了智慧绿色交通研究背景、发展趋势及交通大数据采集与处理技术,分享了上海市城市交通设计院有限公司在智慧绿色理念下的交通大数据应用及探索经验,希望能给交通管理者、运营者、规划师、设计师等提供专业参考。

图书在版编目(CIP)数据

智慧绿色交通/ 朱鲤等编著. —上海:上海交通
大学出版社,2024.3
ISBN 978‐7‐313‐27628‐5

Ⅰ.①智… Ⅱ.①朱… Ⅲ.①智能技术‐应用‐交通
运输管理‐节能减排‐研究 Ⅳ.①U491

中国版本图书馆 CIP 数据核字(2022)第 185852 号

智慧绿色交通
ZHIHUI LÜSE JIAOTONG

编　著:朱　鲤　张品立 等
出版发行:上海交通大学出版社　　　　　　地　　址:上海市番禺路 951 号
邮政编码:200030　　　　　　　　　　　　电　　话:021‐64071208
印　制:上海颛辉印刷厂有限公司　　　　　经　　销:全国新华书店
开　本:880 mm×1230 mm　1/32　　　　印　张:14.375
字　数:370 千字
版　次:2024 年 3 月第 1 版　　　　　　　印　次:2024 年 3 月第 1 次印刷
书　号:ISBN 978‐7‐313‐27628‐5
定　价:98.00 元

前　言

近二十年来,随着我国城镇化进程的不断加快,城市规模迅速扩大,人口规模不断增长,城市居民的出行总量逐步增加,出行距离大幅增长,出行需求日趋多样化,出行品质要求不断提升。同时,城市交通结构也发生了显著变化,机动化出行率迅速上升,交通拥堵现象日益严重,能源消耗和环境污染不断加剧,可供增长的基础设施日趋减少。这些因素给城市交通设施和交通环境带来了巨大压力。与此同时,城市聚集了大量的人口、岗位,具备大规模的经济实力,成为各国经济社会发展的强大动力。伴随着城市规模和经济的快速发展,上海等中心城市的交通问题日益复杂。从我国特大型城市交通的生命周期来看,已经从以基础设施建设为主的增量型发展阶段,逐步进入了以品质优化提升为主的存量型发展阶段。在新阶段、新技术、新要求的城市交通中,智慧和绿色起到了关键性的作用。

在城市交通建设中,智慧和绿色体现了一种更加关注交通长远发展的价值观。过去,由于主观认识、技术条件等各种因素的制约,我们往往更倾向于将交通解决方案做成一个项目、一项工程,难以实现交通的横向和纵向的系统性和延展性。实际上,交通是一个鲜活的生态系统,其生命是在不断变化和更新中持续迸发活力的。近年来,得益于认识和技术上的提升,智慧和绿色发展给交通这个生命体提供了新的生机,智慧——赋予其灵魂与思想;绿色——赋予其生命与活力。

为了及时总结交通领域智慧和绿色发展方面的研究成果,特此编著了本书。第1章至第3章借鉴总结了现状智慧和绿色交通研究背景、发展趋势及交通大数据采集与处理技术,第4章至第17章探讨分享了我院在智慧绿色理念下的交通大数据应用及探索经验。希望本书给交通管理者、运营者、规划师、设计师提供参考。对于本书存在的不足之处,我们也将在后续研究中再接再厉地跟踪提升。

目　录

智慧绿色交通的研究背景

1.1 智慧绿色是交通发展的必由之路

城市交通系统是由海量交通出行需求、基础设施供应系统、交通服务配套系统、交通政策及管理系统组成的一个典型的开放的复杂系统[1-2]。交通出行具有多行为主体、高密度、个性化、多样性、动态性、随机性、影响因素复杂、区域差异大等特征。此外,随着经济快速增长、城市化进程加快和城市规模的不断扩大,人口在城市中大量聚集,机动车数量快速增长,使得城市交通需求激增。城市交通管理面临着越来越艰巨的任务,交通拥堵、环境污染等问题日益突出[1]。

在我国快速城市化进程中,交通需求和机动车的急剧增长带来了严重的交通拥堵问题,严重影响了居民的日常生活,已经成为制约城市发展的瓶颈,主要表现为道路交通拥堵,平均出行时间较长,出行效率下降;交通量过于集中在干线道路而引起主要节点出现堵塞;道路网应变能力差,遇事故、恶劣天气极易引起大范围交通瘫痪等[2]。

机动车的数量呈现出逐年大幅度增长的趋势,车辆的增多和各地间交流的日益频繁,为交通带来了巨大的压力,交通管理工作难度增加,交通堵塞问题严重[3](见图 1-1)。随着城市机动化水平的迅猛发展,尤其是私家车的急剧增长,城市停车难、乱停车等问题也日益突出。乱停车不仅挤占道路资源,而且直接影响城市交通安全,严重影响城市的可持续发展[2]。

图1-1　严重的城市交通拥堵现状
（资料来源：https://www.renrendoc.com/paper/95876357.html）

随着国家经济和交通运输水平不断提高，我国民用汽车保有量随之不断攀升，2018年已达23 231.23万辆，多座城市存在严重的车辆出行拥堵。同年全国道路交通事故也仍旧保持较高水平，伤亡人数约为32.17万人，直接经济损失高达13.85亿元。当下，国民日益增长的生活出行需要和不平衡不充分的交通建设发展之间的矛盾凸显，对交通发展提出了更高的要求[4]。

城市交通带来的环境问题日益严重。交通运输业是继工业和建筑业之后的第三大排放源，城市交通的碳排放在城市整体的碳排放结构中占据较高的比例[2]。近年来，随着城市交通机动化水平的提高以及交通运输业对油品的消耗较大的用能特点，造成城市大气环境污染严重，环境质量每况愈下，带来的环境问题也越来越严重[1]。另外，交通噪声对居民的影响越来越严重[2]。近年来，在我国环境投诉案件中,交通噪声投诉的占比正逐年提高,在特大城市已经超过 40%,交通噪声的影响已经从单纯的环境问题逐渐发展成为社会问题[1]。

城市交通面对各种问题和挑战,传统的交通管理模式已经无法满足现代交通需求,倡导节能环保的绿色交通出行方式,推行精细化智慧化的管理模式,加强大数据技术的应用,促进交通管理模式的变革已成当务之急[3]。

1.2　智慧绿色是阶段发展的必然要求

智慧绿色是目前阶段国内外对交通发展的共识。2016 年联合国在《新城市议程》的愿景部分提出:"所有人的城市"作为公正、安全、健康、便利、可负担、韧性和可持续的场所,被提升为实现人类繁荣和优质的未来生活的首要途径。对纽约、伦敦等 10 余个全球城市的发展规划进行词频分析,发现竞争力(活力、创新、经济等)、可持续(环境、生态、韧性等)、幸福感(宜居、就业、健康等)是这些城市定位表述中最关注的三个维度。从国内来看,融入全球分工协作体系,实现城市的国际化发展已经成为我国主要城市的共同追求,对创新、绿色等目标的强调,则反映出新时代城市追求高质量发展的基本诉求。上海市城市总体规划(2017—2035 年)也提出:牢固树立创新、协调、绿色、开放、共享的发展理念,注重以人民为中心,强化资源节约集约利用,着力探索高密度超大城市发展路径,推动上海城市健康可持续发展[5]。2019 年 3 月 1 日起实施的《城市综合交通体系规划标准》,与 95 版规范相比,提出了增量阶段是用户的广受益,存量阶段必须突出绿色交通优先[6]。

1.3　政策引导是智慧绿色的有力保障

习近平总书记指出,实现中华民族的伟大复兴,就是中华民族近代最伟大的中国梦。城市是区域的中心,是产业经济的主要载体,是创新创意的源泉,是国际交往的重要平台。城市愿景是时代特征的集中体现,并随着时代要求的变化而不断演进,人们对城市发展愿景的认知和对理想城市的定义发生了重大转变。智慧城市、生态城市等概念相继出现,进一步引领着新时代城市发展愿景的方向性转变。新时代中国城市发展背负着实现"中国梦"的重要使命。因此,要有长远目光,紧跟全球城市发展的步伐,追求高质量、可持续的发展[7]。

2019 年 9 月 19 日,中共中央国务院印发《交通强国建设纲要》,明确大力发展智慧交通:推动大数据、互联网、人工智能、区块链、超级计算等新技术与交通行业深度融合,推进数据资源赋能交通发展,加速交通基础设施网、运输服务网、能源网与信息网络融合发展,构建泛在先进的交通信息基础设施。2019 年 12 月 12 日,交通运输部印发了《推进综合交通运输大数据发展行动纲要(2020—2025 年)》。

随着环境和能源形势的日益严峻,能源和环境已成为当前全球最为关注的问题。环境污染、交通拥堵是目前中国大城市建设与发展中的突出矛盾,推广应用高效、清洁的新能源,减少经济发展对石油资源的依赖,对于调整我国的能源消费结构、改善环境污染、实现能源和环境的可持续发展具有重大的现实意义。

从国家政策来看,新能源汽车行业是近年来国家大力支持和发展的行业,发展新能源汽车是缓解我国对石油能源的依赖、大气污染等问题的有效手段之一,同时也是我国实现汽车产业转型升级的必由之路。2018 年 11 月,为加快推进充电基础设施规划建设,全面提升新能源汽车充电保障能力,推动落实《电动汽车充电基础设施发展指南(2015—2020 年)》。2019 年国家发布《新能源汽车产业发展规划(2021—2035 年)》(征求意见稿),提出力争通过 15 年的努力,纯电动汽车将成为主流汽车,燃料电池汽车实现商业化应用,公共领域用车全面实现电动化[8]。

1.4　技术创新是智慧绿色的重要条件

新一轮信息技术革命孕育兴起，全球信息化进入全面渗透、加速创新的新阶段。当今世界，信息技术创新代际周期大幅缩短，创新活力、集聚效应和应用潜能裂变式释放，以更快速度、更广范围、更深程度引发新一轮科技革命和产业变革。新一代信息技术加速突破应用，数字化、网络化、智能化服务将无处不在，并广泛渗透到城市发展的方方面面，新模式、新业态不断涌现，现实世界和数字世界日益交汇融合。面对信息时代发展的新机遇，各国都在城市智能化、经济社会数字化的转型发展上发力，积极布局建设数字化基础设施，打造高度智能化、现代化的公共服务、生产生活、城市治理的城市运行体系[9-10]。

随着通信技术、计算机技术的飞速发展，诸多新一代信息技术涌现，包括大数据技术、人工智能技术、移动互联网技术、云计算技术等。移动互联网与大数据、人工智能和云计算的结合又催生"出行即服务"的诸多新业态，包括共享出行和分时租赁等，提升了公众出行服务体验，同时使需求良性引导成为可能，例如根据道路容量计划每个人的出行时间、预约出行[9-10]。

智能网联和自动驾驶结合更是对未来交通发展以及泛在控制提供可能。传统控制是面向群体的定点强制性控制，例如信号控制。泛在控制是指对每辆车在行进途中随时都可以进行控制，包括路径选择控制、红绿灯前置控制、车与车之间的安全控制等。5G 的发展及 5G 国家标准的出台使未来交通进入快车道，交通领域自动驾驶和车联网是 5G 重要的应用领域。大数据技术是诸多信息技术的核心，也为交通需求演化带来深远影响。这些新技术促进了智能网联时代的到来，各种信息技术相互交融，不仅深刻改变着人的生活和出行，也掀起交通领域管理模式和服务模式的变革[9-10]。

参考文献

［1］张博.PRT 交通模式改善城市交通与环境［J］.建筑与环境,2014(1)：15‐17.

［2］孟越.论中国交通现状［EB/OL］.［2020‐12‐15］(2020‐04‐04). https：//wenku. baidu. com/view/6420c9a92e3f5727a5e96.

［3］董宏伟,刘玮.智能交通系统的发展与应用［J］.科技与企业,2012(11)：95.

［4］欧阳汛.智慧交通建设的现在和未来［J］.施工企业管理,2020(11)：65‐68.

［5］汪光焘.城市：40 年回顾与新时代愿景［J］.城市规划学刊,2018(6)：7‐19.

［6］张岩青,邢辉.关于城市交通规划编制体系的思考［J］.低碳世界,2014(11)：16‐17.

［7］米庆艳.习近平生态文明建设思想的哲学方法论研究［D］.青岛：青岛理工大学,2018.

［8］张磊.燃料电池电动汽车关键技术探究［J］.电气制造,2014(6)：49‐52.

［9］叶嘉安.过去、现在和未来,从 ICT 到超级智慧城市［EB/OL］.［2021‐04‐03］. https：//www.sohu.com/a/331637611_650480.

［10］陈艳艳.基于大数据技术的新时代城市交通需求演变［J］.城市交通,2018(3)：94‐97.

第2章

智慧绿色交通的发展趋势

2.1 复杂多变的城市交通

城市交通是研究在现状或规划的城市框架下人或物的交通需求（包括客运和货运），研究人、车、路、环境的关系，具有综合性和复杂性的特点。面对日益紧缺的交通资源、现代社会多样化的交通需求、技术手段的高速迭代、交通工具的日新月异，同时伴随着当今对节能环保绿色发展的高要求、大数据等智慧交通科技的发展，城市交通不仅仅是基础设施的提供，还应在满足多样化交通需求的同时，从更广义的服务品质、服务效率等角度研究城市交通问题，更重要的是体现城市整体的综合服务功能与运行效益。在此背景下，智慧、绿色成为对城市交通发展的新要求[1]。

多行为出行主体、高密度、个性化、多样性、动态性、随机性、区域差异大、影响因素复杂等特征，决定了城市交通是一个综合、复杂、开放的系统。

多行为主体、出行密度高。城市聚集了大量的人口。根据住房和城乡建设部公布的《2019年城市建设统计年鉴》，已有30个城市城区人口超过300万人，其中超过1 000万人的超大城市有6个；位于500万人到1 000万人的特大城市增至10个。近年上海市人口变化如图2-1所示。高度密集的城市人口产生了大量的交通需求，以上海为例，一年产生180多亿人次的出行，完成货物运输量10亿吨。近年上海市货物运输量变化如图2-2所示。

图 2-1 近年上海市人口变化
（资料来源：交通行业发展报告）

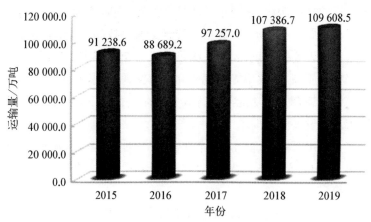

图 2-2 近年上海市货物运输量变化
（资料来源：交通行业发展报告）

出行选择个性化、多样性。公众对交通出行的选择具有主观性和个性化的特征，同时交通出行方式也非常形式多样，既包括飞机、船舶、铁路、公路等对外交通方式，也包括轨道交通、公共汽（电）车、出租汽车、汽车、自行车、步行等市内交通方式。各种出行方式之间

存在一定程度的替代性和互补性，多种出行方式衔接和换乘为交通
出行提供了个性化、多样化的选择[1]。

出行动态性、随机性强。交通出行的动态性、随机性体现在随着年、
月、日、时的变化，随着出行目的、出行环境的不同，交通出行方式也会不
同。此外，交通出行在区域上往往差异较大。特大城市、大城市、中小城
市之间有差异，滨海城市、内地城市之间有差异，山地城市、平原城市之间
也有差异，即使是城市内部区域，由于功能布局不同也有差异。

影响交通出行的因素众多且复杂，包括出行主体、基础设施、服
务水平、政策法规、技术进步、交通环境、重大事件等方面。以新冠疫
情为例，2020 年疫情暴发后对上海交通出行和交通运输产生了巨大
冲击，对城市交通带来了极大的挑战。

对外旅客运输缓慢恢复。疫情对对外交通影响较大，航空、铁路、
公路、港口客运受不同程度影响，2020 年 3 月以来缓慢恢复。至 9 月
份，铁路、航空客运已逐渐恢复至同期七成以上水平，公路客运恢复六
成，疫情对港口客运行业冲击较大，对外水路运输基本停滞(见图 2 - 3)。

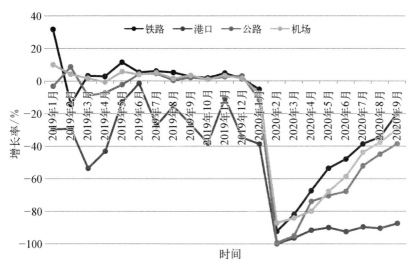

图 2 - 3 上海对外旅客发送量同比增长率变化

公共交通出行总量下降。2020 年受疫情影响，所有公共交通量从 1 月开始显著下降，至 2 月跌入谷底，公共交通客运总量同比减少81.7%。从轨道交通日客运量来看，从 1 月 20 日到 1 月 28 日客运量发生断崖式下降，最低客运量出现在 2 月 16 日，全日仅 62.9 万乘次。公共交通客运量从 3 月开始逐步恢复，至 9 月份恢复到 2019 年九成客运量水平。轨道交通和地面公交受影响程度相当，轨道交通恢复程度略好于地面公交。轮渡客运受影响程度最小，恢复速率最快，反映出在疫情期间，居民对密集型的出行方式心存芥蒂，但是仍保持着较多的个体交通出行(见图 2 - 4)。

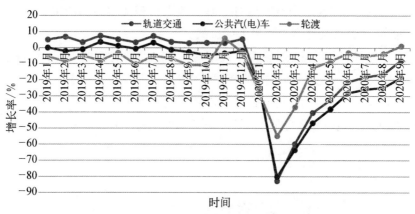

图 2 - 4 上海公共交通客运量同比增长率变化

出行方式选择发生转变。原公共交通乘客中，21% 的人表示疫情常态化期间存在刻意避免乘坐公共交通的行为。在刻意避免乘坐公共交通的受访者中，绝大多数选择减少乘坐次数。选择完全避免乘坐公共交通的受访者占 8%(见图 2 - 5)，与公共交通客运量 9 月同比减少 10% 相当。26% 的受访者表示疫情期间轨道交通是更安全的交通工具，33% 的受访者表示公共汽(电)车更为安全，其余 41% 的受访者表示两种交通工具都不安全。

租赁车市场成长迅速。疫情高发期过后，从 3 月开始，租赁汽车

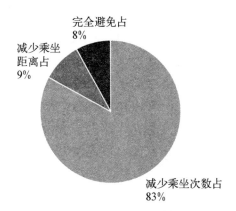

图 2‐5　上海公共交通方式选择倾向分析

每月经营情况持续提升,虽然总体规模不大,每日租赁的车辆在 4 万辆左右,但是同比增长率超过 30%。5 月份疫情进入常态化时期后,同比增长率小幅下降,之后又持续上升(见图 2‐6)。

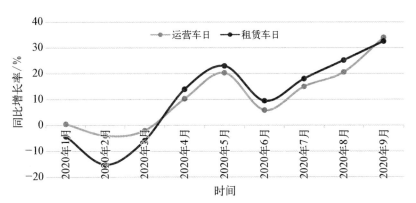

图 2‐6　上海租赁汽车经营日均同比增长率变化

公共交通出行意愿下降。在疫情的各个阶段,人们对于首选的出行交通工具存在明显的差异:在疫情高发期,个体化出行交通工具是最让人感到安全的选择,步行占据主导地位,小汽车使用意愿比实际使用高出一倍;在疫情稳定期,个体化出行意愿明显下降,公共交通占比开始大幅上升;疫情过后,个体化出行意愿进一步下降,轨道交通进一步上升,公共汽(电)车基本保持不变。在疫情期间,相对环境较封闭的轨道交通,通风条件更好的地面公交让人更有安全感(见图2-7)。

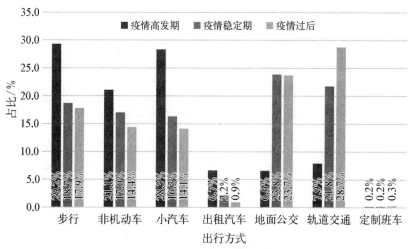

图 2-7   上海交通工具使用意愿

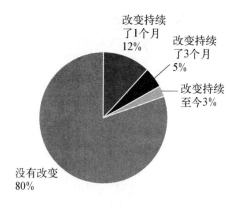

图 2-8   上海出行方式转变持续时间

面临向个体化交通方式长期转移风险。在绿色交通中,20%的受访者表示不同程度地从原来的交通方式转变为小汽车出行,这种情况持续1个月的占12%,持续3个月的占5%,长期持续的占3%(见图2-8)。向小汽车出行转移的受访者中,78%转向使用家庭小汽车,这部分人群原来家里拥有小汽车,但是不常用;10%转向乘坐熟人小汽车;10%转向乘坐出租汽车;其余 2%的人开始租赁小汽车。并且有7%的受访者表示,这是一种长期的出行行为改变,无论疫情是否结束。

疫情期间非机动车、步行等慢行交通方式,成为较为安全的出行方式,非机动车出行距离更长、出行次数更加频繁。未来应更加注重慢行交通环境的改善,加快慢行交通设施的建设进程,鼓励倡导更加健康、绿色的交通出行方式。

随着疫情的逐步缓解,对疫情管理从简单的封闭阻隔到跟踪监测,通过各种大数据挖掘对市民的跟踪监测,实现人口、车辆的精准溯源,大大降低病毒的传播与扩散风险。手机信令等大数据在疫情期间充分应用于追踪人员、车辆的大致来源、行动轨迹。但从更加精准管控角度来看,如手机信令数据无法追踪至乘客坐过哪一辆车,经过哪个轨道站点。一旦发生人员感染,无法迅速定位公共交通密切接触人员。上海公共交通采用的二维码跟踪模式,主要取决于个人自觉登记,无法追踪到个人,可考虑实行更加有效的措施,做到人员的精准溯源,如多源数据的融合。这样,在精准管理的同时,也可为公共交通乘客出行链的演算做好数据支撑。

构建智慧应急管理系统。疫情期间,大到城市间、部门间的联防联控、对突发事件的及时响应,小到社区、个人的精准定位、精确管理,都运用了相当多的信息化手段。城市大脑的建设,智慧交通的建设,新技术、新设备的应用,都是未来需要重点关注和投入的方面。只有更智慧化的运营、更精准的管理,才能有效地调配资源,形成交通系统全局的最优配置。

2.2 智慧交通发展与趋势

2.2.1 国外发展现状

随着世界经济发展,汽车数量急剧增加,交通状况日益恶化,普遍存在交通阻塞状况。为解决交通阻塞问题,除了修建必要的道路网以外,人们尝试了许多新的方法来解决问题,智能交通系统(ITS)的研究在美国、欧洲、日本等地全面展开,发展规模和速度惊人,以"保障安全、提高速度、改善环境、节约能源"为目标的 ITS 概念正逐步在全球范围内形成[2]。

21 世纪以来,世界主要先进国家进入了全面实施 ITS 的阶段。美国、日本和欧洲不约而同地提出了"第二代 ITS"——合作式 ITS 的概念,运用车辆安全辅助驾驶技术,通过安装在车辆及道路上的各种传感器掌握车辆、道路及周边车辆的状况等信息,为驾驶员提供劝告或预警信号,减少交通事故,提高交通效率,提高交通的舒适性和便利性[3]。

1. 美国[4-6]

美国的 ITS 建设特点是完整的体系结构[4]。美国的 ITS 研究采用了自上而下的方式,国家 ITS 体系结构开发历时 3 年,耗资 2 500 万美元,此后多次修订,构建了一个由出行及交通管理、出行及交通需求管理、公共交通运营、电子付费服务、商用车辆营运、应急管理、先进的车辆控制与安全系统等七大系统构成的国家 ITS 体系结构[4]。

在 ITS 建设方面,美国注重 ITS 安全系统设施的建设。在 ITS 管理方面,美国的一个重要目标是减少撞车交通事故。美国将车路协同调整作为 ITS 的主要内容,其发展主要经历了为驾驶员提供安全辅助控制、V2I 与 V2V 研发与应用两大阶段。美国已有超过一半的州设置了面向有人驾驶的车路协同技术,目的是提升道路安全性[5]。根据美国的交通基础设施特点和实际需要,已建立起相对完善的车队管理、公交出行信息、电子收费和交通需求管理等四大系统和多个子系统及技术规范标准[6]。据统计,美国实施 ITS 取得了显著经济效益和社会效益。在密歇根州,先进的交通管理系统(ATMS)使高峰小时车速提高 35%;ATMS 使行驶时间缩短 19%;电子收费和交通管理使收费车道上的事故大为降低,取得了运营费用降低了 16 万美元/年等收益[4]。美国 ITS 的建设趋势之一是研究 ITS 在美国安全体系中维护地面交通安全的作用,重点集中在安全防御、用户服务、系统性能和交通安全管理方面[6]。

纽约位于美国东海岸的东北部,是美国人口最多的城市。纽约市是纽约都会区的核心,是美国最大的城市,同时也是世界最大的城市之一。纽约市作为美国最大的超级都市,其早在 20 世纪末建设了全市的交通监控中心。纽约市共有 45 000 个交叉路口,10 800 个路口通过交通信号进行指挥,其中 6 000 个交叉路口由控制中心统一控制。纽约市有多个不同层级的规划机构涉及交通规划、建设以及运营。城市层级上,纽约市交通局(New York City Department of Transportation,NYCDOT)负责为纽约市民提供安全、高效、可持续的交通环境,维护和改进交通基础设施,以配合纽约市经济发展的需求并改善市民生活质量。纽约市交通局的工作不仅包括城市人行道检查和管理,许可证管理,建设和控制、轮渡、桥梁、交通、道路的维修和保养,还包括改善交通机动性和拥堵,鼓励公共交通使用,以及发展可持续交通方式等方面。同时,纽约市交通局还负责部分交通数据分析,以及政策措施评估的工作。纽约市交通局使用交通信息管理系统(traffic information management system,TIMS)收集交通流量数据,包括采用自动交通记录仪(ATR)收集在某一地区交通数据的计数,如路口转向计数、车辆分类计数等。除了自行统计的数据外,纽约市交通局还引用来自本地区各类机构组织、交通工程师学会以及美国人口调查局的数据。

针对中央商务区(CBD),纽约市交通局还建立了微观仿真模型(micro-simulation models)进行数据分析。纽约市交通局为了减轻曼哈顿 CBD 中城的交通堵塞问题,在中城启用了移动中城(midtown in motion)系统。该系统的核心优势是可以实现对交通信号实时远程控制,通过交叉路口的微波传感器、交通摄像头以及电子收费系统读数器,工程师可以利用联网的高级固态交通控制器(advanced solid state traffic controllers，ATSC)远程控制交通信号模式，达到缓解交通拥堵，提高交通流量，减少温室气体排放和空气污染的目的。该系统获得了美国智能交通协会(ITS America)的认可，并被授予"国家交通奖"[7]。

在大都市区级，大都会运输署（Metropolitan Transportation Authority，MTA)及其分支机构纽约市公共运输局(New York City Transit，NYCT)在交通规划方面都起到了重要的作用。大都会运输署是成立于 1968 年的公益企业，负责整个纽约州（包含纽约市五大区、纽约州 12 个县、新泽西州及康涅狄格州部分地区）的公共交通。该机构拥有并管理纽约地铁、公共汽车及渡轮。纽约市轨道系统由纽约市政府拥有，隶属于纽约市公共运输局。公共汽车则由大都会运输署的附属机构运营。纽约大都会运输署为满足联邦政府对于包括空气质量、分区以及走廊层级的长期规划需要而开发了州级交通模型、基于出行链（非基于出行）交通模型，以及最佳实践模型(best practices model，BPM)。

另外，美国也将智慧交通用于提供公共交通信息服务，用于提供实时公共交通信息，SF LiveBus 网站跟踪了旧金山市的公共交通系统，可以看到每一条路上的交通情况以及每一辆公共汽(电)车的行驶状态，方便乘客进行出行方式选择，提前进行出行规划，增加公共交通的吸引力。

3M 公司首创了浮动价格自动泊车系统，是第一个全系统 UL(认证公司名称)及欧洲共同体(CE)认证制造商，泊车系统产品包括道闸、计数控制系统、手动和自动收费控制系统、出/验票机、车辆识别系统、中央管理系统、自助中央收费机、卡门禁读卡器以及车辆引导与反向寻车系统。

3M 公司还整合了行业领先技术，推出了新一代不停车收费系统。该系统包括电子标签读写系统、车辆识别系统、车型识别系统、路侧系统集成处理系统、收费管理系统。该系统无需大型收费广场，无闸机、无收费亭,拥有创新的车辆信息识别与分类计数,大大减少了成本和尾气排放,使用效果良好。

E-470 是一条 47 英里[①]长的收费公路,从美国丹佛东部边界到市中心。该收费公路很多年前就使用了以国际互联网协会(ISOC)开放协议为基础的收费模式。该路段在 80 条车道上测试了 3M 提供的多协议读写器和相应的共计 75 万张电子标签。同时还使用了3M 提供的视频监控,自动车辆识别技术(AVI)车牌识别及车型分类系统全面支持不停车收费系统,取得十分好的效果。美国弗吉尼亚州首府里奇蒙德市内道路收费系统 E-ZPASS 使用了 3M 提供的车型分类系统和车辆识别监控系统,自动识别车辆,根据车型使用不同费率,在实际使用条件下不停车收费的成功率为 99.95%。2020 年,美国智能交通系统联合计划办公室发布了《智能交通系统战略规划2020—2025》,提出了 6 大重点计划,包括新兴科技、数据访问和交换、网络安全、自动驾驶、完整出行、加速 ITS 部署。回顾美国发展历程,ITS 以五年战略规划为蓝图布局智能交通发展战略,其愿景和使命具有一定的延续性和继承性,2010 版战略规划强调交通的连通性,2015 版战略规划重视车辆自动化和基础设施的互联互通,2020版战略规划则从强调自动驾驶和智能网联单点突破到新兴科技全面创新布局,推动 ITS 技术的全生命周期发展。

2. 日本

日本政府在 ITS 领域内投入了大量的资金,制定了许多相关扶持政策,以形成 ITS 产业,推动日本交通业的发展。日本的 ITS 主要应用于交通信息提供、公共交通、商业车辆管理以及紧急车辆优先等方面。2005 年明确了 ITS 作为国家战略的重点予以推进。日本实行官、民、学的协调体制,在以交通管理的政府部门为主导,官民协力的基础上推动 ITS 发展。由于日本 ITS 的科研项目与工业紧密挂

---

① 　1 英里=1.609 千米。

钩,因此大多数的 ITS 项目均由实力雄厚的汽车、电子业的大公司或政府机构承担,ITS 的研究成果直接面向市场[6]。

日本 ITS 研究与应用开发工作主要围绕三个方面进行:交通信息通信系统(vehicle information and communication system,VICS)、不停车收费系统(electronic toll collection,ETC)、先进的道路系统(smart way)[6, 8]。2017 年底基本完成 DSRC 路侧单元部署[5]。在 ITS 建设模式方面,日本注重 ITS 诱导设施的建设。在日本,建设省组织了以丰田公司为首的 25 家公司联合研究开发先进的道路系统。在 ITS 管理方面,日本 ITS 管理注重信息采集和利用。日本交通信息采集采用多种手段相结合,数量和分布多而广[6, 8]。

日本是一个狭长的太平洋岛国,面积仅有 37.8 万平方千米,在 1.23 亿人口中,有 80%居住在城市。首都东京人口约为 4 090 万,是日本政治、文化、经济的中心,也是世界三大金融中心之一,同时是日本最大的交通枢纽和全国高速铁路干线的汇合点;经过多年发展形成由东京首都圈、东京交通圈、东京都、东京区部 4 个部分组成的东京大都市[9]。

东京具有相当先进和完善的智能交通管理设施。东京的交通信号采用了智能化设计,实时控制路口交通信号,调整和诱导交通流量。管制中心将收集的交通信息进行处理,经过处理和优化的交通控制信号自动地传送到各个路口的信号机上,实现了交通信号中心协调自动适应控制。东京都内共有 14 700 多个信号控制路口,其中 7 308 个实现了中心协调控制,其余路口为感应控制或单点控制,设置于路口、路段的显示板用文字、图形显示邻近路段的交通状况,同时,系统还提供以电话、手机、传真等形式的交通信息查询功能,优化的智能交通环境为交通系统良好运行创造了条件[9]。

实现了部门信息共享。以医疗救护为例,由于消防救护与医疗部门的网络互通,消防综合指挥计算机系统能够自动确认灾害发生地点、自动选择救护部队、自动派遣车辆、自动选择医院、自动选择医生等,从而使救护时间减少到最低限度[10]。

紧急车辆和公交车辆通行"优先化"。日本的救护等紧急车辆均使用了车载优先系统,当道路发生交通事故需要救护时,紧急车辆的车载仪会向道路两旁的探测器发出优先通行请求,交通控制中心接到指令后,系统将自动选择最佳通行路线,并向需要通行路段的信号灯发出绿灯通行指令。2008 年,公交优先控制系统在日本投入使用,目前已经普及。使用公交优先系统,道路两旁的探测器接收到公交车车载仪发出的信号之后,随即发出信号调整指令,延长绿灯时间,缩短红灯时间,保证公交运行更加顺畅[10]。

交通信息播报"实时化"。在 20 世纪 60 年代末,日本就开始导入交通信息管理系统。目前,在东京市道路范围内,设有 1 296 个信息显示板、7 个广播电台、160 个路侧广播以及交通信息通信系统(VICS),实时发布道路的堵车、交通事故、车辆通行限制、交通管制时间等信息,优化交通组织,调整交通流量,改善道路通行状况[10]。

城市停车"便利化"。一是开通停车车位网络查询。2009 年"东京市道路整备保全公社"开办了"S‐PARK"东京市内停车场检索网站,驾驶员可以随时查询到附近停车场及其车位情况,减少了路面随意停车现象。二是单位时间免费停车。东京市在六本木、都厅前站等 40 多处位于高架桥下的繁华区停车场,推广"30 分钟内免费停车"的活动,防止驾驶员为省钱乱停车。

推进机制"协同化"。一是政府加大对智慧交通研发应用的投入。1996—1997 年日本政府用于 ITS 的研究开发投入为 161 亿日元,用于 ITS 实用化和基础设施建设的投入则达 1 285 亿日元。1996 年,政府支持"推进 ITS 总体构想"20 年规划,推出了 7.8 兆日元的预算投入。二是政府不断创新与研发机构和企业的合作机制。主要是政府赋予科研机构和企业盈利空间,充分调动其积极性,如发布交通信息服务的 VICS 中心,其运行经费一部分来自政府拨款,另一部分来自车载导航设备的销售提成。生产厂家每销售一台车载导航设备,需向提供交通信息服务的 VICS 中心交纳 2 000 日元,该中心每年创收 16 亿日元。三是完善企业协同机制。在日本,电信企业与导航仪生产企业合作默契,其导航仪只要输入电话号码即可精确查找定位,方便快捷[10]。

"治理"与"预防"并举,同步推进大中城市和小城市智慧交通建设。智慧交通能够有效治理与预防城市交通阻塞问题,大中城市推进智慧交通重在解决已经发生的拥堵问题,小城市推进智慧交通建设则以预防拥堵为主。日本在 20 世纪 70 年代末从大城市到小城镇都已推广使用智慧交通控制系统,并同步推进大中城市和小城市智慧交通建设。小城市建设智慧交通投资小,见效快。"人脑"与"电脑"并重,不断强化智慧交通"软件"建设。东京市和静冈市的城乡接合部及小城镇,其市内人行道依然使用按压式信号灯,当行人要穿越马路时,只要按压信号灯控制开关,20～30 秒之后,斑马线信号灯变绿通行。由于赋予行人主动控制权,几乎很少看到不走斑马线横穿马路的现象。东京治理堵车的经验也表明,借助"人脑","疏"的方法确实比"限"更好。因此,推进智慧交通"软件"建设,不仅要关注"电脑"的智能应用,也要关注"人脑"的智能挖掘。一方面,做好"交通教育"和"信息服务"两篇文章,将交通教育写入教科书,从幼儿园开始向孩子灌输交通规则,提倡礼让,加强交通教育;另一方面,通过交通信息服务改变市民和车主的行为选择,与其不让市民买车,还不如发布交通信息,由其自行选择是否购车和开车出行。

"重罚"与"激励"并行,不断提升智慧交通的制度执行力。制度的执行需要"畏惧力"和"扶持力"的支撑,日本虽然车多,但几乎没有乱停车现象。为有效治理乱停车问题,东京市和静冈市一方面聘用民间监督员治理乱停车,违章一次罚款 1.5 万日元;另一方面加强停车场建设,提供免费停车场所,但限停一小时,超时则罚款1.5 万日元/次。与此同时,"软件"和"硬件"并抓,"硬件"基础设施建设先行。智慧交通更多地体现为"软件"建设,但"软件"必须建立在完善的"硬件"基础之上[10]。

日本的智慧交通系统在 20 世纪 70 年代已非常先进,但至今日本依然在加强立体交通、城市支路等"硬件"基础设施建设,改善智慧交通环境。近几十年来,东京不断在扩建改造市内道路,被改造的道路形成了丰富的"毛细血管"交通系统[10]。

加大政策扶持,积极培育具有特色的智慧交通产业。智慧交通产业包括交通控制系统、快速公交系统、信息服务系统等硬件和软件的研发制造,日本经过 50 多年的智慧交通研发,已经打造成了世界一流的智慧交通产业。2011 年,我国的南昌、武汉、长沙分别投资数亿元引进日本日立公司的智慧交通控制系统[10]。

在无人驾驶方面,日本也处于世界领先水平。日产汽车公司总裁兼 CEO 为一辆装载先进驾驶员辅助系统的日产聆风领受了日本的首个公共道路测试车牌。日产聆风具有车道保持、自动驶离、自动更换车道、自动超越缓行或停驶车辆、高速公路拥堵时自动减速和遇到红灯时自动刹车等功能[11]。

自动驾驶技术具备 360 度视角,通过搭载的激光扫描仪、全景式影像监控系统以及高级人工智能和传动装置,在监测车辆周边的危险后可为驾驶员提供警示,并在必要时采取措施[11]。

随着主要车企及互联网公司陆续推出新的自动驾驶技术,各国政府也在抓紧制定规则。为了让无人车上路,日本着手修订了《道路交通法》和《道路运输车辆法》等相关法规。

3. 欧洲

欧洲在 ITS 的研究方面采取整个欧洲一体化的方针,由政府、企业和个人三方面共同出资进行智能运输系统的研究。于 1988 年启动的 DRIVE 工程共有 12 个国家的 700 多个单位参加,经费达 5 亿欧元,旨在完善道路设施、提高服务质量,现在已经进入第二阶段的研究开发。目前,欧洲各国正在进行 TELEMATICS 的全面应用开发工作,计划在全欧洲范围内建立专门的交通无线数据通信网。ITS 的交通管理、车辆行驶和电子收费等都围绕 TELEMATICS 和全欧洲无线数据通信网展开。欧洲民间也联合开发了一个名为 PROMETHEUS 的计划,即欧洲高效安全交通系统计划[12-14]。

欧洲由于地域广大、国家众多,且各国运输环境不同,早期多是各国分散进行有关智能运输系统研究。不同于美、日两国采取由上而下的计划架构,欧洲的早期 ITS 发展规划不一致,各国无法形成综合效应,以致发展进度较为缓慢。直至 1991 年,欧洲各国政府单位、交通运输产业、电信与金融产业组成了欧洲智能运输系统协会(European Road Transport Telematics Implementation Coordination Organization, ERTICO),又称 ITS Europe,成为欧洲区推动 ITS 的主要组织。此外,在 1993 年欧盟成立后,ITS 也列入欧盟执行委员会(European Commission)讨论范围,使得欧洲 ITS 有了较完整的筹备单位,也让欧洲 ITS 有了共通的合作平台。

随着经济发展,各国汽车的拥有量和道路里程都在增加。汽车拥有量和道路里程的增加引起三大问题,一是增加了尾气排放,引起了全球范围气候变暖;二是道路更加拥挤,延误车辆的到达时间;三是交通事故增加,影响城市的可持续发展。但是道路里程的增加是有限的。智能交通的出现就是要解决空气污染、交通拥挤、交通安全这三大问题。智能交通的建设使英国在道路里程增长很少的情况下适应了交通通行量的大幅增加。随着社会人口的老龄化,导致老年人驾车越来越多,带来一定的交通隐患。通过智能交通接管车辆行驶控制权可以有效地提高安全性,能够充分地保护老年人和行人的安全[15]。另外,在车路协同方面,欧洲近期也均转向协调式智能交通系统(C‐ITS)服务,可以向车辆提供交通安全信息、道路施工区提示、出行信息等服务(见图 2‐9)。荷兰、德国和奥地利三国已在高速公路先期示范 C‐ITS,部分车辆安装车载 C‐ITS 系统以提高道路通行能力[5]。

其智能交通的组成系统[16-17]主要分为停车诱导系统、车辆密度

图 2－9　欧洲城市探索绿色发展
(资料来源: https://www.sohu.com/a/221119716_99961867)

分布计算系统、故障预警系统和紧急事故处理系统、车辆限速系统以及构建道路用地检测收费系统。

(1)停车诱导系统。主要由车辆检测技术和可变情报板组成,用于引导车辆的停泊,采用停车诱导系统停车场效率可提高 10% ~ 15%。通过停车诱导及时将车辆导入车位可以减少因寻找车位产生的交通流量和空气污染。

(2)车辆密度分布计算系统。基本原理是通过流量测试建立数学模拟的模型,在关键点设置检测工具捕获流量,根据关键点的车流量推算道路的车流量。使用该系统可以大大减少检测设备的安装,但是需要经常使用探测车检测流量验证数学模型的合理性。

(3)故障预警系统和紧急事故处理系统。该系统是智能交通最为突出的代表,系统根据车流的排队情况预测事故,提醒闭路电视监控系统进行跟踪。在计算机中建立专家库,提供 4 500 个应急方案,根据事故发生的情况选择应急方案,通知并指导有关部门和人员进行事故处理,快速排除事故,恢复交通。计算机系统记录事故情况,并且以事故发生地为圆心在周边相关可变情报板上显示信息,调度交通。在事故解决后会自动调整可变情报板,恢复正常的交通,整个事故的处理无须过多的人工干预。

(4)车辆限速系统。根据车流量自动限制车道中车辆行驶速度,从而减少车辆的换道率,这样做能够提高车辆的到达时间。车辆行驶速度稳定后交通事故减少、车辆尾气排放量降低、车辆操作稳定后通行时间有保证。

（5）构建道路用地检测收费系统。自动向在周一至周五(节假日除外)6:30 到 18:30 之间进出市中心的注册车辆收税。通过使用射频识别(RFID)技术以及利用激光、照相机和系统技术的先进自有车流路边系统,设计了一个随需应变的解决方案,可以检测、识别车辆,并收取费用。在该时间段内,交通拥堵降低 25%,交通排队所需时间下降 50%,出租车收入增幅超过 10%,城市污染级别下降 10%以上,并且每天新增 40 000 名公共交通工具乘客[17-18]。

4. 国外 ITS 发展趋势

随着智能交通技术的发展和智能交通理念的提升,目前国际智能交通发展集中在交通信息服务、智能化车辆、交通安全、节能减排等热点方向[8]。

1) 关注公众交通信息服务能级提升

服务理念在智能交通发展中日益被人们所重视,提升交通信息服务系统能级,使广大用户能获取更动态、更智能的交通信息,成为许多发达国家智能交通发展重点。日本是国际交通信息服务发展的典型。日本动态交通信息服务用户接近 4 000 万,其中 VICS 用户接近 3 000 万。该系统通过 GPS 导航设备、无线数据传输设备、FM 广播系统,将实时路况信息和交通诱导信息即时传达给交通出行者,使交通更为高效便捷。此外,面对庞大的用户群体,日本于 2006 年启动了下一代"智能道路计划",由政府和企业共同参与,并将"智能道路计划"作为国家政策予以实施,其核心是通过先进的通信技术,将道路与车辆连接成为一个整体,车辆既是信息的应用者,也是信息的提供者。2007 年,"智能道路计划"开始测试,2009 年 3 月,完成大规模测试后,开始在 3 个都市区部署应用,如果该系统能够投入大规模应用,对汽车、通信设备等行业会产生较大影响[8]。

2）关注发展智能化车辆

发达国家的智能交通不只注重交通管理的智能化，还注重交通运行主体车辆的研发，注重从多个角度寻求突破。20 世纪末，发达国家就一直在进行车辆的开发和实验，逐步改善安全辅助驾驶，设计不完全依赖道路设施的智能化汽车，并加入节能和新能源使用的理念[8]。

3）关注道路交通安全

随着"人本位"理念在智能交通领域的渗透，发达国家愈加重视通过智能交通技术提高交通安全。日本的"智能道路计划"即是明证[8]。

4）关注节能减排

随着全球生态绿色城市建设呼声的不断提高，与节能减排相关的智能交通技术成为近期各发达国家关注的焦点。城市交通管理、速度管理与控制、智能化信号控制、车道分配等领域都已经开始展开降低交通污染的研究。专家和管理部门希望在保证城市交通平稳运行和节约能源之间找到平衡点[8]。

5）关注向智慧交通转型

随着智慧地球和智慧城市理念在全球的传播和完善，智能交通发展前景更加广阔，发展层次不断提升，逐步向更加智慧的交通发展。智慧交通是智能交通的发展与延伸，是智能交通发展过程中的更高阶段。2008 年底，IBM 在智慧地球中提到的智慧交通理念，是智能交通发展的更高愿景：一是环保，碳排放量、能源消耗和各种污染物排放大幅降低；二是便捷，通过移动通信提供最佳路线信息和一次性支付各种方式的交通费用；三是安全，检测危险并及时通知相关部门；四是高效，实施跨网络交通数据分析和检测，避免不必要的浪费，并使交通流量最大化；五是可视，将所有公共交通车辆和私家车整合在一个数据库中，提供单个网络状态视图；六是可预测，持续进行数据分析和建模，改善交通流量和基础设施规划[8]。

总体来看，以人为本，公交优先，高度信息化、集成化、绿色化、安全化将是智慧交通的理想状态。它将智能技术应用到城市整个大的运输系统——街道、桥梁、交叉口、标志、信号和通行费等,可以将所有的设施、车辆与驾驶者、行人联结起来,使其更智慧化和人性化。更智慧的交通系统可以改善驾驶员的通勤,为城市规划者提供更全面的信息,促进人员和万物的流动;减少堵塞、降低燃料使用及二氧化碳排放量,提高市民的生活质量;推动通信、电子、计算机等高新技术的发展和应用,促进国家产业经济的发展。更加智慧的交通系统将是 ITS 发展进程中一个新的里程碑,它的发展将加快智慧城市的建设步伐[8]。

2.2.2 国内发展现状

随着我国城市现代化进程的加快,城市智能交通建设得到了长足发展,目前,中国智能交通系统已从探索阶段进入实际开发和应用阶段[19]。交通运输行业应用新一代信息技术发展提供的技术手段,围绕优化运输组织和资源配置、提高安全监管和应急响应能力、提升群众出行便利性和信息服务等方面开展工作[3]。"互联网十"成为建设智慧交通的提升技术和重要思路。在全国政协十二届二次会议上,李克强总理提出要制定"互联网十"行动计划,"互联网十"正式上升为国家战略,"十三五"期间互联网与交通行业深度渗透融合,对相关环节产生深刻变革,并成为建设智慧交通的提升技术和重要思路[20]。例如:基于移动互联网的出行服务模式和产业发展迅猛,出行服务模式多样化。以滴滴打车、快的打车为代表,自 2015 年 2 月滴滴打车和快的打车合并以来,公司进入新一轮快速发展时期,出行叫车服务已经覆盖全国 360 多个城市,注册用户超过 2 亿,全平台每天服务的订单接近 1 000 万份[21]。随着基于移动端公众出行信息发布方式的改变以及车载导航装置的发展和手机的普及,在上海、北京等城市已经出现基于车载导航装置和手机的个性化交通信息服务,这些发布方式必将随着城市智能交通的发展进一步普及。广大交通参与者将能够越来越方便、越来越及时地获得各种交通信息,从而更好地帮助其出行[22]。信息化作为改善城市交通运行的技术手段,通过一系列技术开发和集成创新,在七个方面推动城市交通管理水平显著提升,并初步形成了交通信息化产业链[23]。

1) 道路交通管理系统[21]

在城市智能交通管理系统方面,我国已取得显著进步,北京、南京、青岛、大连、厦门等城市建立了城市智能交通管理系统[22]。以北京市为例,截至 2014 年底,建有信号灯 3 993 处,固定式交通违法监测装置 1 663 台,电视监控系统 1 131 套,单向交通综合监测断面 714 个,交通诱导显示屏 399 块[23-24]。南京市城市智能云交通诱导服务系统通过综合分析人、车、路等交通影响因素,利用各类信息发布手段,为道路使用者提供最优路径引导信息和各类实时交通帮助信息服务,为众多出行者优化出行路径。厦门智能交通指挥控制中心则通过检测设备、视频巡逻、电话、微信、微博等多元化渠道采集道路交通信息,通过室外诱导屏、网站、手机等方式及时发布信息[25]。在公路交通信息化方面,北京实施了"科技奥运"智能交通应用试点示范工程,广州、中山、深圳、上海、天津、重庆、济南、青岛、杭州等作为智能交通系统示范城市也各自进行了有益的尝试[25]。包括通信系统、监控系统、ETC 收费系统等在内的高速公路智能化监控管理系统在全国逐步实现[23-24]。在公路收费领域中,高速公路自动收费系统已经在全国得到应用,按照国家标准建设的 ETC 已经覆盖了全国 29 个省市,开通了 7 000 多条 ETC 的车道,用户超过了 1 300 万,并且实现了东部 14 个省市跨省联网运行[26]。

2) 公共交通管理与服务

截至 2014 年 4 月,我国有 460 座城市为公共交通装备了 IC 卡系统,方便了乘客出行;截至 2013 年 10 月,35 个城市实现了跨区域 IC 卡共用。在轨道交通管理与服务系统方面,北京、广州、福州、上海等城市均已建成轨道交通指挥中心,接入全网轨道交通信息,建设自动售检票系统和票务清分清算中心,建成乘客信息服务系统和基于通信的列车运行控制系统[23]。

在城市公交信息化方面,37 个城市入选公交都市建设示范工程创建城市,在提高公共交通系统的吸引力、调控城市交通需求总量和出行结构、提高城市交通运行效率等方面进行了积极探索并取得了一定成效[25]。2014 年,上海推出"上海公交 App",实现了实时公交的查询功能,如公交线路的首末班车时间、途经站点信息,以及实时在线三辆车的行驶位置和预计到站时间等。至 2015 年,基本实现公交行业信息化,完成企业集群调度系统、行业监管系统和公交信息服务系统建设。

在出租汽车监测和保障系统方面,包括北京、上海、广州等在内的主要大城市均建立了城市出租汽车调度管理系统。其中,北京6.66 万辆出租汽车全部安装了 GPS 设备,建成 5 个出租汽车监控调度中心,开通 2 个约车服务电话。

3) 智能停车管理与服务

我国的智能停车市场经历 20 多年的发展,初步建成了城市停车诱导、车位引导、反向寻车、快速出入等系统。以北京为例,基于对公众服务的停车电子地图系统,王府井大街、西单商业区、金融街等 7 个区域停车诱导系统已投入使用,P&R 停车场已达 19 处[23-24]。

4) 交通综合信息平台

北京、上海、广州、深圳、杭州等城市已建成交通运行指挥中心[23]。其中,北京交通运行协调指挥中心整合接入 26 个应用系统、6 000 多项静动态数据、6 万多路视频,涵盖城市路网、国省干线公路、高速公路、地面公交、轨道交通、交通枢纽、机场以及铁路[24]。

5) 居民出行和物流信息服务

包括北京的动态路况信息服务系统和"实时公交"查询服务系统、广州的"行讯通"、深圳的"交通在手"、杭州的"杭州公共出行"等在内,先后在我国主要城市形成了一大批交通信息服务平台,向公众实时发布路况、公共交通、地铁、共享单车等方面的出行信息,极大地方便了市民,提高了出行效率。物流、快递等企业,通过对货物的实时位置监控,随时了解货物的状态和所处的位置。公共物流信息服务平台的建立促进了物流信息资源的共享、整合,提供了专业化的物流信息服务,并且有效地推进了物流信息标准化[23]。

6) 交通运行研判和决策支持

通过信息技术进行数据搜集分析,形成运行报告,供相关部门实时引导交通需求,提高城市交通运行效率,这也是掌握交通系统中长期运行状况的手段。例如,北京初步建成了交通运行智能化分析平台,集道路交通和公共交通运行监测、规律分析和发展预测于一体,研发交通拥堵指数系统,形成交通系统运行报告。上述技术有效地调节了城市交通的供需平衡,极大地改善了公共交通运行效率和服务水平,提高了城市路网的交通运行效率[23]。

7) 智能网联汽车

智能网联汽车逐渐成为汽车技术发展的趋势,通过融合智能网联汽车和智慧交通技术,以自动驾驶车辆的需求为核心,探索无人驾驶在智慧道路、智慧停车、智慧园区的综合应用。2016 年 6 月,我国首个国家智能网联汽车(上海)试点示范封闭测试区正式开园,此后,无锡、北京、石家庄、重庆、长沙、杭州、长春、武汉等地陆续建设了测试示范区。2020 年 2 月,国家发展和改革委员会(简称发改委)、工业和信息化部(简称工信部)、交通运输部等 11 部委联合印发了《智能汽车创新发展战略》,提出推进智能化道路基础设施规划建设,制定智能交通发展规划,建设智慧道路及新一代国家交通控制网。越来越多的城市通过建设测试示范区,利用车路协同技术,以智能网联汽车为重点,辅以全息感知设备,打造"人-车-路-云"高度协同的互联环境,构建智能出行生态系统[27]。

2.2.3　大数据与智慧交通的提出

随着大数据、物联网、云计算、5G 等信息技术的快速发展,推动城市交通领域体系由智能交通向智慧交通转变,基于数据驱动的智慧交通应运而生。智能交通的建设从 20 世纪 90 年代中期开始,主要是指利用信息和控制技术在交通系统中的引入,从而产生交通问题的解决方案;而智慧交通的概念则是在 2008 年提出的,主要指采用技术和政策手段,解决交通领域综合性社会问题的人机混合系统。2019 年颁布的《交通强国建设纲要》,明确提出了推动大数据、互联网、人工智能、区块链、超级计算等新技术与交通行业深度融合的要求。由此,国内的智慧交通发展注重信息化数据的采集、传递与分析,通过现代化交通管理技术手段,实现城市交通管理、决策的智慧化[28]。

交通大数据具有体量巨大(volume)、处理快速(velocity)、模态多样(variety)、真假共存(veracity)、价值丰富(value)与可视化(visualization)的"6V"特征,为深入分析交通系统演变机理奠定了基础,以交通大数据为基础可实现广覆盖、精细化、多维度的交通信息服务和应用。大数据推动了智慧交通技术的发展,为传统交通管理和决策优化带来了前所未有的机遇和挑战。大数据驱动下的智慧交通系统是交通领域未来的发展趋势和热点,交通大数据的研究任务集中在信息的采集、存储、传输、处理、挖掘和综合应用等方面,其研究手段和相关理论方法的革新已成为当务之急。

1. 大数据技术的优势

大数据时代为交通模型技术创新提供了新契机。大数据技术改变了人们对于数据获取、分析和应用的理解与认识。大数据时代交通科技发展体现在如下五个趋势[29]。

1) 量变到质变的研究基础

传统研究方法局限于对有限的样本进行分析与统计,大数据提供了海量数据样本和多元数据的融合,使个体信息的数量和精度得到提升,为交通领域个体行为的深入研究奠定了基础。非集计方法的研究得到了快速发展,微观层面交通预测的方法和手段越来越丰富[29]。

2) 持续动态的观察视角

传统方法受数据采集方式约束,以静态数据分析为主要手段,而大数据技术着眼于一段时间或全部时间内的动态发展数据,着眼于动态数据之间的联系与发展规律,为解释交通现象、城市活动的特性及其演化机理提供了重要的观察手段与研究保障[29]。

3) 由结果到规律的思维方式转变

传统模型研究需要妥善地建立数据模型,通过条件推断结果,大数据技术善于由结果推导模型,通过大量的事实总结规律,形成知识,为交通研究提供新的思维方式。针对传统重力模型的局限性,依托大量观测数据建立的无参数辐射模型提高了交通分布与迁移行为的预测精度,成为交通模型研究的重要理论创新[29]。

4) 大数据为重新认识和重构需求提供条件

一方面,可以通过社交网络了解人与人之间的互动情况,也可以通过网络信息了解需求的动态变化,还可以通过网络舆论引导和优化需求(例如通过网络舆论引导居民错峰出行等)。另一方面,随着信息化的快速发展,居民出行方式及行为在悄然改变。居民可以在足不出户的情况下购物、点餐等。这种需求者自身不出行的出行量,是传统模型无法捕捉到的。而在大数据的支持下,可以透过实时、动态的需求变化预测未来出行,进而主动预防拥堵[29]。

5) 大数据带来的影子世界

信息化高度发达的未来,人们的日常行为都将以数据的形式被保存,城市生活的点点滴滴都将被记录,构成各种情况下的全息影像,即由人们在社交网络媒体发布信息及数据不断积累构成的影子世界。在云计算等超级计算技术的支持下,这些数据影子可以组成另一个虚拟的世界,从这个影子世界可以看到特定行动带来的结果,可以得到决策上的支持,而随时随地产生的数据又会使这个虚拟世界不断更新[29]。

总而言之,大数据时代为交通领域的研究提供了新的契机,带动多方面新的发展,为对微观个体行为、出行需求特征与演变规律和传统交通模型等多方面的重新认识乃至重构提供了重要的技术支撑[29]。

为建立精准、高效、动态的城市交通模型,亟待结合新时代新技术发展契机,按照城市交通发展目标,不断地探索研发基于大数据的智慧交通的构建技术。

2. 大数据时代智慧交通发展的需求和机遇

智能交通向智慧交通的发展离不开强大的数据分析功能,一方面,交通数据采集的范围、深度和广度急剧增加,随着智慧交通系统建设规模的扩大,各种微波、线圈、闸机、GPS、手机、交通卡、服务商等交通流数据,交通视频监控数据以及系统数据和服务数据等海量存在。另一方面,面对海量存在的交通数据,如何通过信息处理技术将其变成有价值的信息,发挥数据的潜在价值,这是要进一步研究和开发的核心内容[30]。

同时,大数据时代也为智慧交通的发展带来了前所未有的机遇(见图 2-10 和图 2-11)。第一,大数据的海量数据存储和计算能力,将实现交通管理系统跨区域和部门的整合,将更加有效地配置交通资源,大大提高通行效率、安全水平和服务能力;第二,交通大数据分析将为交通管理、规划、运营和服务以及安全防范提供技术支持,

图 2-10　智慧交通管理中心示例
(资料来源: http://zjw.sh.gov.cn/CMFHRE/project6.html)

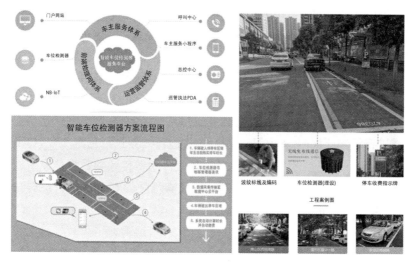

图 2-11　智能停车管理系统
（资料来源：http://ilociton.com/about/show.php？id=88）

为下一步的分析、研判和决策提供有力保障；第三，基于交通大数据的分析思路将为公共安全和社会管理提供新的思路和方法[30-31]。

3. 大数据在智慧交通中的重要作用[32-33]

大数据的应用范围非常广泛，是信息技术、网络技术以及云计算等先进科学技术发展和计算方法变革的产物，在很多行业领域中得到广泛应用并发挥着重要的作用。大数据在智慧交通中的主要作用主要体现在如下几方面[32-33]。

1）可以有效地提高交通运营能力

大数据技术在智慧交通中的应用，有利于有效地提高道路的通行能力，使道路交通基础设施的效能得到最大的发挥，对交通需求实现科学、有效的分析和调控。交通基础设施的建设涉及工程量大，投入多，受多方面因素的限制。大数据能够有效地解决这一问题。例如，大数据技术的应用，可对交通拥堵地段通过传感器通知机动车驾驶员，并提供有效的解决方案，大大降低了行程时间和经济成本。大数据的实时性,使处于静态闲置的数据在处理和需要利用时,即可被智能化利用,使交通运行更加合理[32-33]。

2) 可以有效地提高交通安全水平

大数据的实时性和可预测性有利于交通安全系统的数据信息分析处理能力提升。大数据技术能够对驾驶员的状态进行自动检测,当驾驶员处于疲劳状态时,车载装置可对驾驶员的身体状态是否正常进行检测。同时,车载装置还可与路边探测器进行信息交互,检测车辆运行的轨迹。大数据技术能对各个传感器传递的数据信息进行快速的整合处理,建立安全模型,对车辆行驶的安全性进行综合分析,有效地降低交通事故的发生[32-33]。

3) 可以有效地进行环境监测

大数据技术通过建立区域交通排放的监测及预测模型,共享交通运行与环境数据,建立交通运行与环境数据共享试验系统,分析交通对环境的影响。数据技术能提供降低交通延误和减少排放的交通信号智能化控制的决策依据,建立低排放交通信号控制原型系统与车辆排放环境影响仿真系统[33]。

2.2.4 大数据与交通规划管理

1. 大数据时代交通规划与管理的机遇与挑战

在中国城镇化进入城镇群发展新阶段的同时,城市自身也在进行空间布局调整和城市转型发展,由此产生了对交通规划和战略管理的一系列要求,同时面对不断增大的交通压力提出了增强城市交通战略管理能力的课题。与此同时,对于可持续发展的关注及资源约束的显现,使得传统的以硬件设施扩展方法解决交通问题的路径越走越窄[34]。

2. 互联网等信息化技术的应用

文献显示,中国网民数量达 6.68 亿人,其中以手机用户为主体的移动互联网用户为 5.94 亿人,占网民总量的 88.9%。基于互联网平台开发的交通运输服务已快速渗透至客运、货运、铁路、停车、维修、公共交通、出租汽车、航空等各个交通行业。根据主要的智能手机应用软件平台的统计数据,与交通相关的热门手机应用 60 余款,累计下载量超过 50 亿人次。移动互联网已经是交通信息的重要来源[29]。

交通以移动为基本属性,互联网,尤其是移动互联网的快速发展突破了传统的交通信息采集瓶颈,带动了交通信息化飞速发展。出行者对交通信息的获取方式更为便捷,其行为也因此发生了改变,两者互为因果关系,并持续地推动着城市交通的演变。此外,互联网在交通及其衍生领域的快速普及,为组织城市交通网络高效运行提供了丰富的数据资源[35]:一方面,各类交通工具出行数据和手机定位数据辅助跟踪城市的交通运行状况;更重要的另一方面是传统意义上并不属于交通领域的数据(如网络查询数据、商业支付数据等),在大数据时代下也支撑着居民出行调查,为解决交通问题带来前所未有的机遇。

互联网与交通行业的深度融合,将推动交通行业技术进步、效率提升和组织变革,提升交通行业的创新力和生产力,是交通行业提质增效、转型升级、惠民服务的重要支撑。运用互联网技术持续改善城市交通状况具体体现在如下方面[36]。

(1)互联网在打破供给和需求之间障碍的同时,将进一步提高城市基础设施的利用效率[37]。例如,导航软件的利用在帮助车辆躲避拥堵路段的同时,也提高了其他可选道路的利用率,有助于交通基础设施资源的再分配;停车诱导系统有助于优化城市停车空间布局和提高停车场使用效率;分时租赁服务有助于提高车辆的使用效率等。

(2)"互联网+"将带来生活方式的转变与出行方式的创新。一方面,网上购物、互联网生活服务、远程办公、网络教育、社交平台正在改变城市居民的生活方式;另一方面,"互联网+交通"的技术发展,如打车软件、订制公交等使出行方式更加丰富,使出行资源更有效地实现供需对接,而与用户位置信息结合的交通信息查询、电子站牌和导航服务,促进个体出行决策的合理与优化。

(3) 车联网是互联网在交通基础设施上的普及应用,将推动人-车-路互动的深入。在车联网技术推动下,人与车、车与车之间的互动正在逐步深入,除提升汽车的驾驶安全性和效率外,还为道路管理和出行方式的智能化发展与结合提供了新的数据与实体,成为智能交通的发展方向。

总之,信息化发展为城市交通学的发展提供了重要的数据和技术支撑,尤其体现在地理信息系统使得城市土地利用被数据化定量描述,直观可见;智能交通的发展提供了丰富的交通运行数据[38];移动互联网的发展实现了对城市人口活动、客货运输等实地场景的动态化描述;云计算为网络和节点系统分析提供了技术手段(见图2-12)。

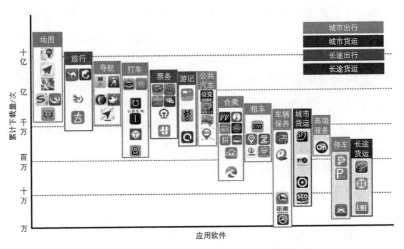

图2-12 中国移动端手机应用下载量统计
[资料来源:2015年7月百度手机助手、91助手(iphone版、安卓版)、
豌豆荚等热门手机应用下载网站的综合数据]

3. 交通规划管理亟待创新转型

传统交通规划理论依托5～10年一次的交通调查获取基础数

据,并据此为基础建立相关分析模型推断未来、设计方案,这已经与快速发展的态势急剧变化不相适应,也不能及时对系统偏离期望轨迹演变做出及时的调控。传统的交通管理理论依托交通流仿真分析。对进入敏感临界状态产生的复杂变化不能进行有效的辨识、预警和预测,难以对系统进行精细的调控[39]。

伴随着相关信息系统的建设,交通参与者在 ETC 数据、视频数据、浮动车数据(FCD)、公交 IC 卡数据、车辆牌照识别数据、移动通信数据、WiFi 数据等中间留下了大量的电子脚印,从中提取的状态特征和行为特征为交通规划与管理提供了宝贵的信息支持。由于这种信息环境的改变,开始有可能对交通系统进行连续的监督,从而促使相关交通规划、管理理论与技术发生巨大的变革[34](见图 2 - 13)。

4. 大数据环境下交通规划与管理的技术思想

城市交通系统是一个复杂系统,面对这样一个对象,不可能依据相对静止的观点进行系统优化,而必须对系统的演变态势进行连续监测,适时通过政策、工程、管理等多种手段进行组合式干预调控,引导并促使系统遵循可持续发展的轨迹演变[39]。

为此,需要在传统技术的基础上,进一步建立如下技术能力[39]:

(1) 对于城市交通系统演变态势的掌握能力。

(2) 采用对策组合进行管理调控的效果预判能力。

(3) 根据实测数据对于对策效果进行评估的能力。

通过这种技术能力的建设,将交通规划与交通管理有机融合,从针对某些特定时间节点(例如 5 年、10 年)的方案制订,走向针对整个发展过程的控制与管理[39]。

5. 大数据在交通规划与管理工作中的应用

手机、FCD、交通卡、闸机数据、线圈、ETC 等产生的大量数据并不能自动构成对于决策有所帮助的信息,它们只是从某种角度反映了系统的一些表面现象,我们必须通过数据融合、数据挖掘、多元统计分析等手段,从中提取能够说明问题的决策辅助信息,以

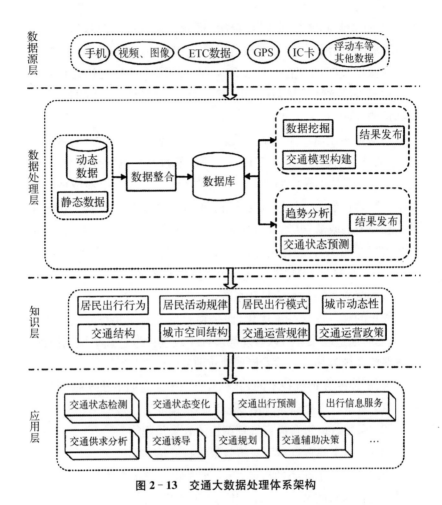

图 2‑13   交通大数据处理体系架构

帮助我们完成系统诊断、问题辨识、效果预判及后评估等决策分析过程[39]。

在大数据环境下,可通过将宏观分析模型(如传统的"四阶段"模型)与微观分析模型(如交通状态观测分析模型及交通行为观测分析模型)相结合的方式[39],达到识别现状、认识历史规律、把握系统特征的目的,最终帮助我们厘清问题结构,明确对策目的与目标;制订对策方案,进行对策方案评估,对实施过程进行滚动调整。大数据时代对于变通规划与管理来说不仅仅是技术手段的变化,而且意味着决策思路与工作方式的改变[39]。

2.2.5　智慧交通研究的发展趋势

1. 系统化支撑

1) 智慧交通助力城市交通行业管理

城市交通需求管理思维是由中国城镇化发展阶段所决定的。《2012 中国新型城市化报告》指出,中国城镇化率突破了 50%。这意味着中国城镇人口首次超过农村人口,越来越多的农村居民涌入城市。受到城市空间范围的限制和资源条件的制约,未来的城市必将趋向集约、低碳和可持续的发展模式,这就决定了无限制的增加交通基础设施建设、满足出行需求的发展模式必将被交通需求管理思维所取代。同时,信息化和科技进步带来的智慧交通发展为交通需求管理理念的应用提供了重要手段,是未来交通需求管理应用的必然趋势[29]。

从基础数据统计向智慧化决策支持发展[23-24]。从城市交通需求管理、交通监测、交通预警、辅助决策、交通管理等方面综合研究城市交通网络的构建和运行,研究如何利用信息化持续地改善城市交通运行状况,从而提高城市运行效益,实现可持续发展。

2) 智慧交通助力城市交通出行服务

基于大数据的智慧交通信息服务系统,可将交通参与者通过信息传感设备感知的道路、车辆、换乘站点、停车场、气象中心向交通信息服务平台提供实时交通信息,从而为公众发布道路交通信息、公共交通信息、换乘信息、气象信息、停车场信息以及其他相关出行信息,方便出行者根据自己的出行方式选择路线,为市民的出行提供便捷[30-31]。

在遵循交通系统自身发展规律的基础上,改变传统由交通设施和工具,或者由客运、货运组织着手的研究方法;运用多学科的思维和系统论的方法,从服务人的需求和组织城市运行的角度来研究城市交通,即要以服务功能和运行效率为主线来研究城市交通。

3) 智慧交通助力城市绿色发展愿景

随着科学技术的不断创新、国家政策的强力支持,绿色交通将成为交通运输发展的新底色,节能减排将成为智慧交通发展的关键词。大力发展车联网,提高智慧管理水平,提升车辆运行效率;重视智能汽车的发展,提升车辆智能化水平,加强车辆的智能化管理;积极采用混合动力汽车、替代燃料车等节能环保型营运车辆;构建绿色慢行交通系统,提高公共交通和非机动化出行的吸引力;构建绿色交通技术体系,促进客货运输市场的电子化、网络化,提高运输效率,降低能源消耗,实现技术性节能减排[40]。

2. 全面化要求

1) 数据精度和速度要求大大提高

对于海量的数据信息,如何精准高效地进行计算,从而提供引导和决策,这点非常关键。例如,智慧交通包含先进的车辆控制系统,需要通过采集的各种参数去帮助驾驶员控制车辆,甚至实现自动驾驶,这包括对驾驶员的警告、帮助以及躲避障碍物和行人,因此如果数据不精确,或者计算有延时,将对驾驶员、乘客及行人等的人身安全造成严重的威胁[30-31]。

2) 交通状态感知广度大大拓宽

大数据时代是以先进的物联网技术和云计算技术为依托的。物联网技术分为三层:感知层、网络层、应用层。感知层是物联网技术的基础,通过感知设备,提升智能感知水平,精确得到道路交通环境的各种信息参数,完善网络化的交通状态感知体系,为智慧交通的发展提供坚实基础。智慧交通中先进的交通管理系统,可以将感知的交通状况、交通事故、气象状况和交通环境,依靠先进的大数据处理技术,实时地发布交通状态信息[30-31]。

信息采集从单一数据来源向多部门数据整合发展。当今的数据采集模式已发生革命性变化，交通信息采集设备愈加先进，数据来源也愈加多样化，且采集方法已摆脱传统的静态、人工、单一的特征，实现向动态、自动化、多源化、多方法采集方式的转变[23]。以 6 个交通行业为例：道路交通数据来源于线圈、红外、视频等检测器；地面公交数据来源于公交 IC 卡刷卡、GPS、车站信息、调度信息等；轨道交通数据来源于自动售检票系统（AFC）刷卡、调度信息、车站人流量等；共享单车数据来源于自行车刷卡、租赁点信息；出租汽车数据来源于出租汽车 GPS、计价器收费等；高速公路通行数据来源于收费系统和检测器等。

3）分析处理技术深度大大增加

研究视野由点、线、面向系统性发展，由研究局部交通问题向寻求整体交通解决方案发展，由主要研究交通设施供给向寻求供需平衡发展；研究目标由交通系统内部（如效率、安全等目标）扩展至交通系统外部（如环境和能源目标）；数据分析从传统数据处理向大数据深度挖掘发展。随着计算机、通信技术飞速发展，通过技术手段存储、处理数据的能力（存储容量、计算能力、运算速度）迅猛提升，这为交通运行相关数据在时序积累和深入挖掘方面创造了契机。同时，随着跨部门数据开放水平不断提升，基于多源数据融合的信息化与智能化也在逐渐成为发展趋势[23-24]。

3. 精细化管理

1）基于过程化管理的整体解决方案有待建立

研究内容由最初的注重现状或近期交通问题向近远期结合发展，逐渐关注对未来交通的预测并寻求近远期结合，再逐渐转向关注交通规划、运营、管理的过程化管理、可持续的交通解决方案。

2）基于大数据的交通模型构建技术有待搭建

交通模型已经开始发挥越来越重要的作用，但是其实用性和精度仍有待提高。与此同时,随着信息化技术不断进步、互联网和移动互联网的快速普及、交通大数据技术快速发展,采用创新的可视化方式首次实现全程、动态、即时、直观地展现交通运行状态,为城市交通学理论和技术的突破提出了新的要求。

4. 精准化服务

1) 个性化多样化服务要求不断提升

信息发布从普通查询服务向全面个性化服务发展。以往的交通信息服务单一,只能搜集道路流量、静态的公交换乘信息等。现今,交通信息服务更加全面,各种路况、位置、导航服务已经非常普及,影响了市民的出行习惯[23]。

2) 新服务产生新挑战孕育新契机

从政府引导逐步向互联网融合。智能交通与互联网融合产生的新格局、新模式,为城市交通发展开拓了巨大空间。例如,滴滴专车、百度实时路况以及高德导航系统的应用,既是智能交通与互联网结合的产物,也是市民关注的热点问题,虽然尚处于起步阶段,却将对智能交通产生重大影响[24]。

2.3 绿色交通发展与趋势

2.3.1 国内交通节能减排发展与趋势

1. 交通运输节能减排政策

绿色交通是交通运输行业推进生态文明建设的战略举措和落实小康社会建设要求的具体实践,是"四个交通"战略的重要组成部分,对于推进交通运输现代化具有引领作用[41]。十八届五中全会进一步突出了绿色发展的重要理念,为"十三五"交通发展指明了方向。

十九大将生态文明建设和美丽中国纳入两个"一百年奋斗"目标,要求加快生态文明体制改革,建设美丽中国,推进绿色发展,着力解决环境问题,加大生态系统保护力度,改革生态环境监管体制[42]。

新时代的发展要求倒逼传统以能源为核心的交通节能减排工作内涵发生改变,加快绿色交通是建设生态文明的基本要求,是转变交通运输发展方式的重要途径[43]。绿色交通发展需要全面关注能耗和碳排放控制、交通污染物治理、客货运输结构优化、资源集约循环利用和生态保护等。

2017 年底,交通运输部印发了《关于全面深入推进绿色交通发展的意见》,该意见明确,到 2020 年,初步建成布局科学、生态友好、清洁低碳、集约高效的绿色交通运输体系;到 2035 年,形成与资源环境承载力相匹配、与生产生活生态相协调的交通运输发展新格局,绿色交通发展总体适应交通强国建设要求,有效支撑国家生态环境根本好转、美丽中国目标基本实现。从国家到地方,各级政府对资源能源节约、环境质量改善与环境安全保障的总体要求不断提高,公众对热点环境问题高度关注,交通节能减排的压力持续增加。

2. 交通运输业的能源结构

从能源消耗结构来看,交通运输领域的能耗集中在油耗(汽油、煤油、柴油、燃料油、原油),其中燃料油并不多,而原油更低。交通运输业能源消耗中的油耗汽油、煤油、柴油和燃料油 4 种油耗,超过全社会油耗的 70%[44]。也就是说,70% 的油耗消耗在交通领域了,因此,降低交通能耗对于全社会的节能效果具有直接影响和决定性影响。交通运输中的电力消耗在全社会电力消耗中的比例只占 2% 左右。在我国交通运输能耗中,电力消耗比例为 10% 左右[45]。主要用于电力机车、地铁、公交车、出租车等基础设施等,其中,耗电量最大的是铁路运输。

在交通系统中化石能源是主要的能源之一,化石能源的使用带来的机动车尾气造成了不同程度的大气污染,减轻生态环境危害的根本出路是调整能源的使用结构。近年来,我国交通运输业能源消耗主要以石油消耗为主,且逐步有了强化的趋势。由此,我国未来的能源政策调整的方向和目标是调整和优化整个交通运输业的能源消耗结构,采取切实可行的措施,最大限度地减低油耗,相应地提高电力能耗占比,从而达到"以电代油",实现能耗优化[46]。以上海为例,主要采取以下措施。

一是加大新能源车推广力度。进一步促进新能源公交车发展,大力支持新能源公交车的运营服务,做好节能减排工作,鼓励市内包车、租赁车、物流车使用纯电动车,新增纯电动出租车占比不低于80%,更新或新增的公交车全部为新能源车,2020年底前,中心城区、郊区建成区内公交车全部更换为新能源车[47]。铁路货运场新增或更换的作业车辆主要使用新能源或清洁能源汽车,占比不低于80%。

二是加大新能源物流车推广力度。2016年,上海市交通委员会、上海市公安局交警总队联合发布了沪交科〔2016〕310号《关于支持本市新能源货运车推广应用的通知》,从运营额度和通行额度两个方面进一步支持鼓励上海市新能源货运车推广应用:① 优先支持纯电动货运车申请小型货运车辆上牌额度,获得上海市交通管理部门办理的道路货物运输经营许可证的运输企业,根据经营需求购买纯电动货运车,可优先申请运输经营额度;② 向纯电动货运车发放了3 000张《货运汽车通行证》,通行权利等同于获得市区通行证的货运车辆。目前,上海共有新能源货运车辆10 671辆,主要为轻型货车和专项作业车。从2019年纯电动物流车的应用情况看,平均单次出行时长0.9小时/次,平均单次出行里程16.9千米/次,平均单日出行时长3.9小时/日,平均单日出行里程75.7千米/日,平均单位电耗32.1度。

三是完善充电设施建设和布局。落实专项规划配建标准,推进新、改(扩)建各类建筑配建停车场、库充电设施建设,鼓励有条件的已建建筑增建充电设施,计划完成10～15个出租车充电示范站点建设。优化市级充电设施平台功能,鼓励自用、专用充电桩分时共享,提高分时租赁发展服务质量[48]。

四是推进液化天然气(LNG)清洁能源应用[47]。推进集装箱牵引车改用清洁能源,全市集装箱车辆 LNG 使用比例达 10%。通过节能减排补贴政策,积极鼓励 LNG 船舶发展,推动集卡 LNG 车辆的规模化应用。截至 2018 年底,累计更新 LNG 牵引车 2 188 辆(含港内 LNG 集卡 1 100 辆),港区内场集卡牵引车 LNG 应用比例达 90%。

五是加快上海绿色港口建设。持续推进上海港岸电发展,加大岸电建设力度,提升集装箱、客货滚装、邮轮、3 千吨级以上客运和 5 万吨级以上干散货专业化泊位岸电覆盖率,新建码头同步规划建设岸电设施,港作船舶岸电设施使用率力争达 80%。至 2020 年底,上海列入交通运输部要求建设的岸电的五类专业化泊位中,已建成岸电设施 65 套、涵盖泊位 68 个,岸电泊位占比达 79%,其中集装箱泊位覆盖率为 74%,客货滚装覆盖率为 87%,邮轮覆盖率为 60%,3 千吨级以上客运覆盖率为 100%,5 万吨级以上干散货专业化泊位覆盖率为 85%,提前、超额完成了国务院打赢蓝天保卫战三年行动计划下达的工作目标,邮轮、集装箱泊位的岸电建设标准、建设容量、覆盖率均在国内处于领先水平。

六是扩大国三标准柴油货车限行范围。自 2015 年 10 月 1 日实行黄标车全市限行以来,2016 年 1 月 1 日起,在上海 S20 外环高速范围内全天 24 小时禁止初次登记日期在 2005 年 1 月 1 日前的国二标准汽油车通行。逐步扩大国三柴油货车限行范围,2020 年上半年实施国三柴油货车外环限行,下半年实施国三柴油货车郊环限行。

3. 国内节能减排技术发展现状

自 20 世纪 90 年代中后期以来,随着我国经济体制逐步向市场化转变,政府节能减排工作的重点在于适应市场经济体制的要求,建立和健全节能减排法律、法规体系;同时引导节能减排机制向新的市场机制转变,促进节能减排市场机制的良性发展,使市场机制逐步发挥对我国节能减排的主导作用。随着《中华人民共和国节约能源法》《节能减排综合性工作方案》等法律法规的颁布,以及"十一五""十二五"和"十三五"规划纲要提出明确的节能减排约束性指标,我国的节能减排工作越来越得到政府的重视,相关政策法规逐步与国际接轨,形成了以法律法规为导向,以经济手段为重点,兼顾政府行政指标及国民观念引导的一系列措施[48]。

1)北京

北京按照能耗、污染物总量与排放强度以及绿色出行比例等综合性目标,要求各行业运用不同手段综合实施,而针对各行业提出的引导性目标也需要结合行业特色,有的放矢地采取措施方可实现。因此,在零碳交通系统、客货运输体系、运输装备工具、交通基础设施、交通技术、行为意识等 6 个方面明确重点任务,同时从政策、标准、体制机制等方面提出绿色交通管理体系的构建思路[49],形成全面覆盖的"6+1"发展策略,指导北京市"十三五"时期交通节能减排工作的开展。

(1)绿色零碳交通系统。"十三五"时期将重点改善和提升步行、自行车等零碳出行方式,开展顶层规划,从源头引领步行和自行车交通发展[50];推动建立连续成网的步行和自行车交通系统[51];扩大共享单车规模并提升智能服务水平,推动共享单车健康发展;开展步行和自行车交通系统专项规划的编制工作,统筹步行和自行车交通系统建设;建立连续成网的步行和自行车交通系统,点、线、面相结合,有序推进建成区步行和自行车交通环境改善;明确共享单车功能定位,合理确定服务范围与规模,优化网点布局,发挥其在公共交通系统中的接驳功能,提高其使用效率和便捷度[51]。

(2)绿色客货运输体系。城市客货运输体系优化、集约化水平提升、运输效率提高是取得节能减排效果的根本举措,发挥决定性作用。围绕客货运输重点开展如下工作:

一是提升公共交通服务水平,促进绿色低碳出行。继续推进城市轨道交通建设,建成功能层次明确、级配结构合理的轨道交通网络[51],通过耗能设备改造以及组织模式优化,挖掘既有线路潜力,提高轨道交通能源利用效率;全面优化整合道路公共交通线路,推动公交专用车道施划工作并连接成网,构建道路公共交通快速通勤体系;有序推进步行和自行车交通环境改善,大力发展共享单车,切实提高绿色出行比例[52];通过提高轨道交通、公共汽(电)车、步行、自行车等绿色低碳出行分担率,降低出行能耗和污染物排放强度。

二是优化货运组织,强化技术和能力建设。提升货运组织管理的绿色化水平,提高多式联运、甩挂运输等集约化货运方式在全市货物运输中的比例,研究制定以奖励先进为核心的行业激励政策,关注货运需求侧管理政策,鼓励夜间配送、共同配送等高效货运组织模式发展,在城市物流配送领域积极探索"互联网+"应用,优化配送网络,有效降低配送车辆空驶率和能耗强度;强化货运节能减排技术应用和能力建设;大力推广高品质轮胎、生态驾驶等具有显著节能减排效果的技术产品;在有条件的新(改)建场站实施绿色货运场站建设试点,鼓励建设场站环境监测系统和能源管理系统等;研究适合货运行业特点的市场化投融资模式,加大货运节能减排技术应用推广;建立常规性、综合性的货运节能减排数据采集和分析体系,改善货运节能减排数据采集环境和质量。

(3) 绿色运输装备工具。持续优化行业营运车辆结构,在城市公共交通和公路客货运领域分步骤推进新能源和清洁能源车辆,"十三五"末新清能源公共汽(电)车比例超过 65%[53];推动在市区至周边重点商务办公区之间定点定线运行的部分通勤班线上开展新清能源旅游车示范,鼓励企业优先采用新清能源车辆;按照北京市地方环境保护标准要求,推动行业车辆更新,推广使用京Ⅵ及以上排放标准的低排放车辆,加快淘汰交通行业高排放老旧机动车,促进营运车辆车队排放结构绿色化[51];配合规划、发展与改革等相关部门制定加气、充电配套设施规划,依托公共交通场站建设功能完善的公共汽(电)车专用加气、充电网络。

（4）绿色交通基础设施。在交通基础设施建设过程中，从前期规划设计到建设与养护充分融入生态环保的理念，倡导生态型交通基础设施建设；将生态保护理念贯彻到交通基础设施选线、设计和施工全过程[54]，提倡生态选线和生态环保设计，推进温拌沥青、沥青冷再生等节能减排技术应用，推广自融雪沥青路面、低噪声路面等功能性道路技术应用，推动高速公路服务区实施节能环保改造，推广光伏发电、LED照明、节能供配电、污水处理及循环利用等节能减排技术应用；在养护阶段选择生态环境友好的养护工艺，淘汰能耗较高、排放不达标的养护设备，鼓励开展交通基础设施生态环境影响后评估；针对早期建设理念和技术原因导致的不能满足最新生态环保要求的交通基础设施，实施专项生态修复工程[54]。

（5）绿色交通技术推广。通过节能减排先进产品技术的应用与推广，进一步挖掘交通领域的减排潜力，以科技促进节能减排。同时，持续加强统计监测体系、计量体系和能耗排放模型等节能减排基础能力建设。其措施主要体现在以下两个方面：

一是加大节能减排技术产品推广力度。轨道交通方面，继续开展照明系统节能改造和通风空调系统节能改造，挖掘牵引用电节能潜力，探索制动吸收技术的应用，并选取典型车站开展环境质量监测、能源管理系统、列车再生制动能量回收等多种节能减排技术集成应用，形成绿色车站示范。机动车尾气处理方面，推进行业运输车辆尾气后处理、颗粒捕集器、燃油添加剂等节能减排技术的应用，加强高效减排装置设备的有效应用。生态驾驶方面，研究驾驶行为矫正技术及效果评估方法，研发生态辅助驾驶系统，并选取企业开展示范推广。在绿色维修方面，建立、健全行业绿色汽修管理体系，提升绿色汽修技术，形成维修废弃物和有害物排放少、资源利用率高的成套工艺规范[55]。

二是继续加强基础能力建设。完善交通节能减排统计监测体系，建设北京交通领域节能减排统计与监测平台（二期）[51]，推动企业层面的能源管理平台建设,实现企业平台与政府平台互联互通,建立覆盖能耗、燃油、污染物排放、碳排放等多项指标,辐射京津冀区域的统计监测体系;推进交通行业计量标准化,推动行业车辆投入运营前的计量器具预加装,逐步实现行业车辆计量监测全覆盖,重点突破新清能源车辆及配套设施效能检测;逐步完善北京交通运输环境监测网络体系,加强交通节能减排实验室建设[51],提升交通环境监测能力;开展交通能耗排放多层级综合模型技术研发与体系建设工作,力争在交通治污治堵一体化、机动车污染物排放贡献率、城市道路网交通能耗排放实时动态评价等方面取得突破。

(6)绿色出行行为意识培育。交通是关系到公众日常生活的民生基础,推进节能减排工作更要依赖于全社会的主动参与。"十三五"期间应充分发挥社会和公众的潜在力量,形成全社会共同参与、共同治理的和谐氛围[53];加大绿色出行的社会意识宣传,同时面向全市机动车驾驶人员开展生态驾驶培训与宣传推广工作,普及生态驾驶理念与技术;强化企业主体责任意识,通过政策宣传、企业培训等形式,促进企业开展节能减排技术创新、研发与应用,鼓励企业自主开展能源管理体系建设、计量器具配置审查等,并积极参与碳排放交易、能源审计和清洁生产审核工作。同时,加强与国际相关组织机构的合作交流,充分发挥技术资源、国际渠道等优势,最终形成全社会共同促进节能减排的环境和氛围[56]。

(7)绿色交通管理体系。"十三五"时期,北京交通节能减排工作进入综合管理体系全面建设阶段,通过政策体系完善、体制机制创新等工作提升综合管理能力。健全节能减排政策体系,实施推行行业节能技术应用、运输效率优化和节能减排管理能力提升的绿色货运政策,完善节能减排标准体系,推进营运车辆计量数据采集、计量器具检测、企业能效和碳排放管理、交通基础设施建设运营环节的环境监测技术等方面相关行业标准和地方标准的研制和发布,加快标准编制、修订工作;创新绿色交通体制机制,研究节能减排法律体系构建,探索法规实现途径;探索建设京津冀交通节能减排统计监测体系和生态环境监测网[57];进一步明确交通能耗、燃油、污染物排放、碳排放考核边界和考核指标体系,实施交通节能减排目标分解与考核制度[51]。

2)上海

上海按照全面建成小康社会和加快推进生态文明建设的总体要求,清晰地理解资源环境日益趋紧的形势,将传统的交通节能减排工作内涵进一步向绿色交通延伸,全面关注能耗、碳排放控制和交通污染物减排的治理控制,实现资源集约循环利用和生态保护。充分发挥科技创新的提质增效作用,坚持政府引导、市场推动、社会参与三结合的发展理念,加快推进上海交通绿色发展。

(1)完善绿色综合交通体系。积极培育绿色城市客运体系新动力,持续推进 800 千米轨道交通网络建设任务,强化轨道交通站点、场站用地综合开发,持续完善以轨道交通为核心的交通出行链配套设施建设;加强地面公交路权和线网优化,形成功能层次清晰的线网格局;因地制宜发展现代有轨电车、快速公交,提供更高标准的地面公交服务;构建相对独立、高品质的非机动车和慢行交通路权体系,合理布局非机动车租赁、共享配套网点,规范助(电)动车使用,保障步行交通安全;完善机场、铁路等对外交通枢纽与城市公共交通的一体化衔接,提升集疏运体系集约化水平。

严格小客车双控管理,引导小客车有序发展;坚持并完善非营运小客车额度拍卖制度,适时出台小客车额度有期限使用;加强长期在沪外地号牌小客车规范使用管理;强化停车综合管理,发挥静态交通以静制动功能。

上海还采取措施引导绿色共享模式规范发展;创新交通服务供给模式,引导和促进定制公交、分时租赁、汽车共享、拼车等新型交通模式规范发展,完善配套网点设施[48],提升用户使用体检,提升运输效率,分流自备用车需求。

在加速建设绿色物流体系中,上海以物流配送行业为突破口,逐步实现物流车辆清洁化、物流模式集约化、全供应链绿色化发展;在郊区新城、经济开发区和工业园区等重点区域率先推进绿色配送示范区建设[58];加强长江沿线港口合作,充分发挥长江"黄金水道"和上海港的龙头优势[59];结合自贸区政策创新发展,促进中转集拼、沿海捎带等业态发展,推进内河航道建设及沪通铁路进港区[60],预计到 2022 年 4 月底港口集装箱水水中转比例可达 65%,海铁联运同比增长 37%。

(2) 大力优化交通能源结构。加快运营车辆新能源化发展;加大新能源公交车推广力度,根据国家相关政策要求,研究制定本市新能源公交车新一轮补贴政策和实施方案;利用既有无轨电车架空线网和变电站设施,增加双源无轨电车车辆规模。

上海为了加快社会车辆新能源化发展,继续支持鼓励本市消费者购买和使用新能源汽车,统筹新能源车与传统汽车额度管理,规范新能源汽车额度和补贴获取,持续提升新能源汽车续航里程,制定、完善动力电池回收机制[61]。

完善新能源车辆充电设施布局建设[58]。出台《上海市电动汽车充电基础设施专项规划(2016—2020 年)》,全面推进住宅小区、办公场所、公共设施等充电设施建设;推进充电设施互联互通,完善本市充电设施技术规范,建立全市统一的充电设施公共信息服务平台,成立"上海电动汽车充电设施企业联盟",鼓励经营和服务模式创新[61];研究建立充电基础设施安全管理体系,依托住宅小区治理机制,加大对用户私拉电线、违规用电等行为的查处力度[62]。

加快 LNG 清洁能源推广应用。推进集装箱牵引车清洁能源替代,力争港区内集卡 LNG 使用比例达 100%,港区外集卡 LNG 使用比例达 10%;鼓励船舶使用 LNG 试点应用,推进内河货运船舶 LNG 动力试点示范[63],开展沿海运输 LNG 动力船舶试点[64];支持港区及周边、重要货运通道 LNG 加气设施的配套建设[48],形成 LNG 动力船舶加气供应保障体系[64]。

扩大可再生能源推广应用。在交通枢纽、邮政分拨中心、场站等交通设施中加大光伏发电技术推广[48, 63]和并网发电及配套工程建设,完善配套政策机制;支持航空生物燃料等新能源的开发和利用[65]。

(3)持续挖掘节能技改潜力。持续加强交通装备节能技改。继续加大力度推广应用成熟节能技改项目;支持集装箱船球鼻艏改造、低表能环保节能漆(INTERSLEEK)、主推进装置加装消涡鳍(PBCF)和舵球节能装置等优化船体水动力性能的推广措施[63],试点推进燃油均质器、加装士帕能节油装置等提高燃油效率的节能措施;持续开展飞机加装鲨鳍小翼和翼尖小翼、发动机改造、使用轻质座椅和集装器、电子飞行包(EFB)等航空节能技改项目;加大铁路机车和城市轨道交通车照明和空调系统节能改造力度系统[48];加大公交车尾气加热采暖系统、车辆 LED 照明系统、发动机智能温控冷却系统(ATS)应用等项目的应用推广。

持续加强枢纽场站设施节能技改。扩大 LED 节能照明、变频技术、建筑保温材料在枢纽、场站、轨道交通车站等交通设施的应用改造;加快全自动化集装箱码头运营模式推广,研究实施传统集装箱码头、滚装码头自动化、整车库自动化改造试点[48];改进邮政物件分拣机驱动方式,推广双边夹持式驱动装置[58]。

着力强化交通组织源头减量管理。完善空管运行协调机制,优化航路航线,积极开辟临时航线(段),完善浦东机场多跑道运行离港管理系统,减少地面滑行;合理组织水运货源,优化航线,合理配载,减少空放,提高船舶舱位和载重量利用率[64];加大公路甩挂运输、城市物流共同配送等模式推广力度[58],减少返程空载率的无效运输;优化轨道交通大小交路设置,实施轨道交通节能运行图,重点降低平峰时段、郊区区段单位客运周转量能耗。

提高驾驶节能技能。制订驾驶员操作规范,推广绿色驾驶技术。

加强驾驶员油耗考核,落实奖惩机制。

(4) 强化节能减排能力建设。完善交通节能减排标准体系。构建全覆盖的交通运输用能设备、设施能耗和二氧化碳及污染物排放标准体系,重点推进港航节能低碳环保地方标准,主要包括港航节能低碳环保地方标准体系、港口非道路移动机械(含港口装卸设备)能耗限值和污染物排放地方标准、港作船舶和内河船舶能耗限值和污染物排放地方标准等。在相关技术标准基础上,研究行业节能环保准入和退出机制[64],对标国际,逐步引入国际燃料舱规则优化现有能耗和碳排放统计方法。

完善交通运输业能源消费和排放网上直报监测系统。推进企业能耗消费和排放动态监测平台建设,并逐步纳入市级统一的交通节能减排监管平台;建立并逐步完善交通行业能源消费和排放数据库,不断提高行业用能的预警分析水平。

提升交通环境监测分析及研究能力。根据部委要求,制定上海交通行业环境监测网络规划,有序推进建设和监测工作开展;完善车、船、飞机等大气污染排放清单编制,加强环境监测与交通数据的整合对接及测算分析,进一步提升交通排放与环境质量影响互动模型和政策评估等相关研究能力。

3) 深圳[66-67]

深圳港港口建设和规模水平保持世界领先,绿色港口建设已在国内处于领先地位[66]。

(1) 率先开展港口低硫油推广。目前,96%以上进入深圳港的集装箱船靠泊期间都使用了硫含量低于 0.1% 的低硫油,靠泊深圳港的远洋集装箱船舶已全面转用硫含量不大于 50 毫克/千克的低硫油[66]。

(2) 岸电改造。深圳港岸电建设和使用居全国沿海港口首位,截至 2018 年 7 月,已建成覆盖 25 个大型泊位共计 14 套岸电设施,位列全国第一,累计连接岸电设施船舶 141 艘次,累计接电 8 345.5

小时,有 10 家国际航运企业的船舶在深圳港连接岸电,用电量为 320 万度[66]。

(3)推行航运补贴政策。2015 年,深圳市在国内率先出台"绿色航运"补贴政策,每年投入补贴 2 亿元用于绿色港口建设,先后出台了《深圳市港口、船舶岸电设施和船用低硫油补贴资金管理暂行办法》《深圳市港口、船舶岸电设施和船用低硫油补贴实施细则》等文件,对岸电建设使用和自愿转用低硫油进行财政补贴,引导企业落实节能减排项目,从 2015 年 3 月至 2019 年 6 月,累计发放船用低硫油补贴 8 329.11 万元,发放岸电补贴 7 555.68 万元[67]。

(4)油改电。2006 年起,深圳港主要集装箱码头进行轮胎式龙门起重机(RTG)"油改电"项目的试验和建设。通过改柴油驱动为电力驱动,大大提高了龙门吊的能效,同时减少了废气排放、降低了噪声[67]。

(5)油改气。港区内拖车"油改气"指传统柴油拖车改用液化天然气拖车(LNG 拖车)。目前,深圳港区内的柴油拖车已基本替换为LNG 拖车,盐田、蛇口、赤湾等主要码头已经累计推广 LNG 拖车超过 400 辆,深圳市港区内共建成 6 座撬装式 LNG 加气站,并全部投入使用[67]。

盐田港区于 2008 年 6 月开始使用 LNG 拖车,开创了国内首个使用 LNG 拖车的先河。与柴油拖车相比,使用清洁能源的 LNG 拖车可降低废气污染排放量约 82%[67]。

(6)结构性节能减排。港口的结构性减排是指加强水水中转和海铁联运,逐步降低公路运输在港口集疏运体系的比例。相对于公路运输,水路运输和铁路运输能耗小、污染轻、运能大,是更佳的绿色低碳型运输模式,而且更有利于减轻城市道路运输压力,缓解港城矛盾[67]。

2016 年底,深圳推出"深圳组合港-绿色港口链"项目,鼓励和引导货主采用"水水中转"和"海铁联运"等运能大、能耗小、污染轻的绿色运输方式,降低公路运输比例[67]。

4. 国内节能减排技术应用趋势[68]

近年来,交通运输领域在快速发展的同时,不断提升节能减排水平和能源利用效率,交通运输企业把节能减排工作作为创新驱动、转型发展的重要抓手,积极探索、勇于实践,围绕节能减排开展技术改造和科技与管理创新,取得了丰硕的研究和实践成果。围绕交通节能减排技术及产品应用,引导企业通过技术创新,提高能源利用效率,合理控制用能总量,推动行业绿色低碳发展。

1) 地面交通节能减排关键技术

(1) 城市轨道交通能源利用综合管理平台。轨道交通能耗监测管理系统在硬件方面采用站、线、网三级架构和关键设备冗余设置[69],并在各主要用电回路安装智能表计;在软件方面采用 BS 架构(浏览器和服务器架构):使用 ORACLE 数据库存储各类能耗数据,使用 Java、JavaScript、Delphi 等工具开发了客户端页面,并实现了对能耗数据的查询、对比、计算等功能[69]。

(2) 即充式纯电动公交车的使用。老式纯电动公交车须依赖线网或其他配套充电设备行驶,运行效率不高。即充式纯电动公交既可以像无轨电车一样利用架空线一边行驶一边快速充电,也可以长距离脱线行驶,使公交企业在车辆运营和配套设施建设上具备了更强的灵活性,可避免在拥堵路段架设线网,对于路程较短的线路还可选择在首末站利用线网充电,免去建设充电站的投入,在线和离线运行模式还能有效地应对城市不同线路[70]。另外,纯电动公交还能有效减少污染物排放。

(3) 列车客室照明智能节能控制改造。对光照度变化规律进行采集,以实际运营环境光照变化规律为基础,通过增加时钟计时功能、结合光照度阈值的调整,针对不同工况采用不同控制策略,实现根据外界光照度调节照明的功能,同时满足节能减排和客室照明舒适度的要求。

（4）环保型乳化柴油在大中型车辆上的示范应用。乳化柴油是通过燃油掺水技术形成的一种油水混合燃料，它的技术核心是一种能将油、水混合的界面活性剂，又称柴油乳化剂。该技术将10%的水和乳化剂掺入在90%的柴油中，在专用的乳化设备作用下，制成具有较好节能减排效果的环保型乳化柴油。环保型乳化柴油所采用的乳化剂是一种特殊的表面活性剂，它具有亲油亲水基团，使极性的水和非极性的油相应排列，同时大大降低油水表面张力，形成具有一定刚性的油水界面膜，在专用的乳化设备作用下，形成细微、均匀的油包水型乳化液。根据该乳化液在燃烧瞬间产生微爆的原理使油珠二次雾化，大大增加了其与氧气的接触面积，提高了热效率，同时由于水蒸气的存在，均匀了燃烧温度，减少了因局部高温而产生的积碳[72]。

2）绿色道路货运节能减排关键技术

（1）氢燃料电池厢式物流车示范运营。该电池系统中的电能来源是由燃料电池系统中的氢气与空气中的氧气发生电化学反应，产生电能供应给驱动电机驱动车辆，排放物仅有水，无任何污染物和碳排放。燃料电池系统工作原理如图 2-14 所示。

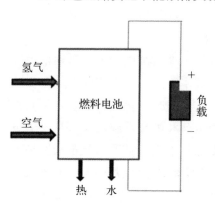

图 2-14　燃料电池系统工作原理
（资料来源：上海市交通节能减排
示范及推荐项目汇编）

35 兆帕压力的氢气和空气进入电池阳极，通过催化反应产生电流，并启动电机推动汽车，在阴极通过氢氧化反应生成电解水排出。

目前，我国的燃料电池系统功率等级主要集中在 30～60 千瓦，应用在商用车领域，寿命可达 4 000～12 000 小时。根据测算，每千米节约能耗折标准煤约 0.3 千克,减少二氧化碳排放量约 0.18 千克。与传统车辆相比,氢燃料电池物流车的燃料、保养成本均有优势,未来随着制氢、加氢等配套资源逐步完善,氢燃料电池物流车的运营优势将更加明显[73]。

推广应用存在的问题有如下几方面:① 燃料电池汽车的推广最主要的制约因素是配套设施的缺失,即加氢站的覆盖率过小;② 燃料电池汽车的技术水平有待提升;③ 购置成本问题,目前氢燃料电池厢式物流车的购车成本约为 130 万元/辆(含税),国家财政补贴 50万元/辆,地方财政补贴各不相同,对政策的依赖性较大。

(2) LNG 在营运客车和集装箱车辆的示范应用。天然气在常压下冷却至 −162℃ 后液化形成 LNG,其燃点为 650℃,极限为 5% ～ 15%。LNG 牵引车一次充气,可以行驶 1 000 千米左右,适合长途运输使用。LNG 中甲烷含量一般在 90% 以上[73],组成成分更纯,在液化前经过净化处理,水分和硫化物等杂质已脱除,单位质量发热量高,品质稳定,燃烧充分,无黑烟,尾气排放易达标。根据相关研究资料显示,采用 LNG 替代柴油作为牵引车燃料,尾气排放总量中的二氧化碳可减少 24%,一氧化碳减少 97%,碳氢化合物减少 72%,氮氧化物减少 14%,固体颗粒物减少 100%,综合排放指标降低约 80%[73]。

采用清洁能源 LNG 替代柴油作为跨省市营运客车和集装箱卡车的燃料,投入道路运输营运,加强推进绿色交通建设。

(3) 城市物流配送组织优化项目[74]。车货匹配交易公共平台(TPS 平台)充分利用传统物流以及互联网的优势,整合闲置货车的实时位置信息,发布货主的实时货运需求,通过平台让货车与货主直接对话,实现运力信息与货主情况的高效匹配,成功地解决了发货人群找车难、找车贵以及车辆空驶率高的问题,从而实现节能减排目标。

3) 航运节能减排关键技术

(1) 增压器切断节能技术改造。该系统利用两个旋转阀,一个装在主机排气总管与需切断的增压器透平侧之间,另一个装在增压器空气侧与空冷器之间。当船舶主机运行较低负荷时,利用控制装置(空气气缸)提供动力将两旋转阀关闭,切断该增压器,主机排出的废气供余下的增压器使用,使其余增压器压气效率提高。主机扫气压力提高,使主机燃烧状况改善,实现节能的目标[75]。当船舶需要高航速时,可将两旋转阀打开,被切断的增压器投入使用。旋转阀的使用,满足了集装箱船舶对航速的各种要求。

(2) 球鼻艏节能改造。该项目综合考虑一个营运区间,利用科学分析法对集装箱船舶营运状况进行分析,找出常用营运装载吃水,以及常用航速区间,从而降低球鼻艏高度并改进形状尺寸,设计出新的球鼻艏。根据科学分析结果,对三艘船舶球鼻艏进行了改造,高度由 11 米降低到 9.5 米,减小了球鼻艏出水率,使其能在更多的营运过程中发挥正面效应,减小船舶航行阻力[71]。在常用的 17~18 节减速航速区间内,年均节油效果达 4.3%。

(3) 船舶纵倾优化辅助操作系统。船舶纵倾优化就是通过理论结合实际的方法,首先应用相关软件进行设计状态下的船舶阻力性能仿真计算(CFD),通过大量的模拟数据计算出不同吃水和航速下的主机功率曲线,然后通过水池实验或者实船试航对其进行抽样验证,最终通过软件推算出不同吃水和航速下的最优纵倾[75]。

(4) 主机 ALPHA 气缸油电子注油器技术改造。ALPHA 润滑系统主要由泵站、ALPHA 注油器单元、ALPHA 注油控制装置(ALCU)、负荷变送器、触发系统、辅触发系统、控制面板等组成[76]。

泵站供给 ALPHA 注油器的油压为 4 000~5 000 千帕;微控制单元(MCU)通过驱动注油器上的电磁阀实现注油控制[77];注油后的反馈信号由该缸的指示单元(intermediate boxes)上的发光二极管显示;注油定时取决于角度译码器的两个信号,即 NO1 缸处于上死点的标识信号和曲轴转角的触发信号。ALPHA 润滑系统通常定在压缩冲程时将气缸油喷至整个活塞环。注油器每次喷射的油量是恒定的,改变喷射频率即可改变供油率。喷射频率由负荷和转速所决定,通常与主机的平均有效压力(MEP)成比例,无论是功率模式还是转速模式。持续最大功率的基本供油量的计算与喷射次数/每分钟转数和注油器的注油行程相关。在人机交互(HMI)屏上,可对单缸注油器的供油率(60%~200%)进行调整,默认值为100%。正常运行时系统由主控单元控制。在系统中如有故障发现,集控室里的通用报警装置就会有动作,并由 HMI 控制面板显示具体的报警点。如主控单元中有严重故障出现,辅控单元将自动切换接管(注:控制开关必须在自动位置上)。控制面板上的"辅控单元在控"指示灯亮(注:老式装置此灯可能在其他位置),辅控单元以随机定时和转速模式工作,在辅控单元上可以调整喷射频率,如最小供油率,通常设定为基供油率加50%[76]。

(5)大型集装箱船舶超低负荷运行管理。船舶减速航行,对于螺旋桨转速较低的低速柴油机船舶,螺旋桨所吸收的功率与其转速的关系是三次方成正比的关系。这个关系称为螺旋桨的推进特性,即降低船舶航速,就可以大幅度减少主机功率,同时可提高螺旋桨的推进效率,从而达到节省燃油的目的[78]。

(6)轮胎吊混合动力技术应用。项目在轮胎吊起升钢丝绳缠绕机构上增加配重,以降低轮胎吊起升作业时的负荷,降低能耗达到节能的目的。轮胎吊的配重节能装置在吊具和上架加装配重平衡装置上。

轮胎吊安装了配重节能装置以后,能实现起升时吊具位能与平衡块位能互相转换,使得轮胎吊起升时的实际质量等于吊具质量减去平衡块质量[79]。按照吊具与吊架质量为10.5吨,平衡块质量为8吨来计算,轮胎吊起升时的实际质量为2.5吨。以额定质量为40吨的轮胎吊来计算,加装配重节能装置后实际质量为42.5吨,是加装配重节能装置前实际质量50.5吨的84%。

轮胎吊发动机-发电机组的功率主要是依据起升机构的最大载

荷需求来设计配置的,加装配重节能装置后轮胎吊的发动机-发电机组的功率可以大幅降低[79],达到节能效果。

(7) 船舶岸基供电的技术。船舶岸基供电是指船舶靠港期间,停止使用船舶上的发电机,而改用市电电源供电。船舶停港期间若使用燃料油发电满足船舶用电需求时,能耗品种为柴油,若使用岸电供电后,能耗品种为电能。根据年停靠船舶数量/小时及其对应的功率即可得出本项目节能量。由码头提供三相三线制 440 伏/60 赫兹交流电制、650 千瓦安的电源,用电缆直接连接到船舶岸电接受单元即可,因此船舶应进行船舶岸电接入系统改建。

4) 航空节能减排关键技术

(1) 飞机加装翼尖小翼。给飞机加装翼尖小翼,就能通过改变翼尖附近的流场来减小涡流的强度,而且它的角度也能同时产生向上和向前的分力来增加飞机的推力和升力,从而降低燃油消耗,减少二氧化碳的排放。空客公司的理论和实验数据证明,加装翼尖小翼之后,每架 A320 飞机可减少油耗 3.5%。

(2) 发动机水洗。飞机发动机性能保持得良好与否,不仅关系到飞机的运行安全,也直接影响着航空公司的运行成本。通过对发动机进行定期水洗,可以在一定范围内保持和恢复发动机性能,提高发动机的工作效率,恢复低压涡轮出口处的排气温度(EGT)裕度(EGT 裕度为红线温度与全功率时排气温度 EGT 的差值),延长发动机的使用寿命,同时可以减少燃油消耗,降低发动机的维护成本。

(3) 发动机节能改造。对发动机高压压气机(HPC)和高压涡轮(HPT)进行升级改造,可以降低燃油消耗,提高发动机工作效率,减少发动机的废气排放,同时提高部件可靠性,减少返修次数。

(4) 地面特种车辆替代飞机航空器辅助动力设备(APU)。通过安装在电源车、气源车和空调车上随车工作小时表记录的数据,来计算其实际工作运行小时数。而这些车除了在维修和维护保养期间偶尔需要机组检测、调试和试运行外(这段工作小时数占总工作小时数不超过 5%），其他工作小时数为飞机替代 APU 的工作小时数。

（5）场面滑行阶段减排——电动滑行。电动滑行是目前正在研发的靠电力驱动滑行的系统，使用 APU 提供能量，以驱动安装在起落架上的电动马达系统，从而驱动航空器自身进行场面滑行。这种滑行方式可不依赖其主发动机系统和外部牵引车，因此这种滑行方式具有较低的燃油消耗和尾气排放[80]。

APU 的燃油消耗远小于机翼两侧的主发动机的燃油消耗，并且还有运行噪声小，使用寿命长等优点。与航空器使用单引擎驱动场面滑行方式相似，当使用电力驱动系统进行场面滑行时，航空器主发动机必须至少在起飞前 5 分钟启动，改用全发滑行方式[80]。

（6）民航管理节能。将飞机快速存取记录器（QAR）、飞机通信寻址与报告系统（ACARS）等数据作为数据分析基础，以燃油消耗为主要分析对象，综合考虑机组操纵、发动机性能、航路条件以及飞机配载等因素，根据实际情况确定计算方法，形成节油运行建议并及时反馈至飞行运行环节，作为飞行节油精细化管理基础工具，实现降低油耗目标[81]。

通过楼宇能源管理系统（BEMS）的建设与使用，促进楼宇设施的能源管理和控制，实现在不影响环境舒适性的前提下显著减少能源的消耗。主要包括建立动态的能耗分析与能效评估系统，实时监控与分析各类能源的使用情况以及相关影响因素，为提升能源使用效率提供决策数据与措施建议；为提升工作效果、系统展示工作成效，开发面向公众的能耗数据可视化平台[82]。

2.3.2 国外节能减排技术发展及趋势

节能减排已成为发达国家政府为保障本国能源安全，降低环境污染，减少温室气体排放，确保社会、经济可持续发展的重要措施。各国纷纷采取各种方式，在政府部门职能、法律、法规、财政、教育、宣传等方面对节能减排的引导和约束逐渐加强。从现阶段的情况看，国际节能减排呈现出如下四大发展趋势[83]：

第一，节能减排成为各国政府保障能源安全的重要措施。1999 年以来的石油价格上涨对世界经济产生的负面影响，给各个对石油进口依赖度高的国家敲响了警钟。如何保障本国的能源安全，特别是石油安全问题被提到重要日程，节能减排也成为其重要的政策工具[83]。

第二，节能减排已成为发达国家解决气候变化、减少温室气体排放的主要途径。1997 年京都会议以后，不少发达国家围绕减排目标和要求，积极调整能源政策，在机构设置中加强节能减排功能，修订政策和法规，强化了节能减排的管理力度[83]。

第三，节能降耗、提高能效已成为高能耗企业提高国际竞争力的重要手段。发达国家十分重视以节能降耗为主的技术开发和技术改造，并给予财政支持，其目的是鼓励企业在激烈的市场竞争中通过节能降耗，降低生产成本，提高在国际市场上的竞争力[83]。

第四，节能减排带动了世界经济新的发展模式，由此产生的绿色经济、低碳经济已成为世界经济新的增长点。节能减排已经跳出了单纯的资源节约及环境保护范畴，涵盖了经济发展的各个过程，从生产原料的开采到加工、从产品的流通到消费，在全球范围内引发了新的经济发展模式[83]。

1. 美国

1）节能减排政策[83]

美国的节能减排政策法规主要呈现出"大棒加胡萝卜"的特点，一方面，以立法的形式对各类工商业生产制定最低能效标准，以强制性法律、法规的形式颁布实施；另一方面，通过财政补贴的方式鼓励企业生产、民众使用高能效的产品。在机构设置方面，美国推动节能减排工作的主要机构由美国能源部（DOE）、环保署（EPA）、联邦能源管理机构（FERC）等政府机构及美国能源效率经济委员会（ACEEE）、国家自然资源保护委员会（NRDC）等非政府部门构成[84]。在节能减排相关政策法规的出台方面，美国于 1975 年颁布、实施了《能源政策和节约法案》,1976 年颁布了《资源节约与恢复法》,1978 年颁布《国家节能政策法》,1982 年颁布了《启动车辆信息与成本节约法》,1987 年颁布了《国家家用电器节能法案》,1988 年颁布了《联邦能源管理改进法》,1992 年颁布了《国家能源政策法》,1998 年颁布了《国家能源综合战略》,2005 年出台了旨在减少对国外能源依赖,解决国内能源价格高涨的新能源法案《国家能源政策法案-005》。美国在过去十年中,共出台了 13 项总统行政令和 2 份总统备忘录[85]。这些政策法规构成了美国关于节能减排的法律体系,是美国开展节能减排工作的重要法律依据和行动准则。在颁布一系列法律法规的同时,美国还推出了自愿性的节能标准与标识,如能源指南(Energy-Guide)标识项目,它为用户提供相关产品能耗性能、费用以及该产品的能耗性能在同类产品中的所处水平,还有由美国能源部(DOE)与环保署(EPA)联合推动的能源之星(Energy Star)项目,通过能源之星标识来向用户表明该产品的能耗性能指标获得了美国能源部与环保署的认可,同时,用户购买部分获得能源之星标识的产品将可以获得节能公益基金给予的资金返还。在财政激励措施方面,对具有节能减排功能的产品给予部分税收的减免。例如,在布什政府 2001 年财政预算中,对新建的节能住宅、高效建筑设备等都进行了税收的减免,包括在 2001 年 1 月 1 日至 2005 年 12 月 31 日期间,凡在 IECC 标准(国际节能标准)基础上节能 50% 以上的新建建筑,减免税 2 000 美元[86]。对油电混合车和燃料电池车、太阳能热水系统、沼气发电、风力发电等使用新能源或可再生能源的产品、技术,同样给予了税赋方面的奖励。除了税收减免政策之外,美国政府还推出了针对能源之星的节能公益基金现金补贴、鼓励用户主动降低耗电量的"能源补贴项目"、通过返还现金或低利息等措施吸引民众购买符合能源之星标准的住宅等一系列的财政激励政策[83]。

2) 节能减排技术

美国在交通领域的主要节能减排工作是制定实施分阶段机动车

辆排放和燃油经济性标准,由 EPA 制定、国家高速公路交通安全管理局(NHTSA)管理实施,现已覆盖乘用车、商用卡车和公共汽车、摩托车、飞机、船用发动机、重型发动机、游乐车等。加利福尼亚州(简称加州)等 14 个州实施比联邦更严格的标准。此外,美国大力鼓励电动车和插电混合动力汽车的发展,为购买电动汽车(2 500～7 500 美元/辆、20 000 辆/车企)和建设充电站提供税收优惠,为生产先进电池和汽车组件的厂商提供贷款。加州发布行政命令,计划到 2025 年和 2030 年分别推广 150 万和 500 万辆电动汽车[87-88]。

美国在世界上率先提出,凡是新建码头都要采用环保措施[89],即船舶靠港期间停止使用船舶上的发电机,而改用岸电电源供电,减少船舶停靠码头期间副机运行造成的大气污染物排放[71],为靠港船舶提供相对廉价、高效的能源,减少船业公司的燃油消耗,降低靠港船舶在港期间运营成本,提高码头的竞争力[90]。

洛杉矶港通过启用岸上供电系统达到节能的目的,并大大减少空气污染。长滩港则在港口外限速 12 节,解决港口拥堵问题,并减少氧化氮气体的排放。西雅图港、塔科马港与加拿大的温哥华港进行合作,在拖船上采用新型智能发动机,在车辆上采用柴油催化转换器及新型柴油燃料。该三港还确定了节能减排的具体目标:到 2010 年,船舶在各泊位使用馏分燃油,货物装卸设备采用第二级或更高级的非道路用引擎,长远目标是 80% 的设备使用第四级非道路用引擎,并在其余设备上安装排放控制装置[91]。

美国现代物流业经过半个多世纪的发展,在基础设施、物流企业和政策环境上都趋于成熟。美国政府、行业协会及企业在促进物流业发展的同时,均非常重视与物流发展相关的环保和安全问题。例如:① 为促进物流业的进一步发展,提高运输效率,减少能耗,美国政府高度重视交通设备的标准化和各种交通方式的联合运作;② 在美国物流界有着突出影响的美国供应链管理专业协会专门设有环保部门,负责推广节能减排新技术及评估物流企业的环保状况等工作;

③ 美国企业在实际物流活动(如运输、配送、包装等)中,应用了很多先进技术,包括电子数据交换、准时制生产、配送规划、绿色包装等,技术创新使物流设备及服务产能更大、效率更高,且更加简便和安全,尤其在机器人、自动导向搬运车和高端物流服务等自动领域的进步更加明显;④ 废弃物回收是循环物流的重要内容之一,可以减少原料加工、废弃物处理过程中的能源、材料消耗以及污染物排放。美国很多州都采取了相关措施以鼓励废弃物的回收再利用[92]。

美国各航空公司从废弃物处理、飞机改装和飞行减重、地面运行以及维修节能等方面入手,实施精细化管理,全面降低能耗,减少排放。各航空公司采取的节能措施主要包括如下四方面[93]:

(1)节油措施。通过安装翼尖小翼、优化加油程序、改善操作步骤及减重等方式节省燃油。例如,达美航空将波音 757 - 200 内的阴极射线显示管(CRT)电视屏幕替换为液晶显示器(LCD),此举使得每架飞机减重 212 磅①;美国航空通过安装翼尖小翼[93]、减少饮用水槽储水量、减轻餐车质量、移除陈旧多余设备等,年节油量达 65.5 百万加仑②。

(2)改善飞行计划,优化航线。例如,美国航空要求签派员/飞行员根据每个航班具体情况计算需消耗的燃油量、客运/货运同质量/平衡体系协同工作,将负载变量最小化、可能情况下签派员规划出更直接的航线、更高效的飞行计划等,年节油量达 68.2 百万加仑[93-94]。

(3)飞行中废弃物回收利用。达美航空的该项目已经在美国国内超过 25 个机场开展,乘客使用过的铝罐、塑料器皿及报纸杂志等均得以回收利用,从 2007 年至今回收量达 600 万磅,所得费用捐给慈善机构[93-94]。

(4)地面运行及维修节能。例如,美国航空通过定期清洗飞机发动机、在飞机进入机库时用牵引取代滑行、减少辅助动力装置的燃

---

① 英、美制质量单位,1 磅=0.454 千克。
② 加仑为容积单位,1 加仑(US)=3.785 43 升。

油消耗、尽可能使用单发滑行、控制飞机加油量,避免油量过多等措施,年节油量达 20.9 百万加仑[93-94]。

除采取上述措施外,各航空公司还通过严格管控饮用水和废弃物,以及与多个利益方合作等方式优化节能措施,提升节能效果[93-94]。

除了采取飞机改装和飞行减重、地面运行以及维修节能等技术举措外,"碳中和"也是美国航空公司普遍采用的做法[95-96]。

美国西南航空通过回收再利用计划,将获得的款项购买可再生能源驱动的设备,如太阳能垃圾捣碎机,2008—2012 年回收数量逐年增加,累计回收利用了 9 800 吨垃圾废料,相当于 233 架波音 737-700 型飞机的质量。2012 年,美西南航空将一年间回收的 230 吨工业废料包括废机油、滤器、液态和固态油漆废料进行燃烧,回收了超过 82 亿英热单位①的能源,大约相当于 188 个普通家庭一年的用电量[95-96]。

各航空公司还注重对除冰液和乙二醇的循环利用。美联航在一些机场安装了乙二醇阻塞装置,这种设备既能以低廉成本有效阻止除冰液(丙二醇)进入排水系统,还能够提取更高浓度的乙二醇加以循环利用。2012 年冬,美联航通过乙二醇阻塞装置回收了 233 073 加仑高浓度排出物,其中 30.75％为乙二醇,约为 70 000 加仑[95-96]。

尽管航空公司的用水量所占份额很小,并不会对当地水资源产生重要影响,但出于企业和社会责任感,航空公司仍尽可能收集雨水并回收利用废水。美国航空公司(AA)曾被美国环保署授予"水资源高效管理领导力大奖",公司维修工程基地安装的逆向渗透系统在正常情况下,可对系统吸收水量的 30％进行回收利用,回收水主要用于清洗飞机或进行其他维修工作[95-96]。

2. 欧盟

1) 节能减排政策

在欧洲国家中,德国是节能减排政策法规构建最为健全的国家

---

① 英、美等国采用的一种热量单位,符号为 BTU 或 Btu。1 Btu＝251.996 cal＝1 055.056 J。

之一。为了使经济、社会发展保持高速、可持续地发展,德国政府非常重视节能减排工作,设立了比《京都议定书》及欧盟要求的指标更高的节能减排目标:到 2020 年能源利用率在 2006 年的基础上提高 20%,二氧化碳的排放量降低 30%,可再生能源占全部能源使用的比例为 25%[49, 97]。为了实现这个目标,德国政府采取了一系列有效的措施和方式,从节能减排服务体系、相关法律法规制定、相关技术革新、教育宣讲等方面进行了卓有成效的建设。在管理体系上,德国的节能减排工作主管机构主要有德国能源事务公司,联邦经济与技术部,联邦环境、自然保护和核安全部,各部门各司其事、相互协作,构建成德国完善的政府节能减排监管体系。在法规制度建设方面,德国早在 1976 年即首次颁布《建筑物节能法》,1991 年颁布了《可再生能源发电向电网供电法》,2000 年颁布了《可再生能源优先法》。这些法规被视为当时最进步的可再生能源立法,并在 2004 年对生物质能、沼气、地热等新能源的支付条件进行了修改,提出了在 2020 年可再生能源发电量占总发电量的 20%[83, 98]要求。2002 年颁布了《节能能源法案》,规定了新建筑的能耗标准。在税收制度方面,德国政府于 1999 年颁布了《引入生态税改革法》,通过对石油、天然气和电加征生态税,以税收手段来调节能源价格,促进节能减排措施的落实。为了鼓励人们使用生物动力燃料,德国对生物动力燃料免征矿物油税。从环保的角度考虑,德国还规定了不含铅的汽油相对含铅的汽油在适用税率上要低。在节能设备能效标识方面,德国遵循了欧盟委员会于 1992 年颁布的欧盟统一能效标识法规,对冰箱、洗衣机、空调等实施强制性的能效标识。在节能自愿协议方面,德国工业贸易协会提出了《德国工业气候保护宣言》,这是工业界在环境气候保护上自行做出的承诺,并非政府的约束性措施,但如果没有实现自愿协议中预定的目标,政府就会制定法规进行制约或增加税收[83, 99]。

2) 节能减排技术

欧盟的节能减排政策工具和技术手段集中于二氧化碳排放的控

制。一是汽车发动机改造,1990—2004 年,德国全国汽车发动机效率提高了一倍,汽车燃料消耗减少了 40%;二是税收,德国的汽油价格中,税收占 70%,法律还针对高速公路货车按二氧化碳的排量收费,而使用天然气的汽车到 2020 年前享受免税优惠;三是推广新型燃料,第二代生物燃料占市场的 3.4%,由此每年二氧化碳减排 500 万吨;四是能耗标识制度,尽管政府没有强制淘汰高耗能汽车,但有了强制性的能耗标识,方便消费者做出选择[100-101]。

场面滑行阶段减排[102-103]。国际民航组织对各机型起飞着陆循环发动机工作数据进行统计,以空客公司 A320 的 CFM56-5B4/P 发动机为例,虽然发动机滑行推力状态的燃油流量消耗量约为起飞与爬升状态的 10%,但碳氢化合物、一氧化碳的排放系数却为起飞爬升等大推力状态的 25 倍。因此,相同时间内航空器场面滑行的碳氢化合物、一氧化碳排放量为起飞爬升等大推力状态下的 2~3 倍。又因航空器场面滑行阶段所用的时间远大于起飞爬升进近阶段的时间,因此降低航空器场面滑行油耗与排放对起飞着陆循环乃至民航的低碳运输都具有重要意义[102-103]。

为减少航空器场面滑行时的燃油消耗与尾气污染物排放,航空器除依靠全部主发动机工作推动其进行场面滑行外,国内外还应用了 3 种低油耗滑行方式:单发滑行、牵引滑行与 APU 电力驱动滑行。目前,牵引车滑行在国内机场的使用较为普及[102-103]。

单发滑行是指在机场条件允许情况下,航空器采用单发滑行方式进行场面滑行,但因为航空器在起飞前 2~5 分钟需启动发动机进行预热,所以,即使一台航空器发动机无须在滑行时段工作,但该发动机也需要至少在起飞前 5 分钟启动。因此,航空器单发场面滑行方式只适用于滑行时间大于 5 分钟的滑行路径[102-103]。

电力驱动滑行是目前正在研发的靠电力驱动滑行的系统,滑行靠航空器辅助动力设备(APU)提供能量,以驱动安装在起落架上的电动马达系统,从而驱动航空器自身进行场面滑行。这种滑行方式可不依赖其主发动机系统和外部牵引车,因此这种滑行方式具有较低的燃油消耗和尾气排放[102-103]。

APU 的燃油消耗远小于机翼两侧的主发动机,并且还有运行噪声小,使用寿命长等优点。与航空器使用单引擎驱动场面滑行方式相似,当使用电力驱动系统进行场面滑行时,航空器主发动机至少必须在起飞前 5 分钟启动,改用全发滑行方式[102-103]。

单发滑行和 APU 电力驱动滑行可降低航空器场面滑行阶段碳氢化合物、一氧化碳和氮氧化合物的排放量,牵引滑行对氮氧化合物的减排影响不大,但可明显降低碳氢化合物、一氧化碳的排放,改善机场周边空气质量[102-103]。

3. 英国

1) 节能减排政策[83]

英国也是节能减排工作开展较早的国家之一,早在 1977 年即颁布了旨在应对能源危机、保障能源供给的《长期节能规划》。经过三十多年来的发展,英国政府的相关政策逐渐从应对能源危机转为着眼于减少污染、保护环境。2003 年发表《我们能源的未来——创造低碳经济》能源政策白皮书,率先提出要发展低碳经济,创造低排放经济,实现经济、能源与环境的可持续发展。英国政府节能减排的主要举措之一是推行碳税。在发达国家中,英国首先提出了到 2050 年二氧化碳排放量削减 60%,同时提出将低碳经济作为英国经济的主要发展方向。为了实现这个目标,英国政府以碳税为主要调控手段,针对电力、天然气、煤炭等能源使用,根据相关能源的供应量征收,并根据通货膨胀率逐年调整,此举大幅增加了企业使用能源的成本,迫使企业积极开展节能工作。同时,征收碳税带来可观的财政收入,英国政府又把这部分收入用于补偿节能减排工作,例如:企业可以通过与政府签订节能目标及二氧化碳减排目标,且如果该企业实现相应目标将获得政府的税收减免。同时,英国政府推行了《能源效率标准》和《建筑物监管条例》以提高建筑物的能源使用效率;采取的财政政策还包括直接的财政补贴,如针对企业节能减排技术研发的国家援助及针对个人建筑节能改造或采购节能设备如太阳能热水器发放居民节能补贴等。此外,还设立了节能基金,针对节能设备投资和研发项目予以贷款利息补贴。税收优惠也是英国政府促进节能减排的主要措施,如企业只要自愿与政府签订自愿气候变化协议并实现协议所规定的节能减排目标即可获得 80% 的碳税减免优惠,此举有效地激发了企业自觉参与节能减排的积极性[83]。

2)节能减排技术

英国商业、能源和工业战略部(BEIS)宣布投入 8 460 万英镑支持开发开创性的绿色航空技术,旨在推动航空行业的变革发展,实现方便、快捷的零排放航空飞行。该次资助共支持 3 个研发项目,重点关注利用氢或电力作为替代动力开发零排放航空技术,以减少航空业对化石燃料的依赖。资助经费由政府和工业界各承担一半。资助项目详情如下[104]:

(1)氢电混动系统(H₂GEAR)。H₂GEAR 项目将公私投入 5 440 万英镑,由 GKN 航空公司主导。该项目将开发创新的液氢电动混合推进系统用于区域航线飞行,并确保可扩大规模至更大型飞机用于更长航线[104]。

(2)HyFlyer 二期项目。HyFlyer 二期项目将公私投入 2 460 万英镑,由 ZeroAvia 公司主导。该项目将扩大其零碳排放发动机规模在 19 座飞机上进行示范,预计最早可在 2023 年 1 月进行首次示范飞行,2023 年底实现零碳排放商业飞行。该项目一期于 2019 年获得资助制造零碳发动机,已成功完成 6 座氢电混动飞机(全球最大氢电飞机)的试飞[104]。

(3)电动飞机飞行控制、储能和推进综合系统(InCEPTion)。InCEPTion 项目将公私投入 560 万英镑,由蓝熊系统研究公司(BlueBear Systems Research)主导。该项目将开发全电动零排放推进系统,可用于短途飞行的小型飞机,具备静音、高效等优点。如果扩大规模,则可为包括无人机、客机在内的各种飞机提供动力,用于运送大宗物品,提供区域通勤服务等,促进形成新型交通服务[104]。

除上述以外,英国政府还计划通过"未来飞行挑战"(Future Flight Challenge)资助计划,总计投资 1.25 亿英镑支持开发未来航空飞行器技术,促进新型电动飞行器或自动驾驶飞行器研制。除了提供研发资助外,英国政府还成立了零排放航空理事会(Jet Zero Council),该理事会将推动政府和工业界建立合作伙伴关系,旨在促进可降低航空有害气体排放的新型技术和创新方法的发展[104]。

4. 日本

1) 节能减排政策[83]

众所周知,日本是一个资源非常匮乏但能源需求非常大的国家,对能源的外部依赖度高,能源的进口量与总能源需求量的占比超过80%。在机构的设置上,日本建立了非常完善及高效的节能管理机构,于 1966 年即成立了能源经济研究所,第一次世界石油危机后成立了日本节能中心,1980 年成立了新能源和产业技术综合开发机构。为了对节能工作进行更为有效的管理,日本建立了以首相为首的节能领导小组,负责全国节能战略的确立;由经济产业省资源能源厅作为全国节能工作的统一管理部门,协调日本节能中心、新能源和产业技术综合开发机构等专业机构进行具体的节能工作组织和研发。在节能法律法规建设方面,为应对世界石油危机的影响,日本于1979 年颁布了《节约能源法》,1991 年颁布了《再生资源利用促进法》,随后相继出台了《环境基本法》《容器包装回收再利用法》《环境影响评价法》《家电回收再利用法》《循环型社会形成推进基本法》《建筑材料回收再利用法》和《汽车回收再利用法》等一系列的与节能相关的法律、法规;1993 年颁布了《合理用能及再生资源利用法》,1998 年颁布了《2010 年能源供应和需求的长期展望》,2003 年颁布了《促进新能源特别措施法》,2006 年日本政府颁布了《新国家能源战略报告》[105]。为了推动《节约能源法》及其他法律、法规的实施,日本政府制定了诸多有效的节能管理制度。第一是分类指定工厂管理制度，以能源消耗量的不同将用能工厂划分为不同类别，分别确定其在节能方面的责任和义务，以实现有针对性的管理；第二是节能报告制度，该制度规定用能工厂必须定期向政府报告上一年度的节能工作实施情况，包括分类能源使用量、用能设备状况、标准遵守情况、能源利用效率、二氧化碳排放量等五个方面的内容；第三是能源管理师制度，由国家统一认定能源管理人员的从业资格，以专业化队伍来加强企业的节能管理；第四是领跑者制度，即节能标准更新制度，而领跑者制度将节能的指导性标准根据最先进的水平即领跑者来制定，五年后这个指导性指标就转换为强制性标准，达不到这个标准的产品禁止在市场上销售，而新的领跑者标准又同时出台，以此来不断推进节能水平的提升；第五是实施"领先产品"能效基准制度，对汽车、电器等产品制定不低于市场上最佳产品水平的能效标准，以利于消费者对产品的能效进行比较购买；第六是为了鼓励企业引进节能设备、改进节能技术，日本政府对相关设备引进和技术开发实施了财政补贴制度，并在信贷政策方面予以倾斜支持，如经济产业省每年将大量财政拨款用于补贴家庭和楼宇的能源管理系统和高效热水器等，同时定期发布节能产品目录，开展节能产品和技术评优活动，对使用列入节能产品目录的节能设备实施特别折旧和税收减免政策，减免的税收约占设备购置成本的7%。此外，对企业应用节能设备，包括安装、改造和更新节能设备或节能技术开发项目的贷款，可以获得政府补贴的特别利率，该利率可以较市场利率低 20%～30%[83, 106]。

2）节能减排技术

通过技术建立先进交通社会，包括汽车电气化技术，如燃料电池技术、发动机降低能耗技术、车体轻量化技术、零部件降低摩擦的技术等；交通系统改进，包括车辆间通信技术、交通控制系统开发等；铁路、公路两用系统的技术开发等[107]。

2005 年起,由货主企业和物流企业自主行动,与经产省、国土交通省及相关团体设立了"绿色物流伙伴会议"机制,推进物流向海运、铁路运输方式转移,推进共同配送,改善物流,经产省实行财政补助支援,目前约有 2 700 家公司加入该机制。至 2008 财年末,政府共对 224 个减排项目实行补助,国土交通大臣还对节能减排突出的项目给予表彰[108]。

日本还采用系统化方法疏通交通,促进客货运输交通流顺畅。一般汽车在低速运行时单位行驶里程的能耗及排放高于在经济运行时的 30%～100%,通过完善交通运输系统的各个环节,疏通交通,提高交通流速度,可有效地实现交通系统的节能减排。日本采取的主要措施包括:① 改善交通基础设施。解决城市道路的瓶颈问题、道路交叉点的立体化、收费方法的多样化及弹性化等;② 提高交通管理水平、推进 ITS 智能交通系统、强化停车管理,减少占用道路的工程,及时提供道路交通信息等;③ 对运输从业者全面普及绿色驾驶管理系统(EMS)[108]。

日本航运企业在节能减排方面不论是技术还是管理,一直都处于世界领先水平[109]。其中,日本邮船一直比较重视节能减排,公司的"综合环保技术"使用为该公司节省了不少的能耗。该公司计划在 2030 年完成"日本邮轮超级环保船 2030"的建造工作,与现有船型相比,该船预计能降低约 69% 的二氧化碳排放量。另外,日本太阳能船舶技术发展迅猛,"御夫座领袖"标志着日本太阳能船舶进入了一个崭新的时期,该船舶利用了高效的太阳能电池板,依靠这种电池板,船舶不仅可以在阳光不充足的天气下运行,还可以将平时吸收的太阳能储存起来,但是这种太阳能电池目前还未能满足全部的动力要求,照明需求也只能满足一小部分[109]。虽然目前太阳能动力船舶的使用还只是在初期,但是其前景是光明的,如果每个国家都能充分认识到船舶节能的重要性,船舶二氧化碳的排放一定会明显减少。

日本成田机场的生态机场总体规划对整体交通的节能减排成效

有着显著的作用,例如:① 要求航空公司使用具燃料效率的飞机;② 促进地面供电系统的使用;③ 机场内使用低污染车辆,如天然气动力车、电动车、油电混合车、低排放瓦斯车等。

2.3.3   国外新能源汽车发展与趋势

1. 美国

为了彻底解决汽车废气排放问题,美国加州于 1990 年出台了零排放强制法案,要求到 1998 年,所有汽车商在加州出售的汽车中,零排放车至少要占售出总数的 2%。该法案极大地刺激了世界各主要汽车生产和使用国,纷纷制定了类似的政策或法规,并投入巨资研发新型零排放汽车。1993 年 9 月,美国克林顿政府宣布实施新一代汽车合作伙伴计划(partnership for a new generation of vehicles,PNGV),推进包括电动汽车在内的新一代高效节能汽车的开发。2001 年 8 月,美国议院代表批准了 2001 年美国未来能源保证法案,该项计划为鼓励发展和使用电动汽车技术提供了一系列税收优惠和资金支持[110]。2002 年,美国布什政府提出了自由汽车计划(freedom cooperative automotive research,freedom CAR),以推动燃料电池汽车的研发和基础设施建设。2008 年 6 月 12 日,美国能源部宣布拨款 3 000 万美元[111],资助插电式混合动力电动汽车的研究项目,并对插电式混合动力汽车实施税收优惠,根据车质量和电池组容量,减税额度在 2 500~15 000 美元[112]。美国总统奥巴马上台后马上部署实施总额为 48 亿美元(其中 24 亿美元为国家拨款)的电池与电动汽车研发与产业化计划,其中 20 亿美元用来支持先进动力电池的研发和产业化[113]。2009 年 8 月,美国能源部宣布将设立 20 亿美元的政府资助项目,以扶持新一代电动汽车所需的电池组及其部件的研发[114]。2010 年 6 月,为进一步促进新能源汽车的加速发展,联邦政府又向电动汽车领域增投了 60 亿美元的资金。在对产品技术研发给予资金支持的同时,联邦政府还对电动汽车的生产环节给予了积极的扶助。例如,对每家企业所生产的前 20 万辆电动汽车,联邦政府给予一定金额的补贴。在联邦政府给予补贴的同时,许多州政府还额外向生产企业推出了每辆车给予 5 000 美元补贴的资助政策。产品发展方向和技术路线明确之后,2011 年 2 月底,奥巴马提出了一个新的新能源汽车发展计划:到 2015 年时,插电式电动汽车及插电式混合动力汽车的保有量要达 100 万辆。该计划还说,力争在 2022 年之前的 10 年内,由美国率先在全球推出价格可与内燃机汽车相匹敌的纯电动汽车。为此,美国能源部随后表示,要大力支持车身轻量化、电池、电力电子技术、高效率车内空调、燃料及润滑油等 5 大技术领域的研发。2012 年,美国启动了"EV Everywhere"电动汽车国家创新计划。该计划称,将通过支持多项关键技术,如高性能锂离子电池材料、插电式车辆技术、轻量化技术等,来实现 5 年收回车辆附加成本的目标[111]。

特朗普上台后美国政府对气候环保相关产业的支持力度大幅降低。2017 年 6 月,美国总统特朗普在白宫正式宣布美国退出《巴黎协定》。2018 年 8 月,为使美国采取相同的燃油经济性及排放法规,降低汽车制造商合规成本,美国联邦环保署(EPA)和美国国家高速公路交通安全管理局(NHTSA)提议将 2020—2026 年行业平均燃油经济性水平冻结在 2020 年的 37 英里/加仑(约合每一百千米 6.4 升),不再继续加严,推翻此前奥巴马政府 2012 年颁布的法规[要求燃油经济性每年平均改善 5%,到 2025 年达 54.5 英里/加仑(约合每百千米 4.3 升)];还提议废除《清洁空气法》(Clean Air Act)中赋予加州可自行制定严于联邦水平的排放标准和燃油经济性标准的特殊权力。2019 年 7 月,福特、本田、宝马和大众在燃油经济性提升方面与加州达成自愿承诺,到 2026 年这四家汽车制造商须达到 50 英里/加仑(约合每百千米 4.7 升)的标准,此协议严于联邦政府提议,但在目标值和年限上均宽于奥巴马政府设立的目标。2019 年 9 月,废除加州特殊权力的提议正式生效,但加州对继续推动气候保护依旧充满斗志和信心,正在通过各种渠道继续争取权力。2020 年 3 月 31 日,特朗普签署最终公司平均燃料经济性(CAFE)法规,将奥巴马时期制定的燃油经济性年改善幅度的要求从 5% 放宽到 1.5%,即到 2026 年行业平均燃油经济性水平将约为 40.1 英里/加仑(约合每百千米 5.9升)。新法规将使汽车制造商无需借助电动汽车满足合规要求,对未来美国电动汽车市场将造成不利影响[115]。

从电动汽车推广规模来看,近几年美国电动汽车发展效果显著,纯电动汽车(BEV)和插电式混合动力汽车(PHEV)年销量从 2011年的 1.78 万辆上升至 2019 年的 32.66 万辆,自 2015 年被中国反超后,美国电动汽车年销量稳居世界第二位[116]。其中,总部位于加州的特斯拉公司的 Model 系列车型对美国市场贡献巨大,从 2012 年的2 400 辆增长到 2018 年的 19.16 万辆,2019 年稍有回落,年销量仍达18.94 万辆;市场占比从 2012 年的 4.5% 发展到 2018 年的 53.0%,2019 年在全国 BEV 和 PHEV 整体销量下滑的情况下,其市场占比仍逆势增长达 58.0%[115](见图 2 - 15)。

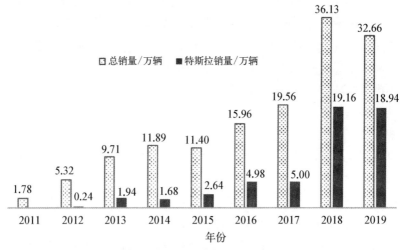

图 2 - 15 美国电动汽车总销量
(资料来源: http://www.autopartners.com.cn/archives/95685)

新能源充电设施建设方面,2010 年,美国颁布了一项经济刺激法案。该法案中有一条说,在当年年底前安装家用充电装备的消费者,可以得到最高优惠幅度为 50% 的退税补贴。到了当年年底,联邦政府发文称延长这一激励政策,但补贴额度有所调整。调整后的补贴政策是,在 2011 年年底前购置安装充电设施的个人消费者,最多给予 30% 的优惠退税,最高补贴额度为 1 000 美元。在给予用户优惠政策的同时,联邦政府也给企业提供了优惠的补贴政策,当年年底前购置和安装充电设施的企业,可得到 3 万美元的补贴。在联邦政府退税政策的引导下,各个州政府也相应提高了充电装备的退税额度,如夏威夷州可退税 30%,俄克拉荷马州可退税 75%,加州也出台了类似的优惠政策。与美国其他州政府相比,加州对充电装备基础设施的建设更加重视一些,由其主导制定的计划目标是到 2020 年时建成一个可满足 100 万辆电动汽车充电的配套网络,到 2030 年,要在南加州的商业地段安装 30 万个充电桩。加州政府称,之所以要建造、安装如此之多的充电装备,是因为到 2030 年时,在南加州的汽车保有量中,预计电动汽车的占比会达 30%,可能会超过 200 万辆。与此同时,加州还推出了一项低谷优惠电价的惠民政策。此外,美国能源部也一直在为充电设施的安装及配套工程的配备提供资金帮助,2009 年曾提供 2.3 亿美元的补贴;2011 年又为社区的插电式混合动力汽车及充电基础设施建设,设立了 500 万美元的"社区贡献奖"和 850 万美元的"清洁城市倡议奖"等。近年来,除政府部门外,美国的许多相关企业也积极参与投资兴建充电设施。生产 Model S 电动车的特斯拉公司,在 2012 年 9 月启动了其"加州充电站计划",将在加州兴建 6 个太阳能充电站,为购买该公司 Model S 车型的用户提供免费充电。雪佛兰公司也在北美的经销店设有太阳能充电站。截至 2013 年 3 月底,全美各地已经设置了 16 743 个充电设施,涵盖洛杉矶、西雅图、哥伦比亚特区等 18 个大城市,其中加州的数量居全美首位,共有 4 183 个[111]。

美国政府目前支持两大充电基础设施计划："Charge Point"项目和"EV Project"项目。美国能源部为"Charge Point"项目提供 1 500 万美元资助。截至 2013 年 12 月，全美"EV Project"项目中全部 17 个州或地区的公用充电桩合计有 3 662 个，其中直流充电桩 107 个，LEVEL2 级交流充电桩 3 555 个。私人充电桩总计 8 694 个，全部为 LEVEL2 级交流充电桩。"Charge Point"项目测试区域的 9 个州或地区，充电桩共计 4 647 个，其中公共充电桩 2 508 个，私人住宅充电桩 1 863 个，私人非住宅 264 个，另有 39 个未知分类充电桩。

2. 欧洲

截至 2018 年底，欧洲电动车保有量已超 100 万辆[117]，进入 2020 年以来，欧洲新能源车销量环比强势反弹，6 月增速超预期。欧洲 6 月实现新能源车销量 9.29 万辆，同比增长 96%，环比增长 61.4%，上半年累计销量 40.12 万辆，已达 2019 全年销量的 71%，预计 2020 全年销量 100 万辆以上，同比增长 80%。以英国、德国、法国、意大利、西班牙、挪威六国为例，燃油车销量同比持续下降，2020 年 1—7 月六国各类型乘用车累计销量 95.6 万辆，同比下降 0.8%，其中燃油车销量 73.7 万辆，同比下降 14%，主要原因在于：一方面，汽车市场已发展到相对成熟饱和的阶段，增速趋缓；另一方面，在疫情的负面影响冲击下，新能源车受政策支撑程度较高，同时车企电动化转型意愿强烈，凸显出相对较强的韧性[118]（见图 2 - 16）。

新能源充电设施建设方面，《德国国家电动汽车计划》提出：至 2020 年在德国公路上行驶 100 万辆电动汽车，至 2030 年达 500 万辆，至 2050 年城市交通基本不使用化石燃料。为了确保上述目标的顺利实现，德国国家电动汽车平台（NPE）在 2020 年充电设施发展路线评估中，提出在私人领域、半公共领域、公共领域分别建设 102.2 万个、10.3 万个、7 000 个交流充电桩的目标，同时在半公共区域建设 7 100 个快速直流充电桩的目标[119-120]。

德国充电基础设施建设的规模化进程较快。在政策激励方面，

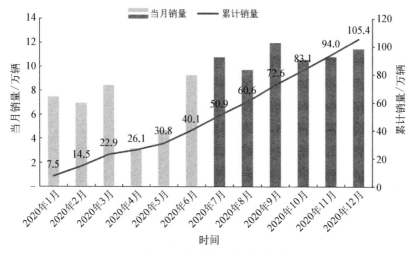

图 2‑16　欧洲电动车销量预测
（资料来源：https://www.sohu.com/a/412771976_151284?_trans_=
000014_bdss_dksytzh）

德国财政部分别出资 1 亿欧元和 2 亿欧元建设 10 000 座公共充电站和 5 000 座公共快充电站；修改土地使用法和贸易法规，保证使用最低税或减免税来支持充电设施建设；鼓励企业员工为公司新能源汽车进行充电，并为其报销充电费用，将提供充电基础设施服务列入免税收入。根据欧洲汽车工业协会（ACEA）2018 年 6 月公布的一项研究，德国共有 25 241 个充电桩，占欧盟充电桩总数的 21.6%，在欧盟范围内仅次于荷兰[119-120]。

挪威 2018 年销售的新车中，新能源汽车占总销量的 1/3，人均新能源汽车销量领先全球。作为西欧最大的石油和天然气生产国，挪威正努力向绿色经济转型，计划到 2025 年力争禁售燃油车。为此，首都奥斯陆的出租车将在 2023 年全部实现零排放，成为首个为电动出租车安装无线充电系统的城市。特斯拉 2018 年也在挪威建造了欧洲最大的超级充电站，配备 42 个超级充电桩[119-120]。

英国政府宣布从 2040 年起全面禁售汽油和柴油汽车,2018 年 6 月,英国政府公布了一系列技术创新资助项目,其中包括支持科研团队和产业界合作研发新一代更安全、更高能量密度的电动汽车动力电池,以及开发能让新能源汽车在 25 分钟内充满电的快速充电技术等。在充电技术方面,欧洲已完成 350 千瓦大功率充电标准体系建设,标准的实施将有效地解决大功率充电带来的充电安全、温升控制和通信协议等问题。根据国外媒体报道,欧洲充电运营商 IONITY 将在欧盟 13 个国家的主线公路建设 350 千瓦公共充电桩,形成高性能的充电网络,目前规划的充电桩建设范围东起波兰西至葡萄牙,北起瑞典南至意大利[119-120]。

3. 日本

早在 20 世纪 60 年代电动汽车就被日本列入国家项目,开始进行电动汽车的研发。日本在电动汽车研发方面的扶持力度非常大,推出了多项优先发展政策[121]。1971 年通产省制订了《电动汽车的开发计划》,把发展电动汽车列为 12 个大型课题项目之一,投资 50 多亿日元。通产省还专门成立了汽车电气化委员会,负责协调有关政府部门共同支持电动汽车创新。日本电动汽车协会于 1991 年 10 月制订了 2000 年电动汽车普及计划,提出到 2000 年,日本电动汽车将达 20 万辆,为 1991 年的 200 倍,因而大大推动了电动汽车用电池的发展[121]。1996 年,日本通产省制定的电动汽车购买鼓励政策规定,电动汽车的购买者和租赁企业将获得补贴以及税收方面的一系列优惠[110]。2009 年 4 月,日本开始实施"绿色税制",为纯电动汽车、混合动力汽车、清洁柴油汽车、天然气汽车以及为获得认定的低油耗低排放的车辆提供税收优惠[121]。2009 年,日本政府为了在新能源汽车领域赶超其他发达国家,借鉴其他发达国家的新能源汽车换购政策,要以最快的速度赶超其他发达国家,并在全国范围内迅速普及新能源汽车。其具体措施是在购车补贴方面,消费者在购买新车作旧车置换时,当旧车使用年限超过 13 年的,而且购买的新车符合 2010 年度日本燃料费标准的汽车,政府给予 25 万日元的普通轿车补贴;对于多用途车(MPV)商务型轿车,政府给予 12.5 万日元的补贴;对于公交汽车和重型卡车,政府给予 40 万～180 万日元不等的政府补贴;对于旧车未超过 13 年标准的乘用车,政府给予 5 万～10 万日元不等的政府补贴。照此计算,在日本消费者购买一辆价值 150 万日元的混合动力汽车,每辆汽车可获得政府补贴和税收上的优惠政策共计 40 万日元。这样,新能源汽车与传统汽车相比,具有较强的竞争力。日本政府打算通过此项战略在提高约 100 万辆的新能源汽车销售量的同时,增加就业岗位,促进就业机会,缓解目前日本的就业压力。2010 年 5 月,日本经济产业省公布了"新一代汽车战略"[122],设定到 2020 年,日本销售的新车中纯电动汽车、混合动力汽车和清洁柴油车等"新一代汽车"的总销售比例达 50%[123],到 2030 年达 70%。2013 年,日本为了大力推行新能源汽车的普及,对消费者推出了购车减税的政策。日本政府的减税措施比较全面,涵盖了在日本境内销售的所有新能源汽车,主要包括减少或免除车辆购置税等相关惠民政策。例如,在日本销售的一辆标准配置的 LEAF(日产公司生产的一款 5 座两厢纯电动汽车)售价约 299 万日元,最多可退税 78 万日元。日本政府还详细制定了电动汽车基础充电设施减税措施来推动本国的新能源汽车战略的发展。日本政府对新能源开发的企业给予减免税收,对新能源的发展提供政策性的融资和政策性贷款。日本曾在 2012 年度的政府工作报告中指出将拿出 1 005 亿日元作为政府补充预算,用来支持充电设施的建设,并和参与建设的企业合作,承诺参与建设的企业减免一切有关充电基础设施建设的税收费用[122]。

　　日本以产业竞争力为第一目标全面发展混合动力、插电式混合动力和纯电动汽车三种电动汽车,通过与政府合作长期推动电动汽车发展。日本前首相麻生太郎在 2009 年 4 月提出了以发展电动汽车为核心的"低碳革命"计划,大力普及电动汽车,着力打造十个"电动汽车先进典范城市"。日本政府制定了基于动力电池技术的下一代汽车发展技术路线,其发展目标是到 2020 年电动汽车保有量达 1 350 万辆。对应这一目标,到 2020 年至少要开发出 17 款纯电动汽车和 38 款混合动力汽车,建设充电桩 200 万个,快速充电站 5 000 座[112]。

在新能源充电设施建设方面,为了鼓励普及电动车,日本政府详细考虑了对电动汽车充电基础设施的补贴,目前主要为公共快速充电设施提供补贴。日本经济产业省以快速充电设备建设总成本(包括设备费用和安装费用)为补贴参考基准,根据不同快速充电设备计算补贴基准额度,补贴额度最高可达基准额度的二分之一。另外,各地方政府也提供了有关充电基础设施补贴政策[124],如琦玉县为单台快速充电设备提供最高达 85 万日元(约合 6.4 万元人民币)的补贴;东京市在 2010 年度为 33 处快速充电设施提供补贴,单处设施最高补助金额为 87.5 万日元(约合 6.6 万元人民币),同时要求得到补贴而建造的充电设施提供 5 年免费开放服务;横滨市为单台快速充电设备提供最高达 40 万日元(约合 3 万元人民币)的补贴。目前,日产汽车旗下的 2 100 多家销售店安装了充电站,并与住友商事、NEC 等公司合作,在机场、高速公路服务区、便利店、停车场等地,设置了 800 座 EV 快速充电站[123]。在东京充电桩更为普及,楼宇路旁随处可见充电桩。

2013 年,日本经济产业省选定 10 座城市作为示范区发展新能源汽车,该示范区电力基础设施完备,城市中基本实现拥有新能源汽车 32 000 辆,快速和普通充电器 5 000 台。新能源汽车能在日本得到迅速普及,离不开经济通产省和国土交通省以及地方政府的配合。日本将在 2020 年在国内主要商业设施、加油站、高速公路休息站、汽车展示间、便利店等地方建成 200 万座普通充电站、5 000 座快速充电站以满足消费者的需求[122]。

2013 年 7 月 30 日,丰田、日产、本田和三菱四家车企签署协议,宣布联合扩建日本电动车充电网络。目前,日本约有 4 700 座充电站,其中快速充电站 1 700 座,常规充电站 3 000 座。四家车企未来将兴建 12 000 座充电站,达当前总量的 2.55 倍,包括 4 000 座快充站和 8 000 座常规充电站[117],但并未给出建设时间框架。日本政府为该项目拨款 1 005 亿日元作为支援。

日本政府制定了两个阶段的充电基础设施行动计划,市场准备期主要在特定区域建设充电基础设施,正式普及阶段推动民间企业建设充电基础设施。日本快充协会是推动快速充电标准和快充设施应用的组织,积极推进快速充电发展并开展国际标准编制[123]。

2.3.4　国内新能源车辆发展与趋势

中国新能源汽车产业经过近 20 年的发展,产销规模突破 100 万辆,跃居全球第一。自 2001 年我国正式启动"863"计划电动汽车重大专项至今,行业经历了战略规划期(2001—2008 年)、导入期(2009—2015 年)、成长期(2016 年起至今)三个发展阶段。2010 年,我国新能源汽车销量仅 8 159 辆,2015 年新能源汽车销量达 33.1 万辆,2018 年销量突破 100 万辆,达 125.6 万辆,九年内复合增速达 87.5%。从全球新能源乘用车市场来看,我国已连续四年占据全球第一。我国新能源汽车产业已从导入期迈入成长期,未来发展空间巨大。2015 年后,由于销量基数变大与补贴降低等原因,我国新能源汽车产销增速有所放缓,但仍处于快车道[125]。

据公安部统计,截至 2019 年底,全国新能源汽车保有量达 381 万辆,占汽车总量的 1.46%,与 2018 年相比,增加了 120 万辆,增长率为 46.05%。其中,纯电动汽车保有量 310 万辆,占新能源汽车总量的 81.19%。此外,新能源汽车增量已连续两年超过 100 万辆,呈快速增长趋势[126]。

1. 国内新能源充电设施现状

目前充电基础设施成新基建七大领域之一,充电基础设施政策支持力度不断提升。从 2009 年"十城千辆"新能源汽车示范推广开始,我国定下"中央补贴新能源汽车,地方补助充电设施"的政策基调。2014 年 11 月,财政部发布《关于新能源汽车充电设施建设奖励的通知》,按照推广新能源汽车数量,分档给予地方充电设施补助奖励。2019 年 3 月,财政部等联合发布《关于进一步完善新能源汽车推广应用财政补贴政策的通知》,明确未来"补贴将从新能源汽车购置转向充电基础设施建设"[127]。

截至 2019 年,我国充电桩保有量超 100 万个,车桩比达 3.1∶1。充电桩作为电动汽车的重要配套设施,有力地支撑着我国新能源汽车产业高速发展。据中国充电联盟数据,我国充电桩保有量从 2015 年的 6.6 万个增加到 2019 年 121.9 万个,年复合增速为 107.3%;据公安部披露,我国新能源汽车保有量从 2015 年的 42 万辆,增加到 2019 年 381 万辆,年复合增速为 73.5%;对应车桩比从 2015 年 6.4∶1 下降到 2019 年 3.1∶1,充电配套状况有所改善[127](见图 2 - 17)。

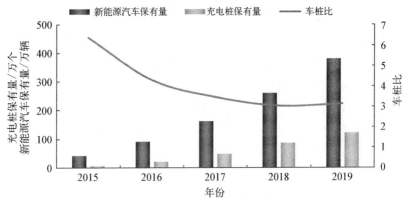

图 2 - 17 2015—2019 年我国历年充电桩保有量及车桩比
(资料来源:《充电桩新基建:迈向新能源汽车时代》)

2. 国内新能源车辆技术发展与趋势[128]

新能源汽车的发展正在向着电动化、智能化、网联化发展。在未来的交通出行体系中,汽车产业不再充当主角,而只是体系中的一个重要组成部分。未来出行体系涵盖汽车、交通、能源、基础设施、通信、大数据、云计算、人工智能等各领域,各行各业都将在未来成为出行生态系统中的一环,其发展需要整个生态系统中各单元的全方位协同。在这个生态系统中,各单元之间相互依赖、相互影响、相互融合。汽车产业不再孤立发展,必须尽快打破产业边界,加强与其他产业的协同,才能推动国内汽车产业的转型升级,才能真正生产出面向未来出行需要的智能化汽车产品(见图2-18)。

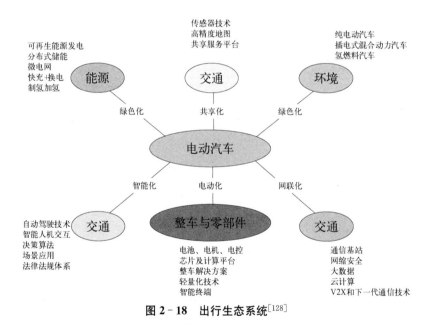

图2-18 出行生态系统[128]

汽车智能化蕴含了人工智能在交通领域的巨大应用潜力。自动驾驶是汽车智能化发展的方向,得益于人工智能技术的推广应用,在复杂环境感知、精准定位、智能决策、协同控制、自动执行等方面得到快速进步。应用自动驾驶技术能够全面提升汽车的驾驶安全性、舒适性和出行效率,满足更高层次的市场需求。随着自动驾驶汽车与人工智能的深度融合,自动驾驶汽车可以实现高度的智能化,真正实现 L4 及以上的高级别自动驾驶[129]。

汽车网联化推动了新一代通信技术的普及。网联技术在交通、能源、通信、制造领域的商业化应用,为大数据应用、云计算等先进技术提供了海量场景数据。电动汽车是数据融合、通信技术、智慧交通系统以及能源互联网等方面的落脚点。在车路云协同上,自动驾驶汽车需要不断地提高对车载与路侧传感器、高精度地图、无线通信网络、遥感能力的技术要求,完善智能汽车与智能道路发展必备的基础设施网络。在车桩网互动上,电动汽车在物理层是分布式储能载体,在信息层是充电网络与用户间信息传递的媒介,在交易层是参与电力、碳市场交易的主体,在充电基础设施和电网之间发挥中间积聚的作用。

数字化革命将催生出全新的汽车产业生态系统,主要体现在以下四方面: ① 数据处理平台化和云端化。随着数字化战略的推进,围绕汽车生产、营销和使用都会形成海量的大数据,这些数据的采集、存储、传输、计算、处理和交换等都是在一个数据平台上进行的。这个平台可能是企业自己建立的云系统,也可能是第三方建立的云系统。② 数据系统动态优化。产业链上的各个主体都可以借助数据建模、大数据分析和云平台计算等途径实现生产、配输、消费等决策优化,以及生产、研发、物流、人力资本、商业模式、融资、资源管理等方面的系统性优化。③ 组织分散化和扁平化。汽车企业组织结构大多是典型的高度集中的、金字塔式的组织结构。随着数字化进程的推进,这种从生产者到消费者之间的多层官僚式管理体系难以适应数字化时代的客观需要,因而会进行分散化和扁平化优化,最终建立起实时、高效、灵活的分散协同网络。④ 数据实时开放与共享。数字化网络技术的不断渗透,使得汽车产业链上的任何一方垄断数据来源和处理能力都变得困难和低效,因此,建立开源的数据平台和共享的数据处理能力已成为一种客观需要[128]。

1）车辆关键技术发展趋势

总体技术目标定位：高效节能、安全舒适、全气候。新能源车辆包括八项关键技术，分别为大三电（电控、电池、电机）+小三电（电制动、电转向、电空调）+轻量化+全气候（见图 2-19）。

图 2-19 新能源车辆关键技术[128]

大三电系统中，整车电控做到系统匹配、大型设计软件与仿真技术、操作系统高度优化，未来完成这一任务，没有悬念。电池包括电芯、电池系统。电池往高比能量、高能效、长寿命方向发展，也要向全气候、全固态、低成本发展。同时，在高比能量全固态的锂电池方面，国家也有发展目标，这一任务也基本可以完成。未来全固态锂电池能力密度将会大于 500 瓦·时/千克，寿命大于 1 200 次，理论总行驶里程大于 60 万千米。国家在电机电池整车方面将走上一个新台阶。电机围绕高效节能、安全舒适、轻量化，提高电机功率密度。随着从高速度转向高质量后，简单的机械自动变速箱将会成为未来新能源汽车的标配。高效高功率密度电机+手自一体变速箱（AMT），可使车辆动力响应大幅增加，低速加速能力与扭力释放所带来电流降低近 50％，综合能耗降低 5％～10％[130]。

在小三电系统中，车辆在制动或惯性滑行中释放出的多余能量，通过发电机将其转化为电能,再储存于蓄电池中,用于之后的加速行驶,优化了电制动能量回收系统。今后的发展方向将继续以降低对发动机的依赖、降低发动机油耗及二氧化碳排放为目标[131],加强制动过程与防抱死制动系统(ABS)、电子稳定程序系统(ESP)协同控制。电转向方面有节能2%的目标[130],今后将以发展功能齐全的大功率高水平电动转向控制器为主要目标。由于纯电动汽车作为驱动能量来源的蓄电池容量有限,空调系统的能耗对电动汽车的续行里程有很大的影响,这对电动汽车空调系统的节能高效提出了更高的要求。结合新能源车辆运行特点,直接利用电能的热泵式空调系统和利用余热的空调制冷系统将成为未来新能源车辆电空调发展的重点方向。

新能源车辆质量的减轻直接意味着续航里程的增加。新能源车辆的轻量化包括结构轻量化、材料轻量化和连接轻量化三种[130]。轻量化就是把最轻的材料以最少的成本用在最合适的地方,而车身轻量化最明显的特征就是材料的选择。用高强度钢、铝合金等金属材料和塑料、碳纤维等非金属材料取代原来的常规材料具有非常广阔的发展前景。此外,轻量化的连接技术,例如3D打印增材技术、树脂传递模塑(RTM)工艺、微发泡、半固态成形、内高压成型、变厚度板(VRB)技术、热冲压成形、三维辊压成型技术、冲铆连接、点焊、结构胶接、搅拌摩擦焊和激光焊接及相关材料检测设备及仪器等,也将是未来发展的重点。

全气候电动汽车-全气候电池。电动车怕热,也怕冷,很多在北方开车的人都有强烈的感受,现在通过冬奥会国家和北京市的重大专项攻关,解决了电动车高寒环境禁区问题。在12月底把车拉到东北−40～−35℃环境下进行测试,希望续驶里程降低不超过5%。高寒环境的核心问题是电池,电池可以通过外部加热、内部加热和保温隔热等措施解决问题,使未来新能源汽车应用不再有禁区[130]。

2) 充电发展趋势

充电系统是发展电动汽车的重要基础支撑系统,也是电动汽车商业化、产业化过程中的重要环节。随着电动汽车技术的发展,在电池能量有限的情况下,采用能快速为电池补充能量的充电设备,是延长电动出租车行驶里程、匹配出租车行驶需求的最好方法之一。

电动车动力补给模式主要包括两种:整车充电和电池更换。通过对两种动力补给模式的优缺点进行分析,对充电速度、充电技术可行性以及充电设施用地条件等特点进行比较,提出适合本区域电动出租车发展的充电模式。

(1)整车充电模式。整车充电模式需要配套建设充电桩,为电动出租车提供充电服务。一般分为快充和慢充两种:① 快充一般采用直流充电,使用固定在充电站内的大型充电机,通常其功率、体积和质量均较大,主要以大功率、快速充电为主,可以以较高的充电电流在较短的时间内为车载蓄电池充电。由于快充电流相对较大,充电设备安装要求和成本相对较高[132],对充电的技术方法和安全性都有较高的要求。② 慢充通常采用交流电充电,通过在电动车外固定安装与交流电网连接的交流充电桩获取交流电源,可以在住宅、停车场、车库等有电源供应的地方充电,但功率相对较小,充电时间较长。

(2)电池更换模式。换电模式需要配套建设换电站,通过专用的车用电池更换设备将耗尽的电池组直接更换为已充满的电池组,并对更换下来的电池组进行整体充电。由于电池组质量较大,更换电池的专业化要求较强,需配备专业人员借助专业机械来快速完成电池的更换、充电和维护[132]。对于更换下来的待充电电池组,可以在服务站充电,也可以收集起来以后再充电。更换电池组耗时与燃油出租车的加油时间大致相当,增加了电动汽车使用的方便性。同时,利用低谷电价优势集中将电池在用电低谷时段进行充电,可降低电动出租车的充电成本,减少对电网的冲击力度。在换电站对电池集中恒温充电可以将电池充得更饱满,尤其是在特殊天气情况下,提高行驶里程。但是,电动汽车换电系统的初始成本很高,需要配备包括专业机械装置在内的相关设备,并按照待更换电池和备用电池1:2或者更高比例配置相应的集中充电场所。

3) 国家政策趋势

(1) 新能源补贴政策[133]。根据2019年3月26日四部委发布的财建(2019)138号《关于进一步完善新能源汽车推广应用财政补贴政策的通知》新能源补贴包括如下几个方面[133]:

a. 优化技术指标,坚持"扶优扶强"。稳步提高新能源汽车动力电池系统能量密度门槛要求,适度提高新能源汽车整车能耗要求。

b. 加大退坡力度,分阶段释放压力。根据新能源汽车规模效益、成本下降等因素以及补贴政策退坡退出的规定,降低新能源乘用车、新能源客车、新能源货车补贴标准,促进产业优胜劣汰,防止市场大起大落。

c. 营造公平环境,取消地方购车补贴。地方应完善政策,过渡期后不再对新能源汽车(新能源公交车和燃料电池汽车除外)给予购置补贴。

d. 促进燃料电池汽车产业加快发展,推动公交车行业转型升级,支持燃料电池汽车和加快推广新能源公交车的政策措施正在研究。

从补贴政策来看,虽然新能源车辆补贴下降了,但电池成本也下降了,而能量密度提高了。虽然购车成本及使用成本下降了,但国家支持新能源发展的政策没有变[133]。

(2) 新能源发展规划。国务院在国发〔2012〕22号《节能与新能源汽车产业发展规划(2012—2020年)》中明确提出了未来新能源汽车的发展路线和主要目标[122]:坚持以纯电驱动为新能源汽车发展和汽车工业转型的主要战略取向[124],到2020年,完成纯电动汽车和插电式混合动力汽车累计产销量超过500万辆的阶段性目标。

《节能与新能源汽车技术路线图1.0》中提出燃料电池汽车的阶段发展规划,2020年实现5 000辆级规模在特定地区公共服务用车领域的示范应用,建成 100 座加氢站;2025 年实现五万辆规模的应用,建成 300 座加氢站;2030 年实现百万辆燃料电池汽车的商业化应用,建成 1 000 座加氢站[134]。

从国家新能源发展规划来看,氢燃料电池在 2025 年前不具备规模使用的条件,电池还是以储能式为主,五年内动力电池仍处主导地位。

4)电池发展趋势

(1)动力电池技术发展趋势。汽车动力电池总体技术路线:以高安全、高比能、长寿命、低成本为总目标,以电池材料研发为核心,以能量型和能量功率兼顾型动力电池产品为重点,以先进制造技术装备为保障,远近结合,统筹推进新型锂离子电池和新体系电池的研发和产业化(见图 2-20 及图 2-21)。

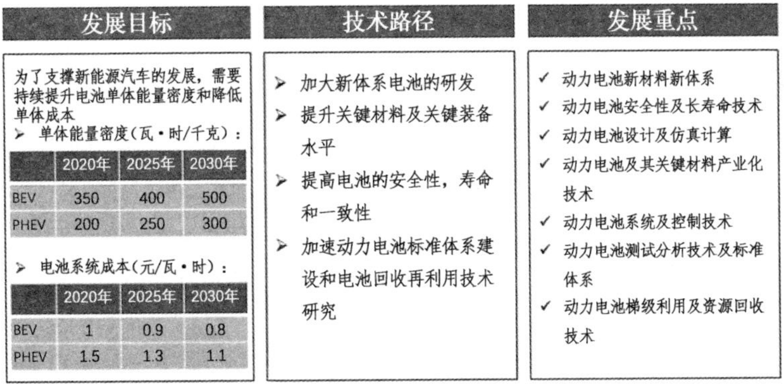

发展目标	技术路径	发展重点
为了支撑新能源汽车的发展,需要持续提升电池单体能量密度和降低单体成本 ➤ 单体能量密度(瓦·时/千克): |	2020年	2025年	2030年 | |BEV|350|400|500| |PHEV|200|250|300| ➤ 电池系统成本(元/瓦·时): | |2020年|2025年|2030年| |BEV|1|0.9|0.8| |PHEV|1.5|1.3|1.1|	➤ 加大新体系电池的研发 ➤ 提升关键材料及关键装备水平 ➤ 提高电池的安全性,寿命和一致性 ➤ 加速动力电池标准体系建设和电池回收再利用技术研究	✓ 动力电池新材料新体系 ✓ 动力电池安全性及长寿命技术 ✓ 动力电池设计及仿真计算 ✓ 动力电池及其关键材料产业化技术 ✓ 动力电池系统及控制技术 ✓ 动力电池测试分析技术及标准体系 ✓ 动力电池梯级利用及资源回收技术

图 2-20　EV 用动力电池技术发展路径
(资料来源:http://www.autoinfo.org.cn/autoinfo_cn/content/xwzx/
20161027/1560368.html)

a.磷酸铁锂电池。磷酸铁锂电池,是指用磷酸铁锂作为正极材料的锂离子电池。其特色是不含钴等贵重元素,原料价格低,而且磷、铁等资源丰富,不会有供料问题[135]。磷酸铁锂电池具有寿命长、充电快速、耐高温、没有记忆效应、工作电压适中、绿色环保、无毒、无

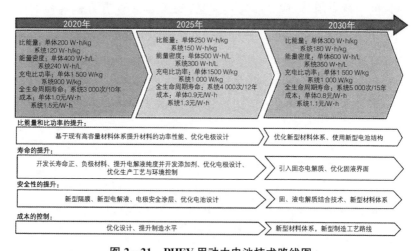

图2‑21　PHEV用动力电池技术路线图
（资料来源：http://www.autoinfo.org.cn/autoinfo_cn/content/xwzx/
20161027/1560368.html）

污染和价格便宜等诸多优点，使得磷酸铁锂电池成为目前在电动客车市场应用最广泛、技术成熟度最高的锂离子电池类型。现阶段磷酸铁锂单体电池比能量达170瓦·时/千克、系统比能量为140～150瓦·时/千克，在未来几年有望提升到180～200瓦·时/千克。

　　b. 钛酸锂电池。钛酸锂电池是以钛酸锂材料作为负极材料，可与锰酸锂、三元材料或磷酸铁锂等正极材料组成锂离子二次电池[136]。钛酸锂电池具有高安全性、高稳定性、长寿命和绿色环保的特点。由于钛酸锂材料具有"零应变"的特点，具有较高的锂离子扩散系数，因此钛酸锂电池具有优良的循环使用性能和大倍率充放电性能。现阶段钛酸锂电池单体额定电压多在2.3伏左右，单体能量密度为80～85瓦·时/千克，功率密度为1200～1800瓦/千克，成组后系统能量密度为45～50瓦·时/千克，仅为磷酸铁锂电池能量密度的三分之一。

　　由于钛酸锂电池存在能量密度低、成本高、电池一致性存在差异等问题,加之胀气问题一直阻碍着钛酸锂电池的大规模应用,目前钛酸锂电池仅应用在快充纯电动客车上,快充倍率为 3C～5C,市场占比不到 1%。国内生产钛酸锂电池的厂家主要是珠海银龙和微宏,供应渠道比较单一。

c. 三元锂电池。三元锂电池是指正极材料使用镍钴锰酸锂 $[Li(NiCoMn)O_2]$ 或者使用镍钴铝酸锂的三元正极材料的锂电池,由于其能量密度高等优点,目前在电动乘用车、电动物流车市场领域应用较为广泛。目前,单体电池比能量可为 230～260 瓦·时/千克、系统比能量为 170～180 瓦·时/千克。

相较于其他类型的锂离子电池,早期的三元锂电池的循环寿命较短且造价高,加之高温稳定性差,安全存在隐患,国家禁止在电动客车等商用车领域使用三元锂电池。进入 2017 年后,随着技术的进步,三元锂电池的安全性得到进一步的提高,客车用三元锂电池开始解禁,不过采用者依然寥寥无几,但随着新能源补贴门槛的提高,能量密度高的三元锂电池重新进入申报列表。在《道路机动车辆生产企业及产品公告》第 306 批公告中,有三款新能源客车使用了三元锂电池。

d. 超级电容。超级电容是一种介于电池与普通电容间的、放电过程高度可逆的电化学装置。超级电容的充电效率很高,可以达秒级的充放电速度。根据电极材料的不同,超级电容可分为使用碳电极的双电层电容器、使用金属氧化物电极的超级电容器和使用有机聚合物电极的超级电容器三类。超级电容的应用可以减小电池体积,延长电池寿命,并降低汽车对电池大电流放电的要求。

e. 锰酸锂电池。锰酸锂电池是指正极使用锰酸锂材料的电池,其标称电压在 2.5～4.2 伏之间,其以成本低,放电倍率性能、低温性能好、电压频率高而被广泛使用。目前,能量密度已达 115 瓦·时/千克[137],循环寿命达 2 000 次左右,与三元体系相差无几,但是其材料本身并不太稳定,容易发生鼓胀,高温性能较差,寿命相对较短,所以主要应用在混合动力客车上。

磷酸铁锂电池和三元材料电池是近几年动力电池的重点发展对象,磷酸铁锂电池安全性能较好,但是电芯的能量密度比三元锂电池低,三元材料电池拥有较高的能量密度,但是三元材料电池的安全问题一直是争议的焦点。随着三元锂电池的安全标准出台,在目前以磷酸铁锂和三元材料电池技术路线为主的产业格局中,新型电池产业化还有很长的路要走。随着电解质/电极界面浸润、锂金属负极兼容性、固态电解质规模成膜等难题逐步解决,预计 2025 年起,安全性更好、能量密度更高的固态电池,将逐步替代三元材料电池,成为主流动力电池。

(2) 燃料电池技术发展趋势。在探讨燃料电池技术发展趋势时,我们需要分析下列两个问题(以氢燃料电池为例)。

第一个问题是分析氢燃料电池产业链现状。氢燃料电池在环保、节能方面更有优势,但在使用过程中存在水电解制氢成本高、转化率低,储氢密度小、存在安全隐患、加氢站建设成本高和氢燃料电池使用的氢转电催化剂铂成本高等技术难题。

a. 制氢。制氢是将存在于天然或合成的化合物中的氢元素,通过化学的过程转化为氢气[138]。目前,工业制氢主要有几种方法:石化燃料制氢、水电解制氢、工业尾气制氢、化工原料制氢等。

从全球来看,主要的制氢原料 96% 以上来源于传统能源的化学重整(48% 来自天然气重整,30% 来自醇类重整,18% 来自焦炉煤气),4% 左右来源于电解水[138]。

现阶段煤炭和天然气是我国人工制氢的主要原料,占比分别为62% 和 19%。相对于电解水制氢,化石燃料制氢具备明显的成本优势。但这种制氢方法不可持续,且单位能源碳排较大,不能解决能源和环境的根本矛盾。而电解水制氢法可持续、低污染,随着技术发展、规模化生产的推进,制氢成本有望进一步下降,因而电解水制氢法在未来会成为理想的制氢方式。

b. 储氢。氢气具有极高的质量能量密度,但体积能量密度却很低,使用过程中必须通过压缩的形式进行储存,因此,其储存装置必须满足耐高压、强度高和气密性好的要求[139]。目前,氢能的主要储氢技术包括高压气态、低温液态、固态材料储氢以及有机液态储氢等[138],下面分别进行介绍。

高压气态储氢:采用耐高压容器。该方式简单易行、成本低、相对成熟、充放气速度快和使用温度低等优点,是一种较为成熟的储氢方式。但是储量小、能量密度低、耗能大,需要耐压容器壁,气瓶质量大,存在氢气泄漏与容器爆破等安全隐患[140]。

低温液态储氢:采用耐超低温和保持超低温的特殊容器[141],该方式体积密度高,储氢量大。在常温常压下,液态氢的密度是气态的845 倍,故其储氢量大幅度提高。就质量与体积而言,液态储氢是一种理想的储氢方式,但液化氢气需要消耗较大的冷却能量,且损耗的能量约为储存氢气热值的一半。同时,液态储氢需要储存容器能耐低温且具有良好的绝热性能,以避免氢气的挥发[142]。

固态材料储氢:根据储氢的原理,固态材料储氢可分为物理吸附储氢和化学吸附储氢。

物理吸附储氢使用的储氢材料主要有钯等材料,主要是利用多孔材料与氢单质通过范德华力相互作用而储存氢气。物理吸附储氢有体积储氢密度高、不需要高压容器和隔热容器、安全性好、无爆炸危险、可获得高纯度氢、操作方便等优点[140],但存在常温常压下氢气易逃逸,大多数储氢合金自重大、寿命短和储氢材料价格昂贵、应用范围窄等缺陷。

化学吸附储氢使用的储氢材料主要有各种金属氢化物、络合氢化物和有机氢化物,主要是利用氢原子与储氢材料发生化学反应而形成稳定氢化物来实现氢气的存储。化学吸附储氢有着质量密度和体积密度高等优点,是目前最有希望的储氢方式,但仍然存在着吸氢温度高、动力学性能差、可逆性差等缺陷[140]。

有机液体储氢:储氢材料主要有环己烷、甲基环己烷、十氢化萘等。有机液体储氢有着高质量储氢密度和高体积储氢密度、安全方便，并且可以长距离运输、催化加氢和脱氢反应可逆，储氢介质可循环使用、可长期储存等优点[141]，但同时存在着技术操作条件较为苛刻，释放的氢气不纯，很难实现"零排放"目标等诸多缺点。

　　c. 加氢站建设。建设成本方面：加氢站的主要设施包括储氢装置、压缩设备、加注设备和站控系统等，其中压缩机成本最高，约占总成本的 30％。目前，一座加氢站的建设成本在 200 万美元～500 万美元。日本建设一座中型加氢站的投资在 500 万美元～550 万美元；在美国需要 280 万美元～350 万美元。与国外相比，在国内建立一座加氢站具有成本方面的优势，国内建设一座加氢站（35 兆帕）的投资在 200 万美元～250 万美元，其成本构成如图 2‑22 所示。随着加氢站建设数量的增多，势必出现规模效应，加氢站的建设成本将进一步下降[138]。

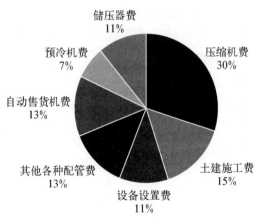

图 2‑22　2017 年我国加氢站建设成本构成图
（资料来源：https://www.shpgx.com/html/xyzx/20200611/3148.html）

　　从建设现状来看，截至 2018 年 7 月，我国已建成、在用及在建的加氢站共有 41 座。其中，已投入运营的有 18 座，分别位于北京、上海、江苏、大连、安徽、河南、广东、成都等地，全国很多城市也正在规划建设加氢站[143]。

第二个问题是分析氢燃料电池的优缺点。

a. 优点。氢燃料电池是氢燃料电池汽车的心脏,其重要性等同于燃油汽车的发动机、电动汽车的动力电池。氢燃料电池是把氢气中的化学能通过电化学反应直接转换为电能的发电装置,其发电原理与原电池或二次电池相似,电解质隔膜两侧分别发生氢氧化反应与氧还原反应,电子通过外电路做功,反应产物为水[144]。从节约能源和保护生态环境的角度来看,氢燃料电池是最有发展潜力的发电技术。

氢燃料电池充氢速度快、氢气热值高且安全性高,但动力系统复杂、寿命较短且可回收利用率低,需要使用贵金属铂制作膜电极(包括质子交换膜和催化剂),故使得使用成本居高不下。

对比发动机、三元动力电池和燃料电池这三种动力装置,从燃料工作方式看,氢燃料电池与发动机类似,其燃料是在电池外携带的,而动力电池的活性物质则被封装在电池内部,燃料电池所用的氢气可以像燃油汽车的汽油一样充装,完成一次充装仅需要几分钟时间[144]。

从动力系统组成看,三元电池较简单,而发动机和氢燃料电池的动力系统较为复杂,需要多个系统配合共同发挥作用,其中氢燃料电池发电系统除燃料电池电堆外,还包括燃料供应子系统、氧化剂供应子系统、水热管理子系统及电管理与控制子系统等[144]。

从热值看,氢气的热值很高,是汽油的 3 倍多,能量密度也远高于三元电池;从安全性看,发动机和氢燃料电池的安全性都高于三元电池;但氢燃料电池的使用寿命相对较短,同时现在技术尚不成熟,国产化水平低,使用可靠性低,离商业化还有较长的路要走。但在未来,随着技术的逐渐完善,氢燃料电池技术仍不失为一种理想的能源解决方式。

b. 存在问题。氢燃料电池技术现阶段仍存在如下几类问题:

寿命短,使用成本高:现阶段氢燃料电池系统成本在 1.2 万元/千瓦左右,电堆寿命较短且可靠性差,维修技术难度大,成本高。

关键技术待突破,缺乏核心竞争力:目前,我国氢燃料电池汽车产业链已形成雏形,但部分关键零部件和材料尚不具备量产能力,需要依赖进口,如质子交换膜、催化剂、碳纸/碳布、空压机、氢喷射泵等,进口价格高昂,阻碍了国内燃料电池产品的产业化进程[145]。

氢源产业链尚未建立,车用高纯氢价格高昂:目前,国内从事氢气提纯的企业较少,生产规模不大,车用高纯氢产量不足,而且分布不均;国内氢气运输当前只能采用管束车或高压氢瓶运输,运输成本高昂。加氢站的关键零部件,如加氢枪、高压管线、管件、阀门等,当前仍需依赖进口,因而大幅度提高了建站成本,延长了建站周期。以上因素导致氢气终端销售价格居高不下,严重阻碍了氢燃料电池汽车的推广应用[145]。

政府鼓励氢燃料电池汽车产业发展,但缺乏相关政策:2019年以来,除燃料电池汽车外,各类新能源车型2019—2020年中央及地方补贴标准逐渐开始退坡。从补贴政策看,国家鼓励扶持氢燃料电池汽车产业的态度非常明确,但是我国缺少国家层面的规范化的加氢站规划建设审批规定,地方在审批加氢站建设时无据可依,需要各自摸索,造成各地主管部门和审批流程不统一,企业需要耗费大量的人力物力和时间成本与各个城市单独洽谈[146]。

c. 燃料电池发展趋势:国务院在《国家中长期科学和技术发展规划纲要(2006—2020年)》和《节能与新能源汽车产业发展规划(2012—2020年)》中,特别提出了发展燃料电池汽车计划,计划在关键基础器件、燃料电池系统、基础设施与示范三个方面要求加大研发和投入力度。

根据2017年4月发布的《汽车产业中长期发展规划》,2020—2030年,中国燃料电池汽车将迎来三大时间节点:2020年在特定地区的公共服务车辆领域进行小规模示范应用;2025年,私人用车和公共服务用车领域批量应用,不低于1万辆;2030年,在私人乘用车、大型商用车领域进行规模化推广,不低于10万辆。可以预见,中国氢燃料电池汽车正驶入发展快车道。

2017 年 9 月,为响应国家号召,上海印发沪科合[2017]23 号《上海市燃料电池汽车发展规划》的通知,为加快推进氢燃料电池在公共交通领域的应用提供政策支撑(见图 2－23)。规划指出,近期(2017—2020 年),打造国内领先的燃料电池汽车技术示范城市;中期(2021—2025 年),规划燃料电池汽车示范区域,在区域公共交通、公务用车、商用物流等领域探索批量投放;长期(2026—2030 年),成为具有国际影响力的燃料电池汽车应用城市。

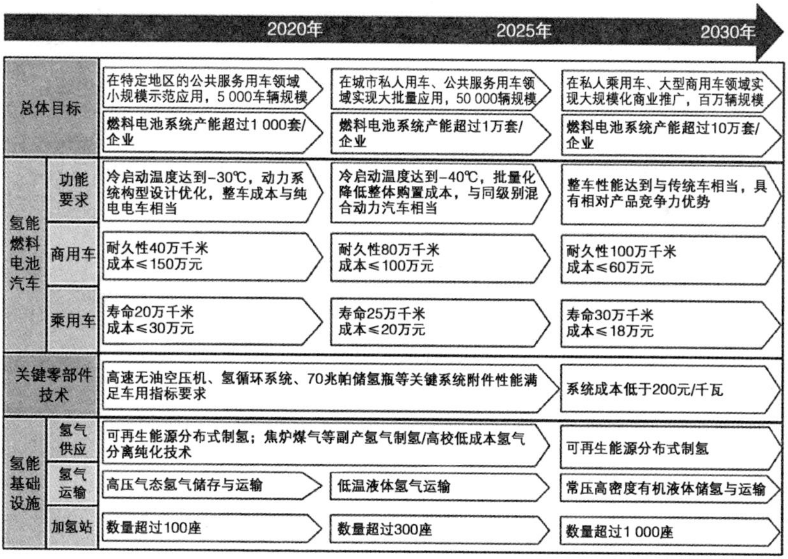

		2020年	2025年	2030年
总体目标		在特定地区的公共服务用车领域小规模示范应用,5 000 辆级规模 燃料电池系统产能超过1 000套/企业	在城市私人用车、公共服务用车领域实现大批量应用,50 000辆级规模 燃料电池系统产能超过1万套/企业	在私人乘用车、大型商用车领域实现大规模化商业推广,百万辆级规模 燃料电池系统产能超过10万套/企业
氢能燃料电池汽车	功能要求	冷启动温度达到-30℃,动力系统构型设计优化,整车成本与纯电电车相当	冷启动温度达到-40℃,批量化降低整体购置成本,与同级别混合动力汽车相当	整车性能达到与传统车相当,具有相对产品竞争力优势
	商用车	耐久性40万千米 成本≤150万元	耐久性80万千米 成本≤100万元	耐久性100万千米 成本≤60万元
	乘用车	寿命20万千米 成本≤30万元	寿命25万千米 成本≤20万元	寿命30万千米 成本≤18万元
关键零部件技术		高速无油空压机、氢循环系统、70兆帕储氢瓶等关键系统附件性能满足车用指标要求		系统成本低于200元/千瓦
氢能基础设施	氢气供应	可再生能源分布式制氢;焦炉煤气等副产氢气制氢/高校低成本氢气分离纯化技术		可再生能源分布式制氢
	氢气运输	高压气态氢气储存与运输	低温液体氢气运输	常压高密度有机液体储氢与运输
	加氢站	数量超过100座	数量超过300座	数量超过1 000座

图 2－23　燃料电池汽车技术路线图

(资料来源:http://www.autoinfo.org.cn/autoinfo_cn/content/xwzx/
20161027/1560368.html)

2.4　交通领域的新技术、新理念

2.4.1　新技术、新工具、新设施、新模式

全球新一轮科技革命加速推进,对交通运输发展带来了深刻变革。

1. 基础性技术发展

物联网是物物相连的互联网,按约定协议,把任何物品与互联网相连接,进行信息交换和通信,以实现智能化识别、定位、跟踪、监控和管理的一种网络[147]。智能交通是物联网最有可能取得产业化成功的领域,交通工具、交通基础设施、能源、设备通过全面的"智能对话"而颠覆行业的使用、运营、控制、管理模式。随着物联网发展,自动驾驶车辆、车-路协同、汽车智能充电等海量数据接入,移动互联将是交通服务和运行管理的基本途径。

大数据技术是智慧交通体系的基础技术,为交通规划与决策、交通运营管理、基础设施监测维护、交通服务创新等提供全面支持,并将扩散至交通-能源网络、交通-保险等交叉领域应用。2006 年,深圳建设了国内第一代交通大数据信息平台,实现了实施路网信息发布、短时状态预测等功能。

云计算使计算分布在大量的分布式计算机上,用户能够通过虚拟化的方式,使用超大规模的服务器,按需获取具有高可靠性、通用性、高可扩展性的服务。交通运输部的"出行云"是我国第一代出行数据开放与应用平台。

人工智能技术及其发展应用已上升为国家层面的发展战略,提出将人工智能与各行业进行融合创新,上海作为全国改革开放排头兵、创新发展先行者,正积极推进人工智能的进一步发展。上海交通委也于 2017 年启动了人工智能在交通领域的应用研究的项目,在辅助决策系统、车联网与悉尼自适应交通控制系统(SCATS)系统的协同、路网协同、智慧港口、公交无人驾驶等方面开展了相关研究。

建筑信息建模(BIM)技术核心是三维虚拟模型基础上的系统数据库,是对设施物理特征和功能特征的一种数字化表征;是一种开源的信息集与数据库,包含支持设施建设全生命周期所有决策的可靠依据。2011—2015 年,住建部按照 BIM 发展纲要、国家标准中的规定,陆续开展工作。BIM 技术在国内多条轨道交通线路、大型桥梁、上海中心、迪士尼等大型工程项目中都有广泛应用。

基于虚拟现实(VR)的交通仿真技术未来将为城市规划和交通规划方案的测试、分析、宣传带来极广泛的应用,未来的交通仿真将在大数据云平台上进行,可从数据库中提取实时数据读入地理信息系统(GIS)进行在线仿真测试,更真实地模拟现实情况[148]。

2. 新工具

1) 客运交通工具

使用轨道或管道辅助,实现智能运行的新一代交通工具包括美国在测试中的超级回路(hyperloop)、未来地铁、类似缆车的空中快速公交等。超级回路是一套全新的高速运输体系,车厢没有轮轨摩擦,真空管道去除了列车最大的空气阻力,具有超高速、高安全、低能耗、噪声小、污染小等特点。这种"胶囊"列车有可能是继汽车、轮船、火车和飞机之后的新一代交通工具,目标速度超过 1 000 千米/小时,适合长距离运输。

就中低速磁悬浮而言,我国是全球各国中中低速磁悬浮线路最多、里程最长的国家。日本、德国虽然磁悬浮技术领先,但迟迟没有得到产业的验证。北京交通大学、西南交通大学、同济大学、国防科技大学等大学分别在磁悬浮各自长项领域有所研究或者设有实验室,产学研结合,在悬浮导向控制、悬浮传感器、定位测速、车轨耦合共振以及系统总体设计与集成等一系列核心关键技术上不断取得突破性成果[149]。

自动驾驶汽车于 2012 年开始进行路测,目前已经有部分小汽车达二级自动驾驶的技术等级。四级的自动驾驶将是智慧交通时代的产物,需要与大数据、物联网、5G 等技术进行融合。固定路径、简单场景的交通可以先行使用自动驾驶技术,如公交专用道上的公交无人驾驶,专用货运通道上的集装箱车辆无人驾驶。车辆动力来源方面,新能源汽车的主流方向仍为电动汽车,前沿技术方向为燃料电池汽车。

2) 货运交通工具

地下物流系统是运用自动导向车(AGV)和两用卡车(DMT)等

承载工具,通过大直径地下管道、隧道等运输通路对货物实行输送的一种全新概念的运输和供应系统。欧美发达国家针对该系统开展了大量研究和实践工作。上海中心城外围道路及郊区高等级公路上的货运交通需求大,紧张的道路资源难以同时满足客货运需求,矛盾和压力显现,地下物流系统或许可成为分担城市货运的重要技术方式。

无人机具有体积小、造价和使用成本低、使用灵活、作业效率高等特点,自2014年起,DHL、亚马逊美国、Google、顺丰快递、阿里巴巴、腾讯等企业陆续开展了无人机在物流方面的测试,具有广阔的应用前景。

智能船舶利用传感器、通信、物联网、互联网等技术手段,自动感知和获得船舶自身、海洋环境、物流、港口等方面的信息和数据,并基于计算机技术、自动控制技术和大数据处理分析技术,在船舶航行、管理、维护保养、货物运输等方面实现智能化运行。我国的首艘智能船舶"大智"号于2017年11月交付并投入使用。

3. 新设施

1) 新能源充电设施

新能源汽车在商业推广上的主要问题之一为电动汽车电池续航时间短,充电慢,其能源补给的解决方案一是提高电池技术,二是优化电力供应方式,如建设可充电公路。

光伏智能道路的路面使用了类似于毛玻璃的半透明新型材料,拥有较高的摩擦系数和透光率,使阳光穿透路面后,通过下面的太阳能电池把光能转化为电能,实时输送上电网,也可以为电动汽车进行流动能源补给。山东济南已经在高速公路上建成了1.1千米的试验段。

电磁感应道路要求电动车具有内置电路,通过非接触式电磁感应为车辆提供动力,通过策略性的放置充电线圈,仅仅在需要时对电动汽车充电。

2) 车路协同系统

车路协同是采用先进的无线通信和新一代互联网等技术,全方位实施车车、车路动态实时信息交互,并在全时空动态交通信息采集与融合的基础上开展车辆主动安全控制和道路协同管理,充分实现人车路的有效协同,保证交通安全,提高通行效率,从而形成的安全、高效和环保的道路交通系统[150]。目前,很多科技巨头已经开始纷纷入手这个领域,百度在 2016 年就开始布局"车路协同"的研发,在提升 Apollo 平台安全性的同时衍生出了无人配送车、无人清扫车等自动驾驶产业。阿里云已经与浙江省交通运输厅开始合作,先在杭绍甬高速公路上做试验,规划 161 千米长的高速路,按照双向六车道高速公路标准,建成国内第一条智慧公路。

3)交通监测设备

汽车电子标识是构建智慧交通应用系统的基础,可以实现高速运动状态下对车辆身份的识别、动态监测,通过自动化、精细化、一体化的车辆管理,助推城市智能交通系统建设。

移动式护栏巡逻执法机器人可实时视频回传,具有远程控制、声光报警、辅助执法等功能,还可在道路上自由移动,发布各类交通信息。

4)智慧港口

智慧港口涵盖现代化的港口运营技术、港口自动化技术、港口节能减排技术等。利用物联网、云计算、大数据、智能感知等新一代信息技术对港口进行透彻感知、广泛互联以及信息深度挖掘,通过对港口各类资源要素的无缝连接和各功能模块的协同联动,提高港口的物流信息化水平,提高港口作业效率,降低物流成本。全球最大的自动化码头——上海洋山深水港四期码头标志着中国港口建设由"建"造向"智"造挺进,建造技术始终处于世界前沿水平。

4. 新模式

1)共享模式

首先是目前大量涌现的共享模式:专车、拼车、租车、公共汽车共享、车位共享。交通资源的充分共享将极大地提高交通资源利用效率,当前交通供需失衡的状况将得到极大缓解,结合交通运行和管理技术的改进,交通拥堵问题可望得到最大程度的缓解[148]。

2) 自组模式

随着技术的发展成熟,自组模式也会开始出现。第一种是公车数据平台。根据在线提交的动态出行需求,无人驾驶的公交车可按最优路径,实时自动生成公交线路,理论上这是当日最优的线路布局;同时,各条固定线路的公交车队也可自动调配车辆,根据需求形成最合理的运力搭配。第二种自组织则是路上行驶的无人驾驶汽车可编队行驶,这将最大限度地减少对道路空间的占用,在为小汽车保留舒适性、私密性和门到门服务的同时,又兼备了公共交通的运行特征[148]。

3) 全过程服务模式

全过程是指为出行者提供从门到门的全过程解决方案,一次出行,你不需要自己打车、买地铁票、买火车票,你购买的服务是覆盖全过程出行链的整套服务,你不需要关心每个环节的具体细节,而且你只需要购买一张票,便获得全过程的服务[148]。出行即服务(MaaS)将各种交通方式服务进行整合[151],通过使用数字界面汇总和管理,满足用户出行需求以及交通服务供应,并基于用户出行需求共享数据来帮助交通运营者改善交通服务。其初级阶段是为乘客提供"一站式"高品质服务。2016年,基于MaaS理念的应用服务Whim在芬兰运行,目前在国内也已成为交通相关企业和资本追逐的对象。

2.4.2　5G+大数据技术对交通行业带来的变革

1. 5G技术的能力

1) 5G技术的关键能力

无限制体验,以人为中心的应用场景,集中表现为超高的传输数据速率,广覆盖下的移动性保证等[152]。用户可体验8K以上视频、3D VR/AR、云游戏。

高可靠低时延,连接时延要达1毫秒级别(4G为10毫秒),而且要支持高速移动(500 千米/小时)情况下的高可靠性(99.999%)链接[152]。以自动驾驶遇障碍反应为例,4G 下的极限车距为 9 米,5G 下的极限车距 0.6 米。

海量物联,5G 强大的链接能力可以快速促进各垂直行业(智慧城市、智能家居、环境监测等)的深度融合。海量物联之下,人们的生活方式也将发生颠覆性的变化。在这一场景下,数据速率较低且时延不敏感,连接覆盖生活的方方面面,终端成本更低,电池寿命更长且可靠性更高[152]。

2) 5G 技术的增强能力

从人们直接相关的虚拟现实、增强现实(AR),到自动驾驶、智能交通及无人机,再到物流仓储、工业自动化,作为信息化的基础设置,5G 将提供适配不同领域需求的网络连接特性,推动各行业的能力提升及转型。5G 的增强能力,是支撑高带宽、高可靠、低时延、大连接保障技术,是实现以上功能的关键。

移动边缘计算(MEC),是 5G 网络体系架构演进的关键技术。MEC 使得传统无线接入网具备了业务本地化和近距离部署的条件,从而提供了高带宽、低时延的传输能力,同时业务面下沉形成本地化部署,可以有效地降低对网络回传带宽的要求和网络负荷[153]。

网络切片。5G 网络将应对三类场景:移动宽带、大规模物联网和关键任务型物联网,要实现从人-人连接到万物连接,连接数量成倍上升,网络将越来越拥堵,越来越复杂,必须对网络实行分流管理——网络切片。本质上就是将运营商的物理网络划分为多个虚拟网络,每一个虚拟网络根据不同的服务需求,以灵活的连接方式应对不同的网络应用场景。

高精度定位。移动互联网和物联网将成为 5G 发展的主要驱动力。"融合定位"是 5G 高精度定位的主要趋势,面向 5G 的融合定位,需要在定位精度及覆盖范围上实现定位性能的整体提升[153]。定位精度由 4G 的 50 米提高到 5G 的 1 米。

2. 5G＋大数据技术在交通行业中的应用前景

1) 自动驾驶成为可能

自动驾驶的大部分应用场景如紧急刹车,汽车对行人、汽车对基础设施、汽车对汽车等多路通信同时进行,需要瞬间进行大量的数据处理,并及时做出决策,因此也需要网络同时具有大带宽(10 吉字节/秒的峰值速率)、低时延(1 毫秒)和超高连接数(1 000 亿连接)、高可靠性(99.999%)和高精度定位等能力,唯有 5G 能同时满足这些条件[155]。

远程驾驶。对于在恶劣环境和危险区域如矿区、垃圾运送区域、地基压实区等人员无法到达的区域,可进行远程驾驶操控,提升效率,并节省人力。远程驾驶也可作为自动驾驶的补充。目前,在 5G 网络环境下,驾驶员直接根据传回的多路高清视频进行驾驶操作,其对方向盘、刹车和油门的每一个动作的实验数据,也在 10 毫秒之内传输到了车辆上[156]。

车辆编队。车辆编队控制在客运、货运和港口物流等场景中,通过对车辆队形、间距、速度和协同驾驶一致性的自动化控制,能够有效地提升公路交通的效率和安全性,并降低运输成本和运输风险。在车辆编队行驶中,车与车通信的端到端时延直接决定了车与车之间的最小安全距离,也直接降低了燃油的损耗。前车和后车指令传输的端到端时延最低可以控制在 5 毫秒之内,大大缩短后车延迟反应的时间,从而使整个车辆编队步调一致,车辆间的安全距离也可缩小,直接降低风阻造成的燃油消耗,同时使整个车队的安全性得到保障[156]。

2) 信息化辅助能力升级

AR 执法和指挥,交通执法人员通过 AR 智能眼镜,查看停车收费表的相关信息,如日常停车总量、当前停车剩余时间等。对于一些停车超时的汽车,执法人员只需查看车牌即可获得车辆历史记录和车主登记信息,并将罚单通知发送给车主。

AR 导航。车载 AR 导航先是利用摄像头将前方道路的真实场景实时捕捉下来,再结合汽车当前定位、地图导航信息以及场景人工智能(AI)识别,进行融合计算,然后生成虚拟的导航指引模型,并叠加到真实道路上,从而创建出更贴近驾驶者真实视野的导航画面,降低了用户对传统 2D 或 3D 电子地图的读图成本[157]。

3)扩大无人机应用范围

目前,移动网络天线是朝地面覆盖的,对空中进行覆盖,中间就有一些凹陷的原点,100 米高度以上可能会有一些信号覆盖不好,造成信号回传延时和图像质量下降。5G 在大规模商用时,低空覆盖能力将是标准配置,届时,5G 联网无人机将大有作为。例如,进行重要交通设施巡检、应急保障救援、空中测绘、大客流疏散保障、无人机物流等。

4)高精度室内定位

商场的钢筋混凝土对 GPS 有着天然的屏蔽能力,长期演进技术(LTE)实际定位精度普遍超过 100 米,无法满足室内定位需求,5G 被视为亚米级室内定位的通信基础。5G NR(基于正交频分复用技术的全新空口设计的全球性 5G 标准)让室内定位变得可能,通过蜂窝网络,可以给每一个商场构建更清晰的路径,帮助顾客快速找到路线。在物流对物品的实时跟踪、军事目标的定位中都有可挖掘的潜力[158]。

5)大数据从概念走向落地

5G 是大数据从概念走向落地的催化剂。物联网产生大数据,大数据支撑物联网。附着于物理实体的、具备联网功能的传感器,将以海量的规模持续不断地采集数据,并将它们直接传入云中。联网汽车、可穿戴设备、智能电视、无人机和机器人、自动售货机、街头的停车计费表,以及其他众多的设备和应用,都处在驱动数据量的增长中[159]。5G 带来了大数据产业的繁荣,也带动了产业链的迅速成长。连接、计算、存储、应用,产业链各个环节行动起来了。

2.4.3　创新要求下的智慧交通

1. 大数据研发应用

运用信息技术和大数据平台,建立"实施-监测-评估-维护"机制,支撑各项规划编制、方案制订、政策研究;加强"互联网＋交通"对于居民出行服务提升研究,借助 5G 技术,运用机器学习手段,推进公交智能调度升级;通过大数据研发,实现智能路口再造,提升道路交通管理水平;构建智慧交通评价指标体系,指导智能交通有序健康发展。

2. 自动载运工具

交通行业正处于技术革新的浪潮之中,滴滴、摩拜等案例体现了事前控制约束的重要性,无人驾驶对交通的未来将带来更大的影响。随着 5G 技术的投入应用,无人驾驶也将从概念走向现实,由于无人驾驶的巨大影响和革命性创新,在无人驾驶应用过程中,政府如何掌握车辆上路的话语权极为重要。无人驾驶科技一日千里,建议以政府为主导,设计院牵头,融合高校、车企、高新技术企业,进行技术研究,尽快建立无人驾驶联合实验中心,设计无人驾驶联合实验中心的架构,提出案例库的基本建设方案和内容。对无人驾驶可能带来的问题和影响做好科学预判,圈定早期无人驾驶应用范围和试点区域,尽早探索无人驾驶相关法律法规,避免在无人驾驶推广时被动接受。

3. "互联网＋"精细化管理

"互联网＋交通"借助移动互联网、云计算、大数据、物联网等信息通信新技术,将互联网产业与传统交通运输业完美融合,形成"线上资源合理分配,线下高效优质运行"的新格局,现阶段共享单车、网约车、智慧停车、公交实时到站发布等交通方式的智能化革新,给市民的出行带来极大的便利性。如何站在更高的层面,从使用者需求、企业的运营管理、政府监管者的决策等方面,进一步挖掘交通新技术在居民出行服务中的应用潜力,满足更便捷出行、更人性化服务和更科学决策的需求,对于加快推进交通运输由传统产业向现代服务业转型升级至关重要。

2.4.4　创新要求下的绿色交通

国务院"十三五"节能减排综合工作方案明确提出:"建立健全能耗在线监测系统,对重点用能单位能源消耗实行实时监测"。2015

年,上海市发改委、上海市经济和信息化委、上海市财政局、上海市交通委员会和上海市质量技术监督局联合印发了沪发改环资〔2015〕139 号《加快推进本市重点用能单位能耗在线监测系统建设的实施意见》,明确建设上海能耗在线监测系统,并实现上海重点用能单位能耗数据的在线采集。目前,上海能耗在线监测平台基本建成,已完成与电力、燃气集中供能企业的能源计量数据交换,并实现了与国家平台数据同步和数据交换[160]。

2017 年,国家发展改革委和原质检总局印发了发改环资〔2017〕1711 号《重点用能单位能耗在线监测系统推广建设工作方案》,明确到"十三五"末期,基本建成连接各省(区、市)、相关部门和行业的数据共享监测系统,要求各地区要分解重点用能单位接入端系统建设任务,并纳入对下级政府部门、重点用能单位的节能目标责任考核,层层分解落实,严格进行考核[160]。

2018 年,国家发展和改革委员会和质量监督检验检疫总局等 7 部门联合修订发布了《重点用能单位节能管理办法》,要求重点用能单位结合现有能源管理信息化平台,加强能源计量基础能力建设,按照政府管理节能工作的部门、市场监督管理部门要求建设能耗在线监测系统,提升能源管理信息化水平[160]。

2019 年,国家发展改革委办公厅和市场监管总局办公厅印发了发改办环资〔2019〕424 号《关于加快推进重点用能单位能耗在线监测系统建设的通知》,要求进一步明确牵头部门和建设单位,各地区要加强组织领导,逐级分解任务,将目标责任落实到人,加大工作力度,加强部门间沟通协调,建立健全工作机制,调动相关单位工作积极性,加快推进系统建设,确保到"十三五"末,将本地区重点用能单位能源消耗数据接入重点用能单位能耗在线监测系统。

1. 航空行业[68]

中国东方航空集团有限公司(简称东航)是国内首家实现对建筑能耗实时、在线分项计量和监控的航空运输企业。东航运用互联网大数据思维,对能源数据进行深度挖掘、分析、加工和处理。该系统采用上海市级监测平台构架,最终将建设成集建筑能耗监测、移动源(车辆、飞机)能耗监测、环境(空气、排污)监测于一体的集团级监测平台。

该系统主要功能有实时采集、分类分项计量、数据远程传输、能耗汇总分析、数据展示、能源管理等。东航运用互联网大数据思维,对能源数据进行深度挖掘、分析、加工和处理,通过与用户侧(末端)能源数据的比对、分析,及时发现水电异常使用,杜绝浪费,降低事故风险,排除安全隐患;评估已实施节能改造项目的效果;提出对于建筑、设备的节能建议、回馈控制,为节能降耗研究、设计与改(建)造提供参考数据。

2. 航运行业[68, 161]

燃油消耗监控平台是借助计算机、数据库,通信等技术实现的集软硬件于一体的应用系统。首先,对目前燃油管理方面存在的问题进行深层次的分析;其次,提出切实可行的解决办法,利用科学的管理和数学统计手段,整合数据和管理资源,建立功能。监控平台包括数据采集、油耗监控两个方面的应用,从地理角度分为船舶端和公司端两个软件模块,管理系统如图 2-24 所示。系统的基本实施方案和原理有以下几个方面[161]:

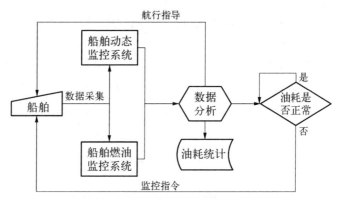

图 2-24 船舶燃油监控管理系统示意图
(资料来源:上海市交通节能减排示范及推荐项目汇编)

1）数据采集

以往,船舶基本上是每天通过电子邮件将正午报告数据发至公司不同部门的。由于发送的格式不同,统计人员必须一封一封地打开邮件,在一堆数据中挑选有用的信息,往往处理整个船队一天的正午报告数据需要 5～6 个小时的时间,不仅工作效率低,而且手工挑选数据难免影响数据的准确性,加上原有的船舶正午报告方式存在着数据非标准化、报告时间滞后等原因,已经不能适应船舶的燃油监控的要求。与船舶燃油每天消耗相关数据的采集是整个燃油监控平台的基础,基于这个原因,安全技术管理部在短时间内开发出一套船舶燃油监控系统(VNRS),可在船舶端录入船舶的正午报告等信息,生成标准格式文件,通过电子邮件系统将这个文件传回到公司专设的一个公共邮箱中,并导入专用数据库,所有的过程都是自动的,不需要人工干涉,使公司及时获取船舶每天的油耗资料。该软件系统在每天录入数据的同时,可以自动进行油耗数据的统计,形成标准格式的周耗、月耗、季耗、航次消耗统计报告。除此之外,还加入了与船舶航行有关的海况信息、船舶动态信息,为跟踪和控制油耗提供决策依据。由于该软件简单易用,短时间就在公司自有船舶和租船船舶上完成了推广。经过近几个月的实船使用,该系统稳定可靠,操作简单,受到用户的一致好评[161]。

2）监控功能

在船队中大面积推广 VNRS 系统之后,有效地保证了数据的统计准确性和实时性,提高了船岸油耗数据同步的效率,利用正午报告的数据及相关的信息,根据油耗的监督和控制工作要求,增加公司的监控分析功能。考虑到公司各业务部门,尤其是安全技术管理部和各贸易区调度的使用方便,系统采用 B/S 架构,在网络上的用户只要获得账号和密码,不需进行系统的安装就可以直接使用,系统的升级工作可以在服务器端完成,不占用客户的电脑资源,维护投入少,使用更加便捷[161]。

船舶、人员、VNRS、通信系统、船舶燃油监控系统共同组成了燃油消耗的监控平台,这个平台不仅仅是一个数据的采集和统计浏览系统,还融入了中远集装箱运输有限公司(简称中远集运)多年来积累的宝贵经验和科学的分析方法。为了能够通过公司的系统监控船舶的油耗信息,使船舶在出现燃油消耗异常的时候及时发现,尽快解决,"船舶燃油监控系统"下设六大功能[161]:

(1)正午报告查询。查看任选船舶的每日正午报告情况,进行单船纵向比较,了解详细的油耗信息,如遇到船舶无法正常通过系统发送数据,公司人员可以手动录入报告,保证数据的连续性[161]。

(2)系统设置。由于公司船队庞大,船舶数量多,型号复杂,影响船舶油耗的因素涉及船舶的具体参数。另外,考虑到燃油监控人员对船舶、设备、工况、航线、航行海域的熟悉程度不一,因此,在该系统中的一个突出功能是集成了所有船舶(自有及租进)的详细参数,例如船舶主机等设备的具体型号、参数、船籍、在船船员、设备特点、船龄等,有了这些参数,为船舶油耗的管理提供了参考,可以更清晰地了解船舶状况、主机等设备的工况对燃油的影响,避免因一概而论而忽略了船舶自身的差别[161]。

根据船舶的航线、航区、所属部门、主管人员设置权限,如果船舶的参数发生变化,可以更改,使系统的灵活性更高[161]。

(3)油耗查询。该部分的功能主要是方便管理人员查询单船、同航线、同贸易区、同部门、同类型船舶的燃油数据,方便横向比较和查询,同时能够动态掌握指定日期节点的燃油结存和加油总量[161]。

(4)油耗报表。作为主要的经营成本,燃油的消耗统计数据应定时上报,通过报表功能,可以根据时间段进行燃油数据输出[161]。

(5)燃油分析。该部分承担系统的主要功能,重点是监控和决策,影响船舶的油耗高低因素较多,有确定因素,也有不确定因素,因此必须通过科学的方法进行数据的统计和分析[161]。

系统采用了多条件的比较、分析方法,利用船舶主机转速、油耗、时间、船舶类型等信息,以图形和图表的方式,给出油耗的监控决策,对于油耗异常的船舶,可以迅速分析其原因,及时做出正确的指导,使船舶油耗恢复正常,避免油耗的加大[161]。

(6) 超耗报警。船队规模庞大,船舶艘数众多,如何及时掌握和控制单船油耗极为关键,通过燃油消耗监控平台,要做好事前和事后两个方面的工作,顾名思义,事前工作是对单船的性能和油耗做到精确的了解,制订合理的燃油定额[161]。

小型船舶主机的储备功率不大,单天油耗几十吨,即使加速赶班期,也不会增加太多油耗,因此基本都能按照公司的燃油定额实行。而大型船舶主机功率大,储备功率也大,根据对个别船舶燃油消耗的跟踪情况来看,许多艘船舶的油耗超过定额标准,如 9 500TEU 船 COSCO 广州轮在经济航速下(21 节)的油耗每天在 156 吨左右,而加速运行则最多达每天 320 吨。可见大型船舶是油耗监控的重中之重,因此必须事前对储备功率大的船舶进行科学的油耗定额分析[161]。

柴油机的油耗和转速成三次方的关系,如图 2 - 25 所示。需要对不同船型进行单独分析,同时考虑机型、船型和航线特点及船况,科学地制订出合理的定额标准[161]。

3. 轨道交通[68-69]

上海轨道交通能耗监测管理系统在硬件方面采用站、线、网三级架构,关键设备冗余设置[69],并在各主要用电回路安装智能表计;在软件方面采用 BS 架构(即浏览器和服务器架构):使用 ORACLE 数据库存储各类能耗数据,使用 Java、JavaScript、Delphi 等工具开发了客户端页面并实现了对能耗数据的查询、对比、计算等功能[69]。

1) 架构

目前,上海轨道交通已经在 1、2、3、4、5、6、8、9 号线中建立了由站、

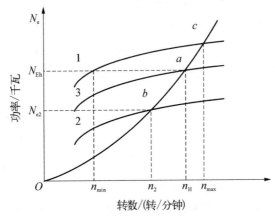

图 2－25 柴油机的油耗和转速三次方关系图
（资料来源：上海市交通节能减排示范及推荐项目汇编）

线、网三级架构组建的能耗监测管理系统,7、10、11 号线等其他线路的能耗监测管理系统也正在逐步建设与接入中[69]（见图 2－26）。

站级系统主要设置于各车站、车辆基地的变电所内,实时采集用电回路的能耗数据;线路级系统设置于各线路的控制中心内,是整个能耗监测管理系统进行数据交换的重要节点;网络级系统设置于上海轨道交通能源管理中心内,对全网络能耗数据进行采集、存储、计算等处理[69]。

通过对城市轨道交通能源供应方式及消费结构的研究,项目还制订了智能表计合理化配置要求,明确了城市轨道交通中需要安装智能表计的用电回路,从而使智能表计的配置实现最优化,主要安装位置如图 2－27 所示[69]。

2）功能

上海轨道交通能耗监测管理系统基于 BS 架构（浏览器和服务器架构）进行开发,用户可以通过浏览器访问系统调用其所需要的数据。系统还结合日常节能管理工作中的需求,开发了相应的应用软件,基本实现了能源管理信息化的目标,主要功能如下[69]：

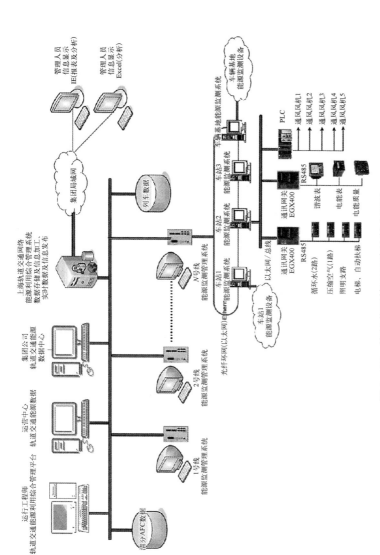

图 2 - 26　能耗监测管理系统的基本架构

（资料来源：上海市交通节能减排示范及推荐项目汇编）

图 2 - 27   智能表计的安装位置
（资料来源：上海市交通节能减排示范及推荐项目汇编）

（1）自动采集、存储各类能耗数据，并具备历史数据查询功能。采集与存储的数据类型包括：三相电压、三相电流、有功功率、无功功率、功率因数、有功电量、无功电量等[69]。

（2）提供对不同用电回路之间进行比较分析的功能。实现了对牵引/降压变电所变压器进行负荷统计；具有对车站/车辆基地日用电量变化进行计算等众多数据处理的功能[69]。

（3）支持预定义报表、自定义报表的功能。实现了可根据用户的需求自动生成网络、线路、车站的年、月、日报表，并与相关单位共享各类能耗数据[162]。

3）公交集群调度系统[68]

智能集群调度把公交传统管理优秀内核与信息化、智能化高度融合。它包括计划调度、现场调度及相关的统计分析,其核心是计划优化和现场运营组织,通过提高车辆有效运营,保证线路营运车辆准点、均衡、有序,减少无效能耗,达到节能减排目的(见图 2-28)。

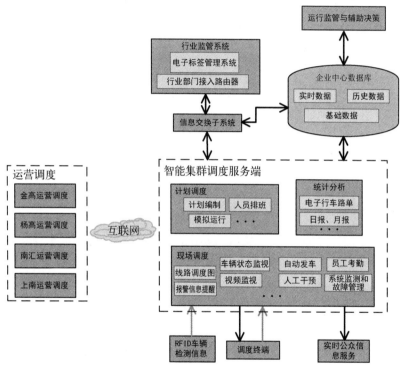

图 2-28 智能集群调度架构图
(资料来源:上海市交通节能减排示范及推荐项目汇编)

计划调度包括行车计划编制、人员排班、模拟运行等。通过计划调度辅助软件系统的应用,计划编制工作效率大大提高。计划编制工作不再在分公司层面上进行,而是集中在营运公司层面上统一编制,做到营运公司范围内线路运行计划的协调。

现场调度从营运数据采集系统获取实时数据,通过调度业务和调度指令数据发布软件,将调度业务和调度指令数据发给终端进行发布,进而实现车辆状态监视、报警信息提醒、视频监视、自动发车、人工干预等。

统计分析用于生成调度业务常规的各类报表,包括电子行车路单、行车调度工作日报表、调度员工作汇总日报、线路运营情况统计日报表、线路班次日报等。通过报表分析,了解计划时刻表编排是否合理,如不合理对原先时刻表进行优化和完善,从而减少无效运能。

智能集群调度的应用,改变了传统的粗放型的检查、考核和评比方式,通过对营运中的各种数据进行精确统计、考核、评比、激励,有利于公司管理部门根据每个司乘人员和营运车辆每天的业绩进行分析和管理,从而提高管理水平,降低企业成本,并能够实现车辆监控、能耗监控、科学调度、合理排班、班次线路稽查、规范行驶等功能。

参考文献

[1] 汪光焘.论城市交通学[J].城市交通,2015,13(5):1-10.

[2] 王东柱,杨琪.欧洲合作智能交通系统发展现状及相关标准分析[J].公路交通科技,2013,30(9):128-133.

[3] 朱昊.上海智慧交通发展对策[J].上海信息化,2016(1):34-37.

[4] 黄力彬.国内外城市智能交通系统建设综述[J].城市道桥与防洪,2016(5):40-45.

[5] 郭志杰,张斌,杨涛,等.智能网联汽车与智慧交通应用示范区项目设计[J].交通科技,2020(6):123-127.

[6] 赵建光.吉林市智能交通系统规划研究[D].长春:吉林大学,2009.

[7] 袁慎勋,冯雪菲.曼哈顿CBD交通堵塞的智慧解决方案[J].环球市场信息导报,2013(42):24-27.

[8] 佚名.上海智能交通系统发展框架研究报告[EB/OL].(2019-12-18)[2010-11-12].https://www.renrendoc.com/p-32315501.html.

[9] 张壮云.东京城市公共交通优先体系的经验及借鉴[J].国际城市规划,2008(3):110-114.

[10] 范炜.日本智慧交通建设的借鉴[J].浙江经济,2012(21):48-49.

[11] 少英.谷歌自动驾驶汽车拟"上路"[J].广东交通,2012(3)：59.

[12] 刘国泉.浅谈智能交通系统在我国的发展现状与对策[J].软件·教学,2013
(11)：214,154.

[13] 刘松岩.浅析无线通信网络的优化及其管理[J].管理学家,2014(3)：
269-270.

[14] 方维松.基于射频技术的高速公路车辆监控及运营管理技术[D].重庆：重
庆大学,2010.

[15] 李新佳.欧洲智能交通建设情况及启发[J].城市交通,2004(2)：58-62.

[16] 王筱芳.智能交通系统 ITS 的评价方法研究[J].科技视界,2014(11)：
194,304.

[17] 王瑞良.会"思考"的智能交通[J].科学 24 小时,2014(3)：15-17.

[18] 邬伦.从数字城市到智慧城市[J].中国信息界,2013(1)：76-77.

[19] 师烨东.智慧停车云平台[J].投资北京,2013(6)：46.

[20] 佚名."十三五"中国智慧交通发展趋势判断[EB/OL].(2015-05-11)
[2019-05-06].https://www.sohu.com/a/14549104_125594.

[21] 吴忠泽.中国智能交通行业发展现状与未来发展趋势[J].电气时代,2013
(6)：24-26.

[22] 薛霞.物联网在智能交通中的应用研究[J].电子技术与软件工程,2014(9)：
41-42.

[23] 汪光焘.城市交通与信息化[J].城市交通,2015(3)：1-4.

[24] 王东柱,杨琪.欧洲合作智能交通系统发展现状及相关标准分析[J].公路交
通科技,2013,30(9)：128-133.

[25] 古映键.物联网时代的智能交通[J].中国公共安全(综合版),2016(16)：
64-66.

[26] 陆化普,李瑞敏.城市智能交通系统的发展现状与趋势[J].工程研究-跨学
科视野中的工程,2014(1)：6-19.

[27] 李洁,陈志华,邓芹.新一代智能交通全出行链集成系统设计[J].上海公路,
2020(3)：10-14.

[28] 张越,刘旼旼.浅谈城市信息模型(CIM)平台下智慧交通建设及应用[J].建
设科技,2020(23)：34-36.

[29] 汪光焘.大数据时代城市交通学发展的机遇[J].城市交通,2016,14(1)：

1－7.

[30] 科技日报.大数据时代：智能交通系统发展面临机遇与挑战[J].科技风，2013(23)：1－2.

[31] 李哲.大数据时代：智能交通发展的机遇和挑战[J].经济研究导刊，2014(33)：227－228.

[32] 董宏伟，刘玮.智能交通系统的发展与应用[J].科技与企业，2012(11)：95.

[33] 吴忠泽.大数据时代智能交通的发展趋势[J].党建文汇：下半月，2014(1)：51.

[34] 张博，胡应平，安沛君.PRT 交通模式改善城市交通与环境[J].建筑与环境，2014,8(1)：15－17.

[35] 李鑫.探析我国未来交通运输的发展及趋势[J].科技致富向导，2013(19)：164.

[36] 佚名.互联网时代对交通发展的现实和未来[EB/OL].(2016－02－07)[2020－10－19]. https://www.docin.com/p－1451071145.html.

[37] 刘启明.物联网在城市交通中的应用研究[D].武汉：华中科技大学，2012.

[38] 李鑫.探析我国未来交通运输的发展及趋势[J].科技致富向导，2013(19)：164.

[39] 杨东援.信息环境下的交通规划与管理[C]//第八届中国城市智能交通论坛论文集，2011：5－7.

[40] 佚名.互联网加交通[EB/OL].(2016－12－16)[2020－05－16]. http://www.4gji.com/fanwen/90379.html.

[41] 张力."十三五"石化发展规划研究课题完成[J].现代化工，2014(3)：121.

[42] 许敏娟.推进生态文明　建设美丽中国[J].绿色视野，2013(10)：44－47.

[43] 谢高地.生态文明与中国生态文明建设[J].新视野，2013(5)：25－28.

[44] 周新军.交通运输业能耗现状及未来走势分析[J].中外能源，2010,15(7)：9－18.

[45] 刘建翠.中国交通运输部门节能潜力和碳排放预测[J].资源科学，2011,33(4)：640－646.

[46] 周新军.交通运输业能耗现状及未来走势分析[J].中外能源，2010,15(7)：9－18.

[47] 赵兴勇，赵艳秋.智能电网框架下电动汽车充电设施建设研究[J].电网与清

洁能源,2012,28(11)：61-64.

[48] 严义斌.应对气候变化与交通节能减排[J].交通世界(运输・车辆),2012
    (6)：111-114.

[49] 周园,李晓祎,刘莹,等.北京市"十三五"交通节能减排发展目标与策略[J].
    城市交通,2016,14(6)：11-16.

[50] 住房城乡建设部.城市步行和自行车交通系统规划设计导则[EB/OL].
    (2013-12-05)[2018-02-27]. https://max.book118.com/html/2018/
    0227/154938650.shtm.

[51] 蓝兰.北京市轨道交通"十二五"规划建设情况[J].交通世界(建养・机械),
    2012(4)：26-31.

[52] 付冬梅.交通运输统计能力建设现状与建议[J].中国水运(上半月),2014
    (2)：14-16.

[53] 北京市交通委员会.北京市"十三五"时期交通发展建设规划[EB/OL].
    (2016-07-04)[2019-07-01]. http://www.beijing.gov.cn/gongkai/
    guihua/wngh/sjzdzxgh/201907/t20190701_100237.html.

[54] 于占波.交通运输部发布《关于交通运输推进物流业健康发展的指导意见》
    [J].商用汽车,2013(13)：31-32.

[55] 王建宇.提升装备工业产品质量　促进行业转型升级[J].企业管理实践与
    思考,2014(7)：14.

[56] 李孜孜.《"十二五"节能减排综合性工作方案》解读[J]天然气技术与经济,
    2012(2)：10-12.

[57] 邬金辉.长江三峡综合交通运输体系规划研究[J].铁道运输与经济,2014,
    36(7)：45-49.

[58] 上海市邮政管理局.上海市绿色交通"十三五"规划[EB/OL].(2017-07-
    17)[2020-12-16]. http://www.spb.gov.cn/xw/dtxx_15079/201707/
    t20170717_1226110.html.

[59] 沈雷.基于SWOT分析的上海港集装箱运输发展战略研究[D].南京：河海
    大学,2006.

[60] 上海市应对气候变化及节能减排工作领导小组办公室.关于印发上海市
    2020年节能减排和应对气候变化重点工作安排[EB/OL].(2020-04-27)
    [2020-04-30]. http://fgw.sh.gov.cn/zgjjl/20200430/5e194939c5f54a

2aa833a85091c83dc3.html.

[61] 张道营.上海 2020 年中心城区纯电动车比例将超过 60%[EB/OL].[2016-12-20].http://www.xinhuanet.com/politics/2016-12/20/c_129412906.htm.

[62] 郭春林,肖湘宁.电动汽车充电基础设施规划方法与模型[J].电力系统自动化,2013,37(13):70-75.

[63] 上海市应对气候变化及节能减排工作领导小组办公室.上海市 2018 年节能减排和应对气候变化重点工作安排[EB/OL].(2018-05-28)[2018-06-05].http://www.cdmfund.org/20559.html.

[64] 上海市人民政府办公厅.上海绿色港口三年行动计划(2015—2017 年)[EB/OL].(2015-07-10)[2019-04-17].http://www.huanjing100.com/p-6765.html.

[65] 范方超.我国航空运输业绿色发展研究[D].大连:大连海事大学,2014.

[66] 余德松,张华,闵世雄,等.我国绿色港口的建设与发展[J].中国水运(下半月),2014,14(2):55-56.

[67] YUN S J,Cho M R,哲伦.韩国的绿色发展之路[J].资源与人居环境,2012(9):52-54.

[68] 上海市交通节能减排示范及推荐项目汇编[G].上海市交通节能减排促进中心,上海城市交通设计院有限公司,2015 年—2020 年.

[69] 上海申通地铁集团有限公司.上海轨道交通能耗监测管理系统[J].交通节能与环保,2015,11(6):13-18.

[70] 龚磊.青年即充式纯电动公交批量投运上海[EB/OL].[2019-12-05].http://m.diandong.com/news/10968.html.

[71] 佚名.上海市节能低碳技术产品推广目录[EB/OL].[2014-04-23].https://www.docin.com/p-2195940235.html.

[72] 郑克斌.打造"新氢年"献礼大西安[EB/OL].[2018-03-14].http://m.mycar168.com/news/2018/03/466699.html.

[73] 杨阳梅,尚晓旭,邢睿.长株潭地区运输车船推广 LNG 清洁能源应用研究[J].长沙大学学报,2013,27(6):13-15.

[74] 佚名."走进 1 号货的"项目推介会[EB/OL].https://www.zhongtou8.cn/meeting/detail/id/198.

[75] 佚名.上海市重点推广节能低碳技术产品简介(2018 年)[EB/OL].[2018-

09 - 27]. https://max.book118.com/html/2018/0927/6111001010001221. shtm.

[76] 佚名.ALPHA 注油器中文说明书[EB/OL]. [2016 - 06 - 06]. https://www.docin.com/p - 1624325510.html.

[77] 佚名.ALPHA 注油器的 4 个管理细节[EB/OL].[2019 - 06 - 28]. https://m.sohu.com/a/323585568_681184.

[78] 张洪村.现有船舶螺旋桨切割节能技术研究[D].大连：大连海事大学,2010.

[79] 路强.RTG 减载节能装置[J/OL].中文科技期刊数据库(文摘版)工程技术. [2018 - 11 - 03]. http://www.cqvip.com/QK/71995X/201811/epub1000001445439.html.

[80] 李楠,张红飞.航空器场面滑行污染物排放计算研究[J].环境科学学报, 2017,37(5)：1872 - 1876.

[81] 向东.运输节能减排专项资金申请指南[J].中国物流与采购,2012(22)： 51 - 51.

[82] 中国民用航空局.民航节能减排专项资金项目[EB/OL]. [2019 - 05 - 14]. https://www.xiexiebang.com/a10/2019051420/e01ccc719519bf17.html.

[83] 张志峰.发达国家节能减排政策及成效分析[D].长春：吉林大学,2010.

[84] 原国家经贸委资源节约与综合利用司赴美节能培训班.美国的节能政策和管理模式及对我国的启示[J].2003(8)- 2003(10).节能与环保,2003.

[85] 窦义粲,于丽英.国外节能政策比较及对中国的借鉴[J].节能与环保,2007 (1)：26 - 29.

[86] 原国家经贸委资源司赴美节能培训班.美国及加州建筑节能工作的开展 [J].节能与环保,2003(11)：21 - 21.

[87] 施征.美国装甲工业概述[J].国外坦克,2013(3)：53 - 56.

[88] 佚名.美国节能和能效工作概述[EB/OL].[2020 - 05 - 18]. https://www.sohu.com/a/395959067_120681458.

[89] 苗凤娟.防治到港船舶污染的岸电技术研究[D].上海：上海海事大学,2006.

[90] 崔建平.中国 LXI 市场分析报告[J].国外电子测量技术,2013,32(5)：1 - 4.

[91] 张欣.浅谈节能减排措施[J].资源节约与环保,2014(7)：22,25.

［92］叶蕾,麦强,王晓宁,等.国外物流节能减排措施综述[J].城市交通,2009,7(5):27-31,84.

［93］易翔.美国各航空公司节能减排事业的发展及成效[J].科技经济导刊,2016(24):88,91.

［94］熊本炎.美国航空喷气公司 70 年发展历程[J].飞航导弹,2012(9):3-7,F0003.

［95］褚天琦,李吕华.美国航空公司的碳中和实践及其效果研究[J].现代经济信息,2016(18):353-354.

［96］张英杰.航空公司培训效果评估体系研究[D].天津:中国民航大学,2007.

［97］德国推动节能的主要做法和经验[J].节能与环保,2008(12):6-8.

［98］杜群,陈海嵩.德国能源立法和法律制度借鉴[J].国际观察,2009(4):49-57.

［99］李红祥.促进节能减排的自愿协议制度研究[D].北京:北京化工大学,2008.

［100］北京中科宇杰节电设备有限公司.带你看看欧盟的节能减排战略[EB/OL].[2016-08-05]. http://blog.sina.com.cn/s/blog_be76798b0102xb3n.html.

［101］韦耀武.借鉴国外的成功经验[J].乡镇论坛,2014(3):47.

［102］蒋伊锃,李晓龙,许怡君.公交车污染物排放微观计算方法研究[J].汽车与配件,2012(48):38-40.

［103］张红飞.航空器低排放场面滑行策略研究[D].天津:中国民航大学,2017.

［104］佚名.英国资助零排放航空氢电替代动力技术开发[EB/OL].[2021-03-26]. https://newenergy.in-en.com/html/newenergy-2403389.shtml.

［105］王荣,储从江.日本节能经验及启示[J].中国能源,2007,29(5):35-39.

［106］徐明才.日本节能法律体系建设及节能实践[J].应用能源技术,2007(3):1-6.

［107］佚名.以清洁技术为基础的产业将成为下一代经济增长的主导[EB/OL].[2015-02-17]. http://www.doc88.com/p-0959362942078.html.

［108］佚名.日本运输业节能环保对我国的启示[EB/OL].[2012-11-28]. https://www.doc88.com/p-119695652928.html.

［109］高志洁.航运企业节能减排评价及措施研究[D].大连:大连海事大

学,2012.

[110] 王晓明,侯福深,赵立金.加快我国电动汽车产业发展的政策建议[J].中国电力企业管理,2013(1):52-53.

[111] 山德,孟东晖,李显君.美国新能源汽车发展及相关政策[J].汽车工业研究,2014(6):5-11.

[112] 孙俊秀,陈洁,殷正远.美日欧新能源汽车政策辨析及启示[J].上海管理科学,2012(2):63-66.

[113] 陈柳钦.美日欧新能源汽车发展的政策走向[J].汽车与配件,2011(24):39-41.

[114] 芦杨.电动汽车推广阶段的激励措施与选址定容[D].成都:西华大学,2015.

[115] 王秉刚.推动电动汽车规模化发展[J].国家电网,2013(4):63-64.

[116] 窦中达.台湾电动汽车产业发展政策综览[J].海峡科技与产业,2013(6):46-49.

[117] 王修志,王菊.国家文化出口重点企业发展的实证分析[J].广西大学学报(哲学社会科学版),2014,36(2):30-34.

[118] 佚名.欧洲新能源车销量环比强势反弹 6 月增速超预期[EB/OL].[2020-08-10]. https://nev. ofweek. com/2020-08/ART-71008-8420-30451714.html.

[119] 黄峥.城市基础设施建设与房地产业发展研究[J].金华职业技术学院学报,2011,11(2):50-53.

[120] 中国汽车技术研究中心,日产投资有限公司,东风汽车有限公司.新能源汽车蓝皮书:中国新能源汽车产业发展报告[M].北京:社会科学文献出版社,2019.

[121] 庄剑波.国外新能源汽车发展路径对我国的启示[J].上海汽车,2013(6):29-31.

[122] 方晓龙.日本新能源汽车产业发展战略分析[D].长春:吉林大学,2014.

[123] 温欢.政府扶持中小企业发展的政策研究[J].全国商情·理论研究,2012(9):22-23.

[124] 郭普璞,高亚男,柳絮,等.抢滩电动汽车的价值高地[J].国家电网,2012(8):61-63.

[125] 陈柳钦,崔大山.中国新能源汽车发展政策举措[J].时代汽车,2011(9)：21-29.

[126] 中商产业研究院.2020年中国汽车保有量数据[EB/OL].[2021-01-08].https://www.askci.com/news/chanye/20210108/1055241332362.shtml.

[127] 王伟兵.促进黄金市场进一步发展的政策建议[J].当代经济,2013(7)：68-69.

[128] 张永伟.面向汽车革命的顶层设计与战略协同[M].北京：机械工业出版社,2020.

[129] 佚名.2018人工智能之自动驾驶研究[R/OL].[2019-01-20].https://www.sohu.com/a/290510271_468714.

[130] 杨朝利.新能源汽车未来发展趋势[J].商品与质量(学术观察),2012(7)：290.

[131] 周全.基于LabVIEW的电动汽车制动能量回收测试系统[J].安庆师范学院学报(自然科学版),2014(1)：68-70.

[132] 苏粟,孙晓明,罗敏,等.面向局域配电网的电动汽车充电控制系统[J].电力自动化设备,2014,34(2)：19-23,29.

[133] 彦仁.应完善新能源汽车新的补贴政策[J].汽车与配件,2013(49)：49-50.

[134] 李建秋,方川,徐梁飞.燃料电池汽车研究现状及发展[J].汽车安全与节能学报,2014,5(1)：17-29.

[135] 马晓华,杨建文,叶璟.锂离子电池正极材料磷酸铁锂的研究进展[J].广东化工,2013(8)：60-61.

[136] 孙延伟,田晓光,周东辉.动力电池的发展现状及应用[J].价值工程,2012,31(14)：33-34.

[137] 吴国光.锂离子电池的正极与负极材料[J].信息记录材料,2013,14(2)：48-54.

[138] 佚名.氢能制氢储运应用全产业链分析[EB/OL].[2019-10-13].https://max.book118.com/html/2019/1012/5312001303002134.shtm.

[139] 付甜甜.燃料电池汽车新贵[J].电源技术,2014,38(4)：605-606.

[140] 史伟国.浅谈建筑室内采暖方式及发展趋势[J].科技与企业,2014(16)：

172 - 172.

[141] 杨小乐.IPRAN 技术的优劣与应用前景初探[J].科技创新与应用,2014
(14):64 - 64.

[142] 石娟花.浅谈不同航站楼构型优缺点[J].中国科技博览,2014(12):299.

[143] 中国储能网新闻中心.细数国内加氢站建设十重瓶颈[EB/OL].[2018 -
08 - 16]. http://www.escn.com.cn/news/show - 553142.html.

[144] 谢裕智,冯小保,倪红军,等.直接甲醇燃料电池及其关键技术[J].化工新
型材料,2014,42(6):24 - 26.

[145] 黄琪恩.中国在全球氢燃料电池汽车产业的最佳战略[J].中国投资,2013
(12):66.

[146] 毛涛.我国电动汽车产业发展存在的问题及对策[J].中国党政干部论坛,
2014(6):62 - 64.

[147] 刘海峰,黄溅华.智能交通物联网技术与产业化[J].工程研究:跨学科视
野中的工程,2014(1):20 - 30.

[148] 霓裳.新技术创造新生活[J].质量与市场,2012(11):38 - 39.

[149] 卫娴.商业银行迎来发展良机[J].经济论坛,2004(2):91.

[150] 佚名.智慧车路协同控制系统[EB/OL]. http:pcits. cn/control - ms.
aspx?Id=12.

[151] 佚名.新基建、新交通[EB/OL].[2020 - 07 - 31]. http://www.infosws.cn/
article/20200731/38218.html.

[152] 黄孙亮.SDN 的应用场景[J].通信世界,2013(24):40.

[153] 佚名.移动边缘计算[EB/OL]. [2016 - 06 - 16]. https://baike. baidu.
com/item/％E7％A7％BB％E5％8A％A8％E8％BE％B9％E7％BC％
98％E8％AE％A1％E7％AE％97/19741462? fr＝aladdin.

[154] Goswami S,杜利东.室内定位技术[J].国外科技新书评介,2014(3):19.

[155] 佚名.5G 可以应用在哪里？[EB/OL].[2017 - 07 - 15]. https://www.
zhihu. com/question/56932531/answer/198560811.

[156] 梁东升."配置时代"改变我们的生活[J].科技智囊,2013(3):84 - 85.

[157] 陈葵.康迪泰克推出高科技行业解决方案[J].江苏纺织,2011(11):
30 - 30.

[158] 佚名.被电力激活的世界未来如何被 5G 再次激活[EB/OL].[2018 - 08 -

09]. https://www.sohu.com/a/246191310_287609.

[159] 夏一仁.聚焦 5G 和大数据应用[EB/OL].[2019-01-09]. http://www.ceweekly.cn/2019/0109/246207.shtml.

[160] 国家发展和改革委员会,质检总局.关于印发《重点用能单位能耗在线监测系统推广建设工作方案》的通知(发改环资〔2017〕1711 号)[EB/OL].[2017-09-29]. https://www.163.com/news/article/CVGE4BU200018AOQ.html.

[161] 中远集装箱运输有限公司.建立燃油消耗监控平台　实现燃油数字化精细管理[J].上海节能,2013(7):15-18,21.

[162] 周健.轨道交通节能技术的应用与管理[J].中国科技信息,2014(21):63-64.

第3章

交通大数据采集与处理

大数据是智慧交通、绿色交通的重要基础和纽带。随着人工智能、物联网、云计算等新技术的快速发展,各类终端、电子化外场设备、中心业务应用都产生了海量的数据,大数据渗透到了交通运输行业的各个业务领域中,成了重要的生产要素。大数据技术作为科技发展新引擎,仍处于探索应用初期阶段,随着大数据技术深入推进,将进一步实现智慧、绿色交通的重大变革[1]。

大数据是信息时代重要的基础性战略资源和关键生产要素,是推动经济发展质量变革、效率变革、动力变革的新引擎。大数据将作为数据资源价值挖掘的动力源[2],在城市管理可持续发展新模式中发挥效用。

大数据是新时代最重要的"数字金矿",是全球数字经济发展的核心动能。数据资源如同农业时代的土地、劳动力,工业时代的技术、资本,已经成为信息时代重要的基础性战略资源和关键生产要素,是推动经济发展质量变革、效率变革、动力变革的新引擎,不断驱动人类社会加快在信息化时代中的前进步伐,逐步向智能化时代迈进。大数据作为数据资源价值挖掘的动力源,受到了世界各国政府和国际组织的高度重视,世界主要国家和地区竞相开展大数据战略布局,推动大数据技术创新研发与产业应用落地,旨在以大数据为抓手,抢占数字经济时代全球竞争制高点[2]。

党中央、国务院高度重视并持续推进大数据发展。自 2015 年国务院印发《促进大数据发展行动纲要》以来,陆续发布《政务信息资源共享管理暂行办法》《大数据产业发展规划(2016—2020 年)》等政策文件,持续加强大数据、数字经济国家战略部署。2018 年,国家提出了新型基础设施建设,全国各省市开始出台相关政策和措施,重视"新基建"建设[3]。2019 年 3 月 5 日,国务院总理李克强在政府工作报告中强调"深化大数据、人工智能等研发应用,培育新一代信息技术、高端装备、生物医药、新能源汽车、新材料等新兴产业集群,壮大数字经济",这是大数据连续第六年写入政府工作报告。2019 年 9 月19 日,中共中央国务院印发《交通强国建设纲要》,明确大力发展智慧交通:推动大数据、互联网、人工智能、区块链、超级计算等新技术与交通行业深度融合。推进数据资源赋能交通发展,加速交通基础设施网、运输服务网、能源网与信息网络融合发展,构建泛在先进的交通信息基础设施建设[4]。2019 年 10 月,习近平总书记在十九届四中全会中提出要建立健全运用互联网、大数据、人工智能等技术手段进行行政管理的制度规则,将大数据的定位从构建数字经济延伸至国家治理,赋予大数据以新的历史使命。2019 年 12 月 12 日,交通运输部关于印发《推进综合交通运输大数据发展行动纲要(2020—2025年)》。2020 年 4 月,中央明确"新基建"范围,包括 5G 建设、大数据中心、人工智能等七大领域,我国"新基建"热潮正式袭来,势不可挡。其中,大数据在"新基建"中占据战略主导位置,赋能智慧城市建设[3]。

大数据技术作为城市大脑的基础核心构件,是支撑城市大脑可持续发展的基石。基于城市所产生的实时全量的数据资源,对实现数据互联互通,对城市进行全局的即时分析,有效调配公共资源,不断完善社会治理,推动城市可持续发展的新模式具有重要意义[5]。

上海城市交通设计院有限公司在智慧绿色交通领域,尤其是大数据方面,具有几十年的探索和实践经验,长期为交通管理者、规划师、设计师提供技术支撑服务。经过多年的潜心研发和积累,基于大数据技术的智慧绿色交通研究已基本涵盖宏观、中观、微观层面。利用手机信令、交通卡、AFC、GPS、WiFi 探针、绿色交通体系构建等技术，在城市发展、公众出行、路径溯源、道路交通、节能减排、新能源车等智慧绿色交通咨询方面进行了大量的探索。

3.1　交通大数据

3.1.1　数据来源

数据即数值，是我们通过观察、实验或计算得出的结果；是进行各种统计、计算、科学研究或设计等所依据的数值。数据有很多种，最简单的就是数字，也可以是文字、图像、声音等。数据可以用于科学研究、设计、查证等[6]。

传统的数据包括人口、用地、经济产业等年鉴资料及当前用地、地形、建筑、行业统计、人口普查、经济普查等普查与调查数据。

与其相对应的新兴数据，相对种类更多，呈现大规模、连续、海量等特征，包括手机信令、消费数据、定位数据、公交 IC 卡数据、浮动车数据、专业网站数据和社交网络数据等。

大数据来源丰富，数据类型多样，数据量庞大。大数据的分类并不是一概而论或简单划分，根据大数据指向的对象特点、大数据挖掘或大数据利用等不同方面可获得多层次的分类方式。

依据对象特点，可分为人、车、物、景四类。其中：

（1）人：主要包括出行数据、用户画像数据，如手机信令、交通卡、共享单车、个人属性、生活习惯、消费习惯等。最常见的是城市公共交通卡和票务数据。

（2）车：以交通状态数据为重要组成，包括 GPS 数据、高德/百度地图数据、网约车数据等。车辆的大数据主要来自对于车辆和道路的监控数据。公共汽（电）车及出租汽车等城市客运车辆上普遍安装定位设备，每隔 5～30 s 记录一次车辆的位置、速度等信息[7]。

（3）物：通过 RFID 等技术，大型物流企业正在向智能交通、现代物流和物联网融合发展。货物跟踪系统提高了物流运输服务和方法,实现从始发地到目的地的全过程跟踪[7]。

(4)景:街景地图、摄像视频数据。利用图像识别技术提取基础设施规模,车辆、人流的移动信息。

除上述以外,还包括相对综合的政府数据、行业统计数据。从城市基础数据角度来看,包括人口数据、经济发展数据、土地利用数据和气象环境数据等。

交通大数据应用示例如图 3-1 所示。

图 3-1　交通大数据应用

3.1.2　数据类型

交通数据根据更新频率可分为静态和动态数据。静态数据在时间和空间范围内具有一定的稳定性,如路网、桥梁位置、设施结构、兴趣点等。动态数据在时间上或空间上具有动态变化特征,如道路交通流、公共交通客流等。数据处理的关键往往在于动态交通数据的采集、处理和分析。

根据数据的存储结构可划分为结构化数据、非结构化数据及半结构化数据。结构化数据具有整齐划一的数据存储格式,通常以二维表的形式存储,且同一张表的数据之间存在较强的相关性。非结构化数据,即没有固定结构的数据。各种文档、图片、视频、音频等都属于非结构化数据。由视频检测器获取的路口监控视频数据,违章取证照片均为典型的非结构化数据。而所谓半结构化数据,就是介于完全结构化数据和完全无结构化数据之间的数据,如 HTML 文档就属于半结构化数据[8]。

3.2　交通大数据采集技术

交通信息采集是指利用各种检测技术手段对交通运输系统中的动态和静态交通信息进行获取的过程。由于静态交通信息相对比较稳定,在较短的时期内一般不会发生变化。而动态信息由于各种外部因素的影响,交通状态呈现出随机变化的特性使得交通信息的实时处理与发布成为一大难点,因此准确、全面、可靠地采集动态交通信息,是目前交通信息采集工作的主要内容。动态交通信息通常是通过两种交通检测方式采集获得的[9]:一是定点检测器,二是移动式检测器,三是基于手机的采集技术。定点检测器、移动式检测器主要采集车、路的交通数据,而基于手机的采集技术主要采集人的交通数据,也可以推算车、路的交通数据。

3.2.1　定点检测器采集技术

定点检测器是针对预定地点的道路网络状态测量,适合于对固定点、某一交叉路口或特定路段的交通控制而采取的道路交通状态检测。定点检测技术一般测量范围有限,基本上都是点测量技术,检测的覆盖面小,检测设备的安装都需要改造或增设道路设施[10],可测参数以流量、地点速度、道路占有率等为主[11],较难直接从单个或小范围区域的地点速度和流量数据中获得行程时间的估计,尤其是在城市地区就更加的困难。

定点检测器一般安装和维护费用较高。要实现对整个道路路网的交通状态检测,采用固定检测技术意味着在路网各处都需要加装检测设备,首先意味着安装费用极高[12]。其次定点检测器方式采集交通数据的可靠性相对较差,经常存在采集数据点停止运作的情形,其运营和维护费用较高。再次由于设备寿命短需人工长期维护[11],同时也存在需要经常破坏路面的问题,对交通环境产生较大的负面影响。最后考虑到减少天气对检测效果的影响,需要增加的维护费用将更大[10]。

近年来,定点检测器也取得了许多进展,如高精度的 RFID 信息采集技术和高速影像数据采集技术。RFID 射频识别是一种非接触式自动识别的传感技术,它通过射频信号自动识别目标对象并获取相关数据,识别工作无需人工干预,可工作于各种恶劣环境中且操作快捷方便。高速影像数据的获取是基于可见光和红外线两种视频检测方式[13]。可为事故管理提供可视图像,提供大量交通管理实时信息。

3.2.2　移动式检测器采集技术

相对传统的定点感应器而言,移动式检测器一般安装更快,投资更省,运营成本更低。移动式检测器能全天候 24 小时运行、无线实时传输、中心式处理等特点大大提高了信息采集效率,所测量的数据能较准确地反映交通流变化,可得到车辆瞬时状态(速度、位置、方向)。另外,报告的信息遍及整个路网,而不是仅限于预定地点,采用移动式检测器技术可获得大范围的道路实时交通信息,其灵活性和效率都高,可以弥补固定地点检测所产生的局限性。各种交通检测技术对比如表 3-1 所示。

表 3-1　各种交通检测技术对比

检测技术	检测参数	特　　点
环形线圈检测器	① 流量 ② 占有率 ③ 车速 ④ 排队长度	① 安装和维护会影响道路交通 ② 难以应用于已建成的道路 ③ 可靠性低,容易损坏需要经常维修

（续表）

检测技术	检测参数	特　点
超声波检测器	① 流量 ② 占有率 ③ 车速 ④ 排队长度	① 设备安装需要增加道路设施 ② 检测精度受到天气的影响 ③ 检测器下方的物体易影响检测精度
红外检测器	① 流量 ② 占有率 ③ 车速 ④ 排队长度 ⑤ 车辆分类	① 设备安装需要增加道路设施 ② 检测精度受到灰尘、温度、天气等外界因素的影响
雷达微波检测器	① 流量 ② 占有率 ③ 车速 ④ 排队长度	① 设备安装需要增加道路设施 ② 对检测器安装精度要求高 ③ 在一定程度上对人体健康有害 ④ 检测精度受到交通状态和铁质分隔带等外界因素的影响
视频检测器	① 流量 ② 占有率 ③ 车速 ④ 排队长度 ⑤ 车辆分类	① 设备安装需要增加道路设施 ② 精度受天气、可见度、车辆遮挡等外界因素影响 ③ 覆盖的空间有限 ④ 可靠度相对较低，难转换成数字化的交通信息
移动式检测器方式	① 车速 ② 行程时间 ③ OD	① 较定点检测器安装快，投资少，运营成本较低 ② 精度受定位技术和样本量影响 ③ 另外具有更大的灵活性，报告的信息遍及整个路网，而不是仅限于预定地点

移动式检测器采集技术分为测试车（test vehicle）技术和浮动车（floating car）技术两种。

1）测试车技术

测试车技术（test vehicle techniques）可以同时采集某一道路的

交通量、行程时间和行程车速,目前主要用于综合交通调查。测试车技术的测试方法是交通采集人员在某一特定的测试车内,通过手工、距离测试仪(DMI)、GPS等设备随时记录车辆行驶速度、行驶时间或行驶距离信息,通过DMI设备可以以每半秒甚至更少的时间间隔记录车辆速度和行驶距离等信息。GPS设备也能以每秒的间隔记录车辆的位置和行驶速度信息。测试车技术通常需要选择某一特定车辆作为测试用车,该车在正常的交通流中的主要行驶目的是交通数据采集[14]。

这种移动采集技术的主要优势是:① 能够提供特定行驶行为条件下的交通信息采集;② 通过DMI或GPS设备可以记录车辆整个行驶过程中的详细数据;③ 设备的初期投资较少[14]。该技术也同样存在一些缺陷:① 数据精度受到信息采集人员和采集设备的影响;② 仅适合小范围的行程时间、车速测量;③ 整个路网的行程车速仅仅依靠某一特定的车辆的数据,从而带来了误差[14]。

2) 浮动车技术

浮动车技术(floating car techniques)是指"对车辆本身及驾驶员的驾驶行为不做任何要求,与一般社会车辆无异,完全利用跟踪车辆的瞬时位置、速度和时间,达到对大范围网络交通流信息的动态获取的一种技术。"使用的车辆可以是私家车、出租车、公交车或其他一些商业营运车辆。这些车的主要行驶目的不是交通信息采集,而是通过这些车的辅助仪器或远程传感器,在不妨碍本身行驶目的的情况下实时采集道路交通流信息。车辆和交通管理或监控中心(TMC)通过各种无线通信技术进行实时通信[15]。

根据车上安装设备的不同,可将浮动车技术分为以下几种[14]:

(1) 基于信标(signpost)技术的浮动车技术。

(2) 基于自动车辆识别技术(AVI)的浮动车技术。

(3) 基于广播电台定位(radio)的浮动车技术。

(4) 基于GPS技术的浮动车技术。

采用浮动车技术的主要优点如下:

（1）数据采集成本低。与定点检测器相比，浮动车技术设备投入低，不需要其他巨额的运营和维修费用。

（2）数据能够直接反映交通流特点。这些车辆的驾驶员随机选择，而且浮动车直接行驶在交通流中，采集的交通流信息不受外界和主观因素影响，因此这些采集数据能较直接地反映实际交通流特点[14]。

（3）能够获得持续不断的数据。系统一旦建立，设备可以全天候不间断实时获得道路交通流信息[15]。

然而，浮动车技术也存在如下不足[14]：

（1）初期投资较大。无论采取上述何种浮动车技术，均必须购置必要的车载设备或路边设施，必须培训相关人员进行监控和操作。

（2）浮动车系统建设带来个人隐私问题。因为采集设备安装在私家车辆或社会车辆上，这样浮动车的驾驶行为和出行地点都被监控中心实时监控，这也是系统建设中需要考虑的问题。

（3）浮动车系统不适合小范围的交通数据采集。车载设备初期投资大，而且浮动车的行驶区域比较自由，这些车辆的主要行驶目的不是交通信息采集，因而适宜大范围的交通数据采集。

浮动车可利用的车辆可以分为如下几类：

（1）私家车辆。从某种意义上，私家车是最佳浮动车车辆类型。一方面，随着机动化程度的迅速提高，全国各地尤其是城市中私家车数量在急剧增长，因而私家车在城市道路交通流中的占比也日益增加。另一方面，从采集信息的代表性和准确性来看，私家车辆运行数据可以真实反映居民机动化出行的规律，且能准确反映实时交通流状态[16-17]。

然而，将私家车作为浮动车也有自身的缺陷，这也使得私家车浮动车技术受到了限制。将私家车作为浮动车，首先面临的是成本问题。车载设备成本较高，其资金来源是一个有待解决的问题。其次，隐私也是一个重要的问题。私家车辆运行数据涉及个人隐私等问题,因此很多人不愿意提供其私人出行信息数据。针对以上这两个问题,也有专家提出不同看法。持乐观态度人士认为,随着车载设备价格的不断降低、数据加密技术的进步,以及相关法律法规的完善,上述问题将逐步得到解决[16-17]。

(2)出租车。出租车作为浮动车具有独特的优势和局限性。从优势来说,出租车出行率高、运行时间长(通常是全天候运行)、行驶范围广、占交通流比例较高。因为出租车的出行时间和出行距离远远高于一般车辆,在上海、北京等特大城市道路交通流中出租车的流量约为 10%,中心区占比更高。我国其他大中城市的出租车运行情况和上海、北京也较为相似。目前很多城市的出租车都建立了 GPS监控调度系统,利用现有资源,将其作为浮动车不需要增加硬件设备,具有投资少、建设周期短、实用性强等优点。将出租车作为浮动车的局限性在于:首先,出租车在空驶待客状态时,其运行数据不能准确反映交通流总体状态,一般较正常行驶速度低,需要进行数据剔除处理;其次,出租车在停靠、上下客时,很难区分是因待客停车还是因交通信号、交通拥堵原因停车,给判断道路交通流状态带来了很大的难度[17]。

(3)公交车。将公交车作为浮动车的优势是公交车的道路网覆盖率高,一般情况下能覆盖绝大多数城区主要道路,且每天的运行时间一般超过 20 小时。公交车的运行时间和路线比较固定,能够稳定地提供固定时段和固定线路的交通数据,有利于建立交通信息历史数据库。将公交车作为浮动车的缺点是公交车需要经常停靠站点,在进出公交站的时段内其运行数据难以判断道路交通流状态;由于公交车运行线路和时间固定,因此没有公交车的道路无法准确采集实时交通信息。

(4)商业营运车辆以及各种特种车辆。与私家车辆相似,将商业营运车辆以及特种车辆作为浮动车也存在着成本和隐私的问题。另外,由于管理体制等原因,将公务车以及特种车辆作为浮动车的难度很大[16]。

综上所述,众多专家认为,我国浮动车系统较为适合的发展策略应为在系统建设初期,将出租车和公交车作为浮动车,实现主要道路的交通信息实时采集。随着技术的进步和系统的完善,利用先进的加密技术保障用户的隐私权,通过向其提供动态交通信息服务以及其他增值服务,逐步吸引已安装了车载设备的私家车辆和商务车辆加入系统中来,从而建立完善的浮动车采集系统[16]。

3.2.3　基于手机的采集技术

手机检测数据的获取是基于手机检测的实时交通信息采集技术,充分利用丰富的移动手机网络资源以及少量位置信息,获取实时交通数据。相比于传统的采集技术,手机采集技术具有覆盖范围广、建设周期短、投资成本少、运营成本低的优点,而且该技术不仅限于车辆流动数据的采集,还可用于人员流动数据的采集。

基于手机的交通信息采集技术一般只需要一定的初期设备投资,几乎不需要任何其他投入,从而省去了利用其他技术所需要的巨额安装与维护费用。移动定位技术是基于手机定位的交通数据采集技术的基础。

(1) 移动定位技术的各种应用。移动定位业务是基于移动用户位置信息的服务,它是指利用现有的移动通信网络资源,对终端用户或设备进行位置确定的增值业务应用。位置服务系统结合完备的地理信息系统,可以提供给用户丰富的位置信息服务。该项业务具备两个相对独立的过程:定位过程和提供与该定位的位置相关的业务过程。定位技术的应用广泛:如紧急救援、移动电话防盗管理、车辆导航、智能交通系统、工作调度和团队管理、移动黄页查询、与位置有关的计费、优化蜂窝系统设计和资源管理等诸多方面[18]。

(2) 用户对移动定位技术各项应用的精度要求。表 3-2 给出了应用所需的精度下限和能被市场所接受的精度数据[18]。

表 3-2　移动定位各项应用所容许的精度误差

应　用	精度要求下限	广泛接受的精度要求	设备定制要求	目　的	定位频率
基于位置的记账	蜂窝小区/扇区	250 米	不需要	具有竞争力的价格	具有竞争力的价格发起呼叫、接收呼叫、中介呼叫
路边求助	500 米	125 米	不需要	发送求救	发起呼叫
移动黄页	蜂窝小区/扇区	250 米	不需要	我附近是什么	发起呼叫
交通信息	蜂窝小区/扇区	蜂窝小区/扇区	不需要	交通情况如何	发起呼叫或每 5 分钟
基于位置的消息	蜂窝小区/扇区	125 米	短消息或数据	广告、报警、通知	每 5 分钟或按需服务
舰队追踪	蜂窝小区/扇区	30~125 米	不需要	资源管理	每 5 分钟或按需服务
追踪包裹	蜂窝小区/扇区	蜂窝小区/扇区	需要	定位和指挥	按需
驾驶导引	125 米	30 米	需要	指导	每 5 秒

　　(3) 移动定位技术分类。基于移动通信网络的主要定位技术有小区识别号(Cell_ID)移动定位技术;小区识别号(Cell_ID)+时间提前量(TA)移动定位技术;增强型观测时间差分(enhanced observed time difference,E-OTD)移动定位技术;到达时间(TOA)移动定位技术;到达角度(AOA)移动定位技术;电波特征波形(RF Signature)移动定位技术[19],各种移动定位技术比较如表 3-3 所示。

表 3 - 3　各种移动定位技术的比较[18, 20-21]

技术方案	基于网络或终端	定位精度	优　点	缺　点
Cell_ID（+TA）	基于网络	≥100 米	响应时间短,运营成本低,不需要对终端进行改造,可以覆盖室内,技术复杂度低	精度较低。定位精度取决于小区的半径,也可通过场强或时间提前量来辅助提高定位精度
TOA	基于网络	60～200 米	兼容现有手机,不需要对终端进行改造。可以覆盖室内。通过提高定位测量单元(LMU)性能,可局部提高定位精度。	运营成本较高,技术复杂度较高
AOA	基于网络	精度较低	只需要两个基站参与便可实现移动台定位,同时不存在移动台位置的模糊性问题	移动电话距离基站较远时,定位角度的微小偏差会导致定位线距离的较大误差。对智能天线要求较高,且有定位盲点
到达时间差定位法（TDOA）	基于网络	60～150 米	不需要对终端进行改造,可以覆盖室内	运营成本高,技术复杂度高
E - OTD	基于网络	50～150 米	定位精度较高	硬件实现复杂

　　Cell_ID 技术是从网络中提取手机用户 Cell_ID,作为手机当前位置信息的方式,但其精确度最低。若是小区足够小,则 Cell_ID 定位技术的精度就足够高了。该系统中,移动网络基站所在的蜂窝小区作为呼叫者的定位单位,故定位精度必然取决于小区的大小[19]。

　　E - OTD 方式是 GSM 规范中增强的功能。它利用 GSM 网络中观测时间差分功能。手机对邻近的多个基站发送的无线脉冲到达的时间进行测量计算，并将测量结果以短消息或其他方式返回给网络中的定位服务器。所有的基站需要测量精确时间间隔（real time differences，RTD），这样才能对脉冲到达时间差进行精密计算。对各个基站的时间差的测量一般通过手机完成，因此手机中的相关硬件需要更新[19]。

AOA 技术被称为"小缝隙方向寻找"，它需要在每个蜂窝小区站点上放置 4～12 组的天线阵列，这些天线阵列一起工作，从而可以确定移动设备发送信号相对于蜂窝基站的角度。当有若干个蜂窝基站都发现了该信号源的角度时，那么它们分别从各基站得出的角度引出射线，这些射线的交点就是移动电话的位置了。AOA 系统的缺点是当移动电话距离基站较远时，基站定位角度的微小偏差会导致定位线距离的较大误差[19]。

选择移动定位方案的关键因素包括应用、精度以及投入。技术的精度是很重要的因素，但是并非是唯一的考虑因素，并非最精确的技术就应该被采用，更重要的是针对具体的应用，选择满足需求而又投入最少的方案。技术方案只是实现应用的手段，而采用了某种技术方案的应用必须符合用户的需求[22]。不同的应用需要不同水平的精度。就性价比而言，该技术无需任何巨额安装与维护费用，城市范围内除需要安装几块探测卡以外，几乎无需任何其他投入，不需要对终端进行改造，基于手机蜂窝小区（Cell_ID）切换移动定位技术的采集技术具有很大优势[23]。

3.3 交通大数据处理关键技术

3.3.1 交通大数据预处理技术

交通数据作为交通业务和应用的基础，应可靠准确地反映实际的交通状况，因而需要建立完整数据质量评价体系为数据管理提供支持。

　　数据质量评价体系主要需要参考数据完整性、有效性、准确性、实时性等指标。完整性描述数据缺失的程度,检测是否存在记录缺失或字段缺失的情况;有效性描述数据的合理性,需要针对检测的字段设定有效性规则,判断是否满足既定语法、定义、取值范围等;准确性描述数值与其所代表的真实值之间的接近程度,由于判别需要知道真实值,评价较为困难;实时性描述数据采集对分析决策的时间价值,需要评估数据延迟对于系统运行的影响。

　　原始的交通数据可能存在不同程度的数据质量问题,需要经过预处理流程改善这些问题,提高数据的可用性。交通数据预处理主要包含两个层面的问题,一是从数据本身着手,识别故障数据并进行修复,通过平滑或滤波消除扰动;二是从应用层面,将数据转换为适合于分析和应用的数据格式。

　　目前,通过各种传感器采集到的交通数据可能存在冗余、缺失、错误或不准确等多种质量问题,导致其难以正确反映交通运行状态,给实际应用造成干扰。需要结合具体应用进行故障识别,并结合数据特性进行修复,从而提高数据的可用性。数据冗余是检查是否存在多条关键参数相同的情况;缺失数据考察单条数据是否存在字段缺失,或者是多条数据之间在时间或空间上不连续。错误和不准确数据反映的是虚假的交通情况,需要仔细甄别。

　　对于缺失和异常数据,选择有效的修复方法,可以提高数据的可用性,从而保证在数据分析过程中有足够的样本量。目前常规使用的数据修复方法主要有三种,分别是基于时间相关性的数据修复、基于空间相关性的数据修复和基于时空相关性的数据修复。三种方法均针对数据各自的要求,修复效果也存在差异。由于大多数的检测方式采样频率较高,高频下的数据扰动现象会干扰数据分析过程,利用数据平滑和滤波能够从一定程度上消除噪声,提升数据的稳定性,有助于后续的交通建模及分析。

3.3.2　交通大数据挖掘技术

1. 手机信令数据挖掘技术

1）数据产生

新兴的手机信令技术依托于移动通信网络定位和信令监控平台,获取手机用户在使用通信业务时产生的大量位置、时间信息及相关用户特征信息,无需耗费大量的人力物力,即可获取丰富的用户出行行为,并可从中提炼出复杂的出行特征,挖掘动态交通信息。手机信令技术由于其覆盖范围广、数据稳定可靠、样本量大等优势[24],在城市交通出行调查、用户出行特征分析、动态客流分布及客流特征分析等方面得到了广泛的应用。

目前的手机信令技术基于全球移动通信系统(global system for mobile communications,GSM)。GSM 系统包含若干个系统及功能实体,系统的典型结构如图 3 - 2 所示[25]。标准的 GSM 系统包含四个组成部分:移动台(MS)、基站子系统(BSS)、网络子系统(NSS)和

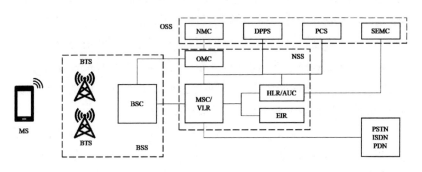

图 3 - 2　GSM 系统组成

(资料来源:http://blog.sina.cn/dpool/blog/s/blog_4da4379201000a4m.html)

操作支持子系统(OSS)。其中,MS、BSS、NSS 构成了 GSM 系统的实体部分[25],OSS 用于运营商对实体部分进行管理和维护[26]。

2) 数据挖掘

原始的手机信令数据需要经过预处理步骤完成进行数据过滤、基站小区定位以及噪声数据剔除,得到用户有效出行轨迹。通过对数据的进一步处理分析可以从中识别关键的活动地点,如图 3-3 所示。一方面,利用单日的手机信令数据,可确定用户当天停留过的活动地点,提取出行链;另一方面,利用长期积累的数据,可发现用户的常规活动地点,如工作地和居住地。基于提取的信息和抽样比例,进行数据扩样,将样本人群扩展到全体人群。从而为出行特征分析、人口分布、起止点(OD)分析等具体的数据分析及研究应用提供数据基础。

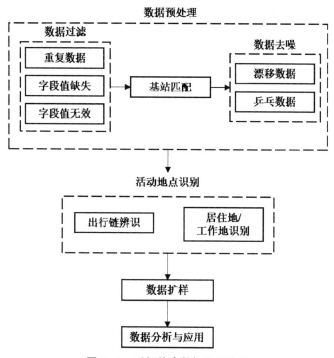

图 3-3　手机信令数据处理流程

（1）单日出行链提取。信令数据中包含了用户的出行信息，根据信令产生的条件可知，当用户处于移动状态时，随所处小区变化发生基站切换，而停留在某个位置时，会定时上传或由通话等事件触发上传用户位置，利用这种性质区分用户所处状态，识别出用户的停留点，从而可以对轨迹进行划分，利用停留点获取工作地、居住地、OD等位置信息，基于移动状态下的轨迹得到活动路径，提取用户当日完整的出行链。

如图 3 - 4 所示，当用户处于移动状态时，用户会产生较为分散的轨迹点，这些轨迹点分布在出行路径周围[27]，形成移动区域；当用户处于停留状态或在小范围内移动时，用户会触发附近多个基站，产生一系列位置相近的定位数据，这些连续轨迹点相距非常近，形成较为密集的轨迹点分布特征[27]，形成停留区域。通常，采用聚类方法以及设定规则来进行状态判别及划分。

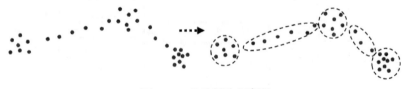

图 3 - 4　轨迹划分示意图

（2）工作地与居住地判别。居民的休息及工作在时间上和空间上呈现出规律性，在 22:00～6:00 这一时段内，绝大多数用户处于居家休息的状态，而周一～周五的 9:00～17:00，则处于工作状态，由此进行居住地和工作地判别。

以居住地判别为例进行介绍。给定观测周期（如 2 个月），提取用户在该周期内的夜间数据（22:00～6:00），则该用户的居住地所在的基站小区应满足以下两个阈值条件：

a. 停留时间阈值：用户在该小区内的总停留时间应大于预设时间阈值 ΔT。

b. 出现天数阈值：用户在观测周期内至少有 Y 天的夜间出现在该小区。

选取满足上述阈值条件的基站小区作为候选小区，将总停留时间最长的小区位置作为居住地。

（3）数据扩样。手机信令数据采集终端会遗漏抓取部分少量数据，导致出行分析包含的人群和总体人群并不对等，而是针对总体人群的大比例抽样。需要将手机信令数据扩样为总体人群的出行数据，以尽可能真实反映总体人群的出行特征和规律[26]。

扩样时，可采用多层扩样模型。首先，根据采集终端的数据异常掉线用户比例将采集到的运营商手机信令数据扩样至当前运营商的所有手机用户群体；其次，根据不同运营商的市场占有率，将某家运营商的手机用户扩样至全部手机用户；最后，根据手机用户持有比例，将全部手机用户扩样至总体人群[26]。

3）数据特点

传统人口调查与出行调查通常采用问卷的形式，费时费力、样本量偏小，而新兴大数据具有实时性强、样本量大、获取成本低等特点。手机和社交媒体作为居民日常生活中经常使用的工具，能够大规模长期客观地记录居民活动的时空特征，在相关研究中具有巨大的潜力和利用价值。将手机数据作为人口出行调查的大数据手段具备的优缺点如下。

（1）优点。大数据手段具备的优点主要有以下几个方面。

a. 移动通信网络覆盖范围广，数据稳定可靠。在有手机信号覆盖的区域均可实现对于信令数据的采集，即使是在郊区、高速等传统检测器难以覆盖到的位置，也能利用移动通信网络获取高质量的交通数据。

b. 投资成本低。依托于移动运营商已有的通信基站和网络设施通信网络，仅需要专门的信令采集终端采集手机信令数据，从而避免建设交通信息基础设施，具有成本优势。

c. 数据采集过程连续性强,可实现全天候检测。当手机处于开机状态时,即可进行手机定位并产生信令数据,从而提供实时、动态、连续的数据。

d. 样本的高覆盖率。手机的高普及率和高使用率使其为手机信令数据的采集提供了海量的数据源,为人口和出行特征相关研究提供了丰富信息。

(2)缺点。下面主要分析一下大数据手段所存在的缺点和不足。

a. 公民信息保护问题。手机定位涉及个人行踪隐私,对拓展个人数据挖掘达到商业目的等,可能会受到限制[28]。

b. 研究对象的覆盖面存在差异。虽然我国手机持有率很高,但是高龄老人和低龄儿童不能自主持有手机的情况依然存在,所以在老人活动区域和学校活动区域的数据分析准确率不高;一人多部手机的也可能对分析产生影响[28]。

c. 城市中基站分布不均匀。基站的手机信令数据的定位精度取决于基站的密度,但是在郊区和农村,由于基站少,移动台定位在1 000~2 000米范围内[28],因而定位精度受到影响。

d. 采样时间频率不均匀。信令数据由时间触发产生,因而接收到数据的时间间隔存在不均匀性,这就会增加数据处理分析的难度。

2. 浮动车数据挖掘技术

1)数据产生

浮动车交通数据采集技术通过装有车载设备以及无线通信模块的车辆,结合信息处理技术,实时采集位置、速度、方向等交通数据,由统一的信息中心对获取的数据进行综合处理,即可实现不同时间维度和空间尺度下的车辆和交通流状态测量,刻画出城市交通动态,从而为相关的交通管理部门提供决策支持,为公众提供实时动态多样的出行、诱导信息(见图 3 - 5)。浮动车通数据采集技术具有成本低、效率高、实时性强、覆盖率广的特点[29]。

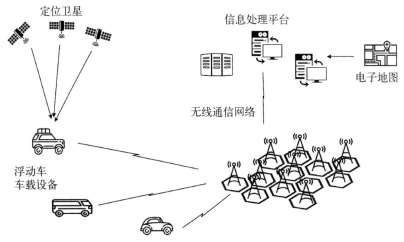

图3-5 浮动车信息采集系统
（资料来源：http://www.eepw.com.cn/article/195684_2.htm)

数据主要来源于这些移动交通工具的监控调度的行业管理或商用系统。百度地图、高德地图等出行服务提供商,基于大量的浮动车数据,捕捉实时交通状态、更新地图数据、进行交通预测,从而为公众提供高质量出行服务,协助政府进行职能交通管理与决策。

2）数据挖掘

浮动车数据的处理流程主要由数据预处理、地图匹配和交通参数估计三部分组成。首先,对获取的原始浮动车数据进行预处理,剔除异常数据[30];其次,采用地图匹配算法处理浮动车数据[31],推测浮动车的行车路线;最后,汇总地图匹配的结果,估计道路的交通参数并分析道路的交通状态,生成反映城市道路交通路况的交通信息。处理流程如图3-6所示。

GPS定位作为当前位置服务和智能交通系统的技术基础,其性能对于实现系统功能具有重要作用。一方面,由于GPS定位结果在正常情况下存在20米左右的误差,甚至在高楼林立的城市峡谷中有

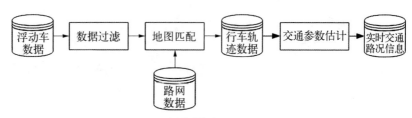

图 3 - 6   浮动车数据处理流程图

时为上百米的误差；另一方面，由于电子地图也不可避免地存在一些测量和离散误差，因此直接采集的数据点在地图上呈现的结果相对于实际可能行驶的道路有所偏移，给数据的应用带来不便。

地图匹配过程能够对两者的信息进行综合处理，将定位结果匹配到电子地图道路网中，确定对应的道路以及位置点，从而使得定位结果更加准确平滑。

目前，在地图匹配方面已有较多成熟的算法，按照匹配过程用到的信息主要划分为[32]基于几何信息的算法、基于道路拓扑信息的算法、基于概率的算法。

（1）基于几何信息的算法。该类算法的核心在于根据道路线形进行 GPS 数据点匹配，路段线形由多条线段表示，但是不考虑道路之间是否相连。常见的方法包括如下几点：

a. 点到点的匹配。从地理数据库中查找距 GPS 数据点最近的路段结点或形状点。

b. 点到线的匹配。将 GPS 数据点匹配到路网中最近的线段上[33]，从而判断车辆的行驶位置和所属路段。该方法改善了点对点匹配中路段点集密集造成的匹配错误，但是在道路网密度较高时匹配结果不稳定，匹配后的行驶轨迹可能不符合实际的道路连接条件。

c. 线到线的匹配。首先进行点到点的匹配表示候选节点，然后以给定的候选节点为端点的路径构造分段线性曲线，与车辆轨迹曲线比较,计算两者之间的距离,从而将最接近定位点形成的路线作为行驶轨迹,但该方法依赖于点对点匹配的结果,且对异常值较为敏感。

(2) 基于道路拓扑信息的算法。基于道路拓扑信息的地图匹配算法将全面分析车辆行车方向、速度和道路网连通性等信息,充分考虑路网的几何形状以及道路的连通性及连续性。该算法需要结合路网间的拓扑关系[34],从而获取道路网的特征因子,如弯道、路段方向和路段连通性等,并通过实地测得的定位数据统计分析出特征因子的阈值(或建立特征因子的权值函数),利用阈值大小(或拟合权值函数)衡量采样轨迹和匹配轨迹的相似性[33],最终确定最佳匹配路段。该类算法由于高度依赖精确的电子地图,其匹配结果受到道路拓扑关系质量影响,因此,在实际应用中,如果出现复杂路网或存在异常定位点时,其匹配性能将有所下降。

(3) 基于概率的算法。基于概率的地图匹配算法基本思想是根据 GPS 定位点数据,考虑 GPS 定位误差,以待匹配点为中心设置一个置信区间[34],确定可能的误差区域范围,把置信区间范围内的路段作为匹配路段,若误差范围包含多个路段,则使用航向、连通性、接近度等指标对候选路段进行评估。此外,算法中还可结合车速及到下游路口的距离等提升匹配效果,从而确定最佳的匹配路段。

3) 数据特点

(1) 优点。这里分析一下基于概率的算法所得到的数据的优点。

a. 成本低且效率高,只需给车辆配备 GPS 接收器,而无需专门建设基础设施。

b. 实时性强,全天候采集详细、连续的信息。

c. 能够自动化采集数据,无需人工参与。

d. 浮动车活动区域广,覆盖范围大[35]。

(2) 缺点。这里介绍一下基于概率的算法所得到的数据存在的缺点。

a. 需要足够多的车辆安装 GPS 进行采样。

b. GPS 定位信号易受所处环境干扰,导致信号丢失。

c. 数据精度受到 GPS 定位精度的影响。

d. 无法直接检测流量、占有率等交通流参数。

3. 交通 AFC 数据挖掘技术

1) 数据产生

随着公交智能化管理的建设,自动售检票(automatic fare collection, AFC)系统广泛应用于交通系统,尤其是城市轨道交通和地面公交中,实现公共交通售票、检票、计费、收费、统计、清分、管理等全过程的自动处理[36]。AFC 系统不仅为城市公共交通的运营票务管理提供了极大的便利,其采集的数据同时可以实现准确的客流检测,广泛应用于公交客流的 OD 估计、公交运行评价等领域。

自动售检票系统是由有线和无线通信设备连接起来的,包括前端设备(售票机、检票机和票价框的读取器、平台验证器、电子登记票箱)和后端设备(公交车站和火车站的计算机以及中央网络)的网络。数据在系统中流动,以支持票价交易和系统操作。票价系统和系统操作中涉及的关键数据流包括如下几个方面:

a. 票价信息,足以完成中转费支付交易(在基于卡片的系统中)或授权中转费支付交易(在基于账户的系统中)。

b. 票价系统规则,如换乘、票价分配等。

c. 卡片黑红名单,用来在售票处和检票闸机处判断是否允许乘客进入公交系统。

d. 系统操作数据,如调度信息、车辆自动定位(AVL)信息和自动乘客计数(APC)系统。

e. 系统诊断,指示读卡器、计算机和其他设备的健康状况。

无论票价是直接存储在票价媒介上还是通过乘车人的支付账户发起交易,运输机构都需要一个协议,该协议可以自动将钱转给运营商。为此,自动公交票价支付系统必须创建一个安全接口与运输费用支付媒介的安全接口,以及提供足够的信息已完成或启动向运营商的资金转移(见图 3-7)。

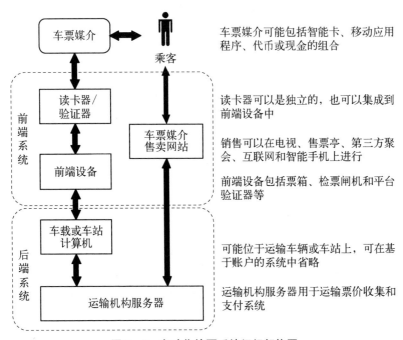

图 3-7　自动售检票系统组织架构图

2) 数据挖掘

公交自动售检票(AFC)数据记录使用者的信息,不仅能够采集客流信息,同时能够刻画一个出行者的完整公交出行链。本节将对 AFC 数据的预处理及基于 AFC 数据的公交出行链提取进行介绍。

(1) 乘客上车站点识别。AFC 系统的主要用途为乘客计费,常规公交线路的刷卡数据中并不包含乘客上车站点的信息[37],且在拥挤状态下乘客可能在途中而非停站时刷卡,需要通过刷卡数据和公交运营规律或其他公交运营数据相结合的手段对乘客上车刷卡数据进行处理,识别乘客上车站点。

随着自动定位技术的普及,大多数城市公交车均配备了自动定位系统,可以实时监控和记录车辆的位置信息。

IC 卡数据包含卡号、所乘车辆、所乘线路以及刷卡时间等信息,AVL 数据包括车辆标识、线路标识、站点名称、进出站时间等信息,通过对两者信息的匹配,即可通过 AVL 数据中的站点信息获知乘客刷卡的上车站点[38],其对应关系如图 3-8 所示。

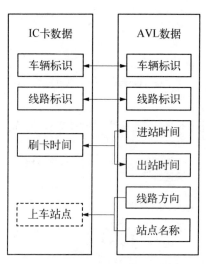

图 3-8 IC 卡数据与 AVL 数据匹配关系图

先通过车辆标识和线路标识将刷卡数据与车辆进行匹配,再将刷卡记录时间与对该车辆的进站时间和出站时间相匹配,确定刷卡时车辆所在站点,即为乘客上车站点。若刷卡时间不在停站时间内,则匹配至刷卡时间所在区段的上一站点。

(2)乘客下车站点识别。公交 IC 卡数据一般不包含乘客下车信息,需要结合上车刷卡数据,通过乘客的出行行为特征对其下车站点进行分析。公交卡一般一人一卡,按照先后顺序在空间上依次排列出公交乘客的单次全部出行过程,可以呈现出一个一个乘客的公交出行链。

a. 出行链提取。判断两次公交出行是否能够构成连续的出行链,需要两次出行的终点和起点同时满足空间的要求。具体判断方法如下:

判断方法:若后续一次乘车过程的上车站点为圆心,以一定空间链接阈值 l_{om} 为半径的圆形区域内存在至少一个属于乘客前一次乘车过程乘坐的公交线路的上车站点在其线路运行方向上的后继站点,则认为这两个公交乘车过程可以在空间上构成衔接。

空间链接阈值取值:主要城区内的公交站点间的距离一般在
300~800 米之间,针对城市区域的公交线路,可以设置一个空间判
断阈值,作为公交乘车过程之间在空间上衔接的判断条件,一般取两
个相邻公交站点间的最大距离,用 l_{om}(一般可设为 800 米)表示。

b. 下车站点及换乘站点识别。在空间链接阈值范围内的站点都
有可能是上一次出行的下车站点,鉴别下车站点还需在可能的下车
站点中进行选择。同时,在整个公交出行过程中,换乘行为与单纯的
下车行为应该区分开来,但是两者也具有内在的联系,即它们都有
"下车"的具体动作,而它们之间的区别在于,从出行链的角度来看,
换乘行为的"下车"动作与之后的"上车"动作不仅在空间上能够衔
接,在时间上也能够紧密衔接,而下车行为只有"下车"动作,无法判
断其与之后的乘车过程在时间上是否衔接。

4. 在线交通数据采集技术

在线数据采集主要采用网络爬虫技术。该技术是按照一定的规
则,自动地抓取万维网信息的程序或者脚本。网络爬虫可以划分为
以下几类:通用网络爬虫、聚焦网络爬虫(主题网络爬虫)、增量式网
络爬虫、深层网络爬虫。通用网络爬虫又称全网爬虫,爬行对象从初
始 URL 集扩充到整个网络,主要为门户站点搜索引擎和大型网页服
务提供商采集数据[39],如 Google、Baidu 等,但是由于不同领域、不同
背景的用户往往具有不同的检索目的和需求[40],使用通用网络爬虫
存在采集数据效率低、存在冗余信息等局限性,因此,定向抓取相关
网页资源的聚焦网络爬虫应运而生[40]。聚焦网络爬虫是按照预先
定义的爬行主题,在给定初始 URL 种子集后,根据一定的分析算法,
对爬行网页进行主题相关分析,过滤与主题不相关的网页,在不断抓
取相关网页的过程中,将与主题相关的链接放入待爬行队列中,重复
这个过程,直到满足停止条件。一般情况下,实际的网络爬虫系统是
几种技术的综合[39]。

1) 网页爬虫技术

网络中存在大量开放数据网页,如实时公交平台。网页信息是可以使用搜索引擎查看、保存的,但是当面对长时间、大量信息下载和保存的需求时,使用搜索引擎"手动获取"变得不切实际。因此,在工程与科研过程中需要使用爬虫技术对网页进行抓取与数据下载、保存。

网页爬虫的第一步是考察目标网页,发现网址规律,即资源定位符(uniform resource locator,URL)构成规律;接下来采用基于

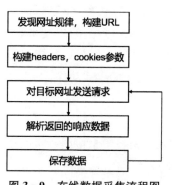

图3-9　在线数据采集流程图

Python 的 Requests 库编写爬虫命令,需要用到 headers、cookies 等关键参数;运行程序对目标网址发送请求,在目标网址返回数据后需要使用 Re 或者 BeautifulSoup 库解析响应数据,提取有效信息,最后保存数据(见图3-9),在初始网页基础上进一步构造新的 URL,循环发送请求、解析数据、保存数据。

2) API 爬虫技术

与网页爬虫不同的是,数据应用程序编程接口(application programming interface,API)的使用更为简单高效,直接调用相应 API 即可互相获取所需的数据,无需再花过多的精力去解析网页,并且网页数据爬取往往会对服务器造成压力。但是数据 API 也有一些缺点,虽然市场上有部分 API 产品都可供外界使用,但许多免费的接口对爬取量有很大的限制或者对于大量的数据需求是需要付费的[41]。

国内常用的地图 API 接口包括百度、高德开放平台。以高德开放平台为例,高德开放平台是阿里巴巴集团旗下的基于位置服务(location based services,LBS),提供专业、易用的地图开发工具。

高德地图 API/SDK 是一套为开发者提供的地图应用程序接口,包括 JavaScript、IOS、Android、Windows、静态地图、Web 服务等多种版本,提供了定位、地图、导航(公交/驾车/步行)、位置搜索、周围检索、地理编码及逆地理编码、实时路况等丰富的功能[42](见图 3 - 10)。

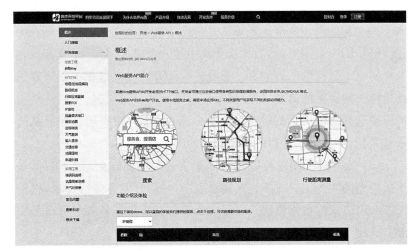

图 3 - 10　高德开放平台 Web 服务 API 官方网站
(资料来源:https://lbs.amap.com/api/webservice/summary)

3) 技术特点

在交通领域,利用爬虫技术进行线上数据采集具有极高的应用价值,这是因为爬虫具备低成本、技术成熟、效率高等特点。

(1) 低成本。相对于线下交通数据采集,如线圈、问卷调查等,使用爬虫的方法在线采集数据无疑是成本最低的,线圈采集包括硬件成本、安装成本等,问卷调查由于需要大量人力成本,成本高昂,但是对于小规模数据采集,在家用主机上就可以利用爬虫实现。

(2) 技术成熟。爬虫技术发展至今,无论是工具还是算法都已经十分成熟,使用方便。工具上,无论使用哪一种编程语言都有许多可供使用的开源的爬虫框架,如基于 Python 的 Scrapy 框架、基于

PHP 的 PHPSpider 框架。同时,算法研究与爬虫技术有很好的结合,爬虫算法可以分为深度优先算法、广度优先算法、启发式搜索算法[43]等。深度优先算法是指网络爬虫会从选定的一个超链接开始,按照一条线路,一个一个链接访问下去,直到到达这条线路的叶子节点,即不包含任何超链接的 HTML 文件,处理完这条线路之后再转入下一个起始页。广度优先算法是指网络爬虫会先抓取起始网页中包含链接的所有网页,然后再选择其中的一个链接网页,继续抓取在这个网页中链接的所有网页。启发式搜索算法先通过相关领域知识评价待访问链接的价值,借以推断信息资源的分布情况,然后按一定的原则选择价值最大的链接进行下一步的搜索,找到达目标节点的最佳路径,例如基于多目标蚁群算法的爬虫[44]。

(3) 效率高。爬虫可以短时间采集大量数据,这是线下数据采集做不到的。为了进一步提高爬虫效率,可以开发多线程爬虫;根据任务采用适合的搜索算法。对于大规模数据采集任务甚至可以采用分布式爬虫技术,但此时需要考虑人员、网络等成本。

(4) 与大数据技术结合。近年来大数据技术越来越成熟,数据的价值日益凸显。由于爬虫可以采集大量数据这一特点(数据量以百万计),我们可以借鉴大数据技术分析爬虫采集的数据,筛选有效信息,挖掘数据的价值。

针对一项在线数据采集任务,我们需要从如下多个方面评价爬虫脚本的质量。

(1) 高性能。这里性能主要是指爬虫下载网页的抓取速度,常见的评价方式是以爬虫每秒能够下载的网页数量作为性能指标,显然单位时间能够下载的网页数量越多,爬虫的性能越高[45]。

(2) 可扩展性。为了能够尽可能缩短抓取周期,爬虫系统应该有很好的可扩展性,即很容易通过增加抓取服务器和爬虫数量来达到此目的[46]。同时,优秀的爬虫也应该容易让他人使用这种方法,按照个性化需求修改爬虫。

（3）健壮性。健壮性要求爬虫能够应对各种意外情况，不会终止爬虫的正常工作。爬虫要访问各种类型的网站服务器，可能会遇到很多种非正常情况，比如网页 HTML 编码不规范、被抓取服务器突然死机、爬虫陷阱等，爬虫对各种异常情况能否正确处理非常重要[45]。

（4）友好性。爬虫的友好性包含两方面的含义：一是保护网站的私密性，二是减少被抓取网站的网络负载[45]。爬虫抓取的对象是各类型的网站，对于网站所有者来说，有些内容并不希望被所有人搜到，所以需要设定协议，来告知爬虫哪些内容是不允许抓取的。目前，有两种主流的方法可达到此目的：爬虫禁抓协议和网页禁抓标记[46]。

3.4　交通大数据展示技术

数据可视化(data visualization)通过图形清晰有效地表达数据，可以利用可视化技术的优点，发现原始数据中不易观察到的数据特征。

数据可视化通过计算机基于数据生成符合人类感知的图像，通过可视元素传递信息，将不可见或难以直接显示的数据转化为可感知的图形、符号、颜色和纹理等[47]。通常用于进行数据可视化的软件分为以下三类：① 基于无需编程语言工具的方式实现，如 Excel、Tableau、BI 等；② 基于软件开发包的方式实现，基于 Python、R 语言的可视化程辑包，基于开源 API 的可视化，如 Echarts 等；③ 基于 GIS 相关软件的方式实现，如 ArcGIS、TRANSCAD 等。

最为常用的可视化工具为 Excel。Excel 除了可进行数据记录外，还可以提供不同的图模板。Excel 推出的 Power map 模块是一个 3D 可视化插件，对接 Bing 地图数据，使用者只需在表格中录入城市名字或经纬度数据，该插件即可将数据标记在地球模型的相应位置上(见图 3-11)。

Tableau 软件为商用进阶版 Excel，适合大数据智能化演示，可

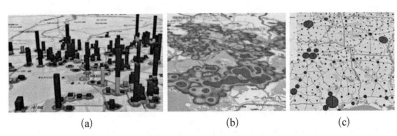

(a)   (b)   (c)

图 3 - 11   Excel - Power map 可视化示意图
(资料来源：Excel - Power map)
（a）柱状图 ；(b) 热力图；(c) 饼图

添加数据库,数据处理能力强于 Excel(见图 3 - 12),但 Tableau 也存在弊端,第一,其是商业软件,需要购买;第二,与现有的编程语言之间缺乏接口,使用起来并不顺畅。

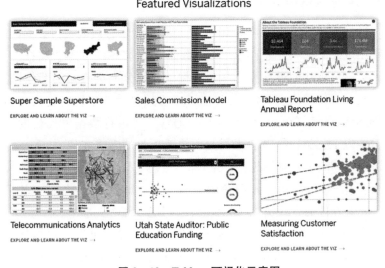

图 3 - 12   Tableau 可视化示意图
(资料来源：Tableau)

除上述提供数据到图表的直接可视化方案外,还有基于软件开发包与开源 API 的可视化方案,如 Echarts、kepler.gl 等。

　　Echarts 是百度研发团队开发的一款开源报表视图 JS 插件,具有丰富的可视化类型,深度的交互式数据探索,提供动态数据以及特效展示(见图 3 - 13)。

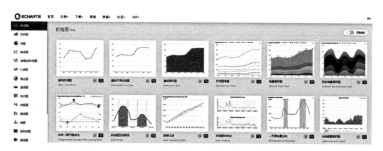

图 3 - 13　Echarts 可视化示意图
(资料来源: Echarts)

　　kepler.gl 是 Uber 内部可视化工具包,目前是开源的。它对地面动力装置(GPU)功能的支持允许应用程序立即渲染数百万个数据点,所以它不仅可以渲染成千上万的行程信息,还可以进行空间聚合(spatial aggregations)[48],具有高性能的特点,可用于大规模地理定位数据集的可视化探索[49](见图 3 - 14)。

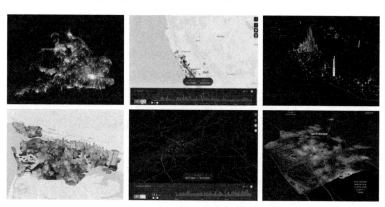

图 3 - 14　Kepler 可视化示意图
(资料来源: Kepler)

此外,MATLAB、R 以及 Python 等集中于数据处理的编程语言,均具备很好的数据可视化功能。

地理信息系统(GIS)是专门处理空间信息数据的,是实现可视化的工具,目前常用的 GIS 软件包括 ArcGIS, QGIS, MapInfo 等。可视化并不是 GIS 软件的主要功能,GIS 软件的主要功能为空间地理信息分析(见图 3 - 15)。

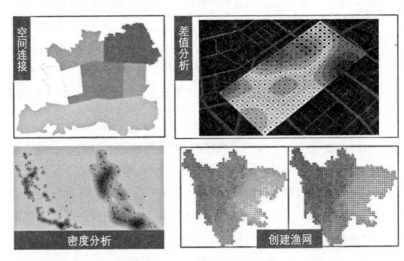

图 3 - 15 GIS 可视化示意图
(资料来源: GIS)

参考文献

[1] 张绍阳,葛丽娟,安毅生,等.交通运输数据标准研究现状与发展[J].交通运输工程学报,2014(2): 112 - 126. DOI: 10. 3969/j. issn. 1671 - 1637. 2014. 02.019.

[2] 全国信息技术标准化技术委员会大数据标准工作组,中国电子技术标准化研究研院.大数据标准化白皮书(2020 版)[EB/OL].[2020 - 09 - 22]. https://baogao.store/62120.html.

[3] 佚名.大数据成新基建发动机 描绘智慧城市新蓝图[EB/OL].[2020 -

09－24］．https：//www.sohu.com/a/420692791_120058586.

［4］陈维城.解读《交通强国建设纲要》：大力发展智慧交通［EB/OL］．［2019－
09－20］．https：//www.sohu.com/a/342172464_114988.

［5］郑宇.城市计算：大数据解决城市问题［J］.科技创业,2014(6)：30－35.

［6］杨光斌.用"国家治理"引领时代的话语权［J］.领导科学,2014(17)：20－20.

［7］佚名.关于大数据环境下的城市交通规划和管理模式变革［EB/OL］．［2016－
12－14］．https：//max.book118.com/html/2016/1214/72045467.shtm.

［8］简述结构化数据、非结构化数据、半结构化数据［EB/OL］．［2019－02－22］．
https：//blog.csdn.net/yoggieCDA/article/details/87879444.

［9］刘柱.基于动态信息的公共交通出行方案评价与服务系统［J］.内蒙古科技
与经济,2014(5)：102－103.

［10］佚名.基于浮动车的实时路况分析算法精选［EB/OL］．［2018－03－06］．
https：//max.book118.com/html/2018/0305/155922378.shtm.

［11］朱爱华.基于浮动车数据的路段旅行时间预测研究［D］.北京：北京交通大
学,2007.

［12］廖孝勇.浮动车交通参数检测及在道路交通状态分析中的应用研究［D］.重
庆：重庆大学,2011.

［13］武黎明,方正鹏.浅谈智能交通对道路交通安全的作用［J］.公路交通科技
（应用技术版）,2014,10(3)：276－277.

［14］储浩,杨晓光,吴志周.交通移动采集技术及其适用性分析［J］.ITS通讯,
2006(1)：57－60.

［15］张铮.基于浮动车数据的城市分区出租车出行供需水平研究［D］.上海：同
济大学,2009.

［16］张存保.基于浮动车的交通信息采集与处理理论及方法研究［D］.上海：同
济大学,2006.

［17］霍卓群,周琳.基于GPS浮动车的交通信息采集系统研究［J］.南阳理工学
院学报,2012,4(2)：20－23.

［18］张海波.基于移动通信网络的电动汽车位置估计［D］.阜新：辽宁工程技术
大学,2006.

［19］佚名.浅谈移动定位［EB/OL］．https：//www.xzbu.com/9/view－9321595.
htm.

[20] 韩劲松.PHS 短消息流控技术的应用研究[D].哈尔滨：哈尔滨理工大学,2008.

[21] 洪潇潇.蜂窝网无线定位技术的研究[D].南京：南京邮电大学,2013.

[22] 刘柱.基于动态信息的公共交通出行方案评价与服务系统[J].内蒙古科技与经济,2014(5)：102-103.

[23] 朱鲤,孙亚,胡小文.基于手机定位的动态行程时间探测[J].计算机工程与应用,2007,43(10)：244-248.

[24] 张振.基于手机信令数据的区域通道出行特征研究[D].重庆：重庆交通大学,2017.

[25] 高文龙.移动通信 GSM 系统的干扰研究[J].中国科技博览,2014(13)：104.

[26] 毛晓汶.基于手机信令技术的区域交通出行特征研究[D].重庆：重庆交通大学,2014.

[27] 张维.基于手机定位数据的城市居民出行特征提取方法研究[D].南京：东南大学,2015.

[28] 佚名.手机定位在大数据中的应用[EB/OL].[2017-10-21].https://www.cda.cn/view/123697.html.

[29] 窦瑞,吴超腾.考虑低速问题的浮动车数据道路行程车速估计[C]//第九届中国智能交通年会论文集,2014：572-578.

[30] 渐猛.基于浮动车的道路交通状态判别方法研究[D].淄博：山东理工大学,2013.

[31] 朱征宇,崔明,刘琳.一种基于 GPS 终端的地图匹配方法[J].计算机科学,2016,40(5)：291-295.

[32] 薛雪莉.基于个人 GPS 轨迹数据的地图匹配算法研究[D].西安：西安理工大学,2016.

[33] 赖云波,孙棣华,廖孝勇,等.基于道路缓冲区分析的地图匹配算法[J].计算机应用研究,2011,28(9)：3312-3314.

[34] 肖维丽.车辆导航系统中复杂路网的地图匹配技术研究[D].郑州：中国人民解放军信息工程大学,2014.

[35] 刘俏.基于浮动车技术的城市道路网状况研究[D].武汉：武汉理工大学,2013.

[36] 顾申生.城市轨道交通中 AFC 系统的运用[J].电子世界,2014(6)：

188-189.

[37] 耿二辉.基于公交数据的共享出行潜力分析[D].成都：电子科技大学,2017.

[38] 侯现耀,陈学武,陈峥嵘,等.基于 IC 卡和 AVL 系统数据的公交乘客上下车站点判别方法[C]//第七届中国智能交通年会学术委员会.第七届中国智能交通年会优秀论文集.北京：电子工业出版社,2012：24-31.

[39] 丛宏斌,魏秀菊,王柳,等.利用 PYTHON 解析网络上传数据[J].中国科技期刊研究,2013,24(4)：736-739.

[40] 鲍丽燕.试论网络外交产生的背景[J].现代交际,2011(5)：98-100.

[41] 张建.如何使用微软未公开的 API 函数[J].电脑知识与技术,2004(1)：39.

[42] 高德开放平台.高德开放平台是什么？[EB/OL]. https：//developer.amap.com/cooperation/about/us/.

[43] 高扬.基于生物医学文献数据的分布式爬虫项目设计与实现[D].银川：宁夏大学,2017.

[44] 刘玮玮.搜索引擎中主题爬虫的研究与实现[D].南京：南京理工大学,2006.

[45] 李志义.网络爬虫的优化策略探略[J].现代情报,2011,31(10)：31-35.

[46] 刘建明.垂直搜索引擎中的主题爬虫技术研究[D].广州：广东工业大学,2013.

[47] 佚名.数据可视化设计[EB/OL].[2019-04-29]. http：//www.woshipm.com/data-analysis/2266089.html.

[48] kepler.gl 一键生成酷炫数据地图的 Uber 开源工具[EB/OL].[2018-11-06]. https：//zhuanlan.zhihu.com/p/37677027.

[49] 佚名.Uber 开源地理可视化工具 Ketoper.gl[EB/OL].[2018-06-01]. https：//cloud.tencent.com/developer/news/226765.

第4章

基于多源大数据技术的
综合集成平台构建

4.1 功能定位

4.1.1 状态监测

状态监测主要分为对交通设施、交通需求、运行状态和企业的全面监测。

交通设施的监测分为对基础设施、设施保养和应急保障物资分布的监测。基础设施的监测主要是基于地理信息系统,通过视频监控系统、监测系统、移动终端等实现对交通基础设施的信息化管理,帮助管理人员全面监测基础设施状态,即时发现基础设施异常,提高交通运行管理水平、服务保障能力和应急处置效率。设施保养的监测可以根据现状设施周期性的保养措施,并根据其长时间的变化提出针对性的具体保养措施。应急保障物资分布的监测是为紧急事件的处置打好基础,保证事件发生之后指挥人员可以用最快的速度掌握就近的保障资源,提出完善的保障措施。

交通需求的监测主要功能是通过平台了解城市客运、城际客运的流量变化,并为以后交通行业的调整和管理提供数据支持。城市客运中,对于公交、轨道交通、轮渡、出租、网约车、共享单车等出行方式进行统一监控,可以掌握各种出行方式客流的时间和空间变化。这种客流变化可以用热力图进行展示,通过密度函数进行可视化,表示地图中点的密度,其中颜色越深客流量越大。以公交为例,对于公交系统的监控,将实现对全市公交行业的精细化、数字化、智能化管理,为公交企业业务调整和拓展提供可靠依据,从而提高公交企业的运营效率和服务质量,降低运营成本,提高公交企业的核心竞争力,吸引公众选择公交出行(见图 4-1)。

图 4-1　公交客流热力图分析

在城际客运方面,平台可以跟踪机场执行班次、火车站乘客到发人数、省际高速进出车辆、长途客运乘客发送量等指标,可以全面掌握进出人员流动情况,评估客运中心的能级水平。在道路和港口货运方面,平台能全面监控进出货物的各项指标,并且可以对接航务贸易指数,动态跟踪国际贸易态势。

运行状态的监测主要是对于交通事件的运行情况的监测。例如,对于两客一危车辆,系统可以在地图上表示出每辆车实时 GPS

信号数据,一旦发现异常系统可以自动报警提醒相关人员注意;在机场、火车站等可以展现航班、火车的计划和执行数,一旦发生大面积延误事件,主管部门可以提前通知相关部门进行客流疏散工作。在城市路网方面,可以监测实时路网的畅通率。对于城市路网的统一监控将集成视频监控系统、智能卡口系统、交通流监测系统、信号控制系统等智能化交通业务系统,帮助管理者实时了解路网的运行状况及其变化规律,为交通管理决策和交通规划设计提供科学数据支撑,实现道路交通状况远程实时监控。

对企业的监测提供交通行业各企业的法人信息和联系方式。掌握了运输企业,特别是两客一危企业的联系方式,就能确保有紧急事件发生时,可以第一时间联系到企业相关负责人,更完善地了解涉事车辆的信息,提高应急保障的效率。

4.1.2 发现问题

发现问题指的是平台可以及时甚至预先发现存在问题的交通事件。随着现代人工智能技术的发展,通过视频和声音等监控设施,平台可以感知各个交通行业异常的情况,并提醒主管部门指挥人员注意。例如,视频和声音感知技术可以检测各个轨道交通站的实时客流密度,对达到异常高值的站点进行及时报警,提醒相关部门及时作出反应。

与此同时,平台可以结合公安局的大型活动数据,对大型活动周边的轨道交通、公交站点进行预警,提前安排备用车辆进行大客流疏散。对于两客一危车辆,通过对比他们的实时位置和既定路线,平台可以自动判断车辆是否偏移路线或者存在夜间上路等异常现象。一旦此类情况发生,平台可以自动报警通知指挥人员,并显示相应的车辆和企业信息,方便第一时间与当事车辆与企业联络,查明原因。在此之外,有一些紧急情况发生后仍然需要相关部门上报,平台可通过与其他部门和企业的系统对接,及时发现问题并作出反应。例如,航班、列车因延误错过轨道交通末班车、轨道交通站点封站等紧急情况,可通过平台与民航总局、铁路公司、地铁公司等相关单位的系统进行对接,第一时间获取异常信息,并安排相应资源保障客流疏散。

4.1.3 决策支撑

基于前述状态监测和问题发现等环节,通过数据分析、模型演算等手段,为主管部门在运行管理阶段提供决策支撑。

1. 基于状态监测的管理决策支撑

以交通运行状态监测为基础,针对不同交通状态,通过相关数据融合分析,区分常态和突发状态,分类决策管理。同时,可通过长期数据追踪,发现运行规律,为管理决策提供支撑,为保障城市交通平稳运行提供保障。

2. 基于问题导向的治理决策支撑

以问题为导向,针对不同区域,不同成因,追本溯源,找准问题源头,从源头解决问题和控制问题等不同目标角度出发,提出长期根本治理、短期问题控制的治理决策支撑。

3. 从提升交通出行服务品质角度出发的决策支撑

避免“头痛医头脚痛医脚”的机械和被动的交通运行管理模式,基于历史数据积累、多源数据融合,利用大数据手段,从完善规划定位和策略、提升设计理念和品质、改善运营智慧化管理手段,为后续管理提供良好的基础,实现从源头完善、基础完善的决策支撑。

决策支撑是一个迭代过程。决策可以借助于智能平台决策支持系统来完成,辅助确定目标、拟订方案、分析评价以及模拟验证等工作。同时,可提供人机交互方式,完善方案,辅助决策支撑。

4.1.4 趋势研判

以掌握需求、掌握供应为基础,开展趋势研判。基于城市综合交通规划,运用大数据分析技术,开展交通运输经济运行分析、政策实施效果评价、交通发展趋势研判等分析工作,提高交通运输宏观掌控能力,充分利用交通运输运行状态数据,开展交通运输运行趋势分析,并及时向社会发布,增强交通运输运行管理的预见性、主动性和协同性。

针对各交通行业,运用汇集的道路、车、船等数据及公交、出租、轨道交通等运营数据,开展涉及公共交通、省际客运、危险品运输、出租运营、道路交通运行等行业综合交通研判,为掌握各类交通行业运行情况提供全面科学的研判评估。

以出行为主线,包括出行两端都在城区内的城市内部交通和至少一端在城区外的城市对外交通,根据不同的服务对象,关注城市客运与货运交通。关注基于出行而衍生的相关基础设施的供需匹配及供给优化,包括城市交通体系协调、城市对外交通、客运枢纽、城市道路、城市公共交通、慢行交通、静态交通、城市货运交通等。

4.2 平台设计

4.2.1 设计特点

1. 系统兼顾、突出重点

平台设计兼顾近、中、远期功能,覆盖主要交通形式,涉及重点交通板块,形成以对内、对外交通为依托,货运、客运兼顾的城市运行系统指标体系(见图4-2)。

2. 围绕需求、层次清晰

系统设计应涵盖预警、评估、特色等功能。其中,预警类主要面向事件的敏感性,具有紧急的特征;评估类,面向总量、供应、运营、服务水平等,具有重要但不紧急的特征;特色类,主要体现公共交通优先和绿色低碳的特色,体现城市特色和取得的相关成效。

3. 便于获取、动静结合

系统以一套核心数据为依托,以交通大数据为底板,形成直观反映城市运行状态、对城市运行有重大影响因素的指标体系。反映城市运行能力的,以静态数据为主;反映人的活动、人的感受或城市服

图 4 - 2　主要业务领域

务的,以动态数据为主(见图 4 - 3)。

4.2.2　设计内容

1. 数据基础

此次指标设计数据基础主要涉及交通运营数据和交通管理数据两部分(见表 4 - 1)。

实时数据包括长途客车售票和发车单数据,共享单车定位数据,网约车定位数据,出租车翻牌数据,公交车定位数据和两客一危定位数据。

准实时数据包括航空客流数据,长途客车售票和发车单数据,轨道客流(基于站点统计、5 分钟断面客流),机场计划航班、已执行、延误、取消信息,船舶 AIS 定位数据,道路交通指数,公路/城市道路里程,轨道交通里程,高速公路段拥堵排行,快速路段拥堵排行,5 分钟快速路吸引量表,5 分钟高速省界道口流量、5 分钟收费出口流量,5分钟收费进口流量,高架道路拥堵指数,地面道路拥堵指数。

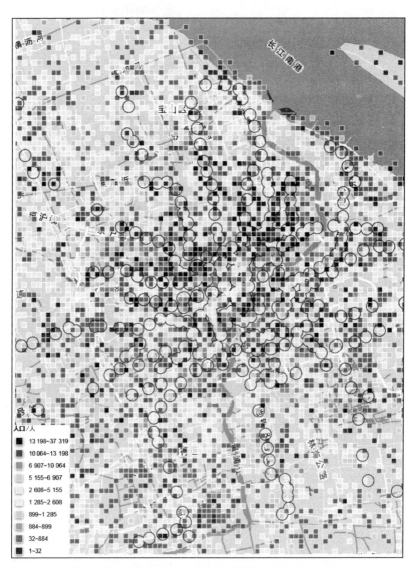

图 4-3 轨道交通 600 米服务半径人口覆盖率分析图

表 4 - 1　指标设计数据基础

数据类型	数 据 内 容	接入频率
交通运营数据	公交客流数据	1 小时
	航空客流数据	5 分钟
	长途客车售票、发车单数据	实时
	长途客车售票、发车单数据	5 分钟
	共享单车定位数据	实时
	铁路客流、排班数据	1 小时
	游轮客流数据	1 天
	轮渡客流数据	1 天
	网约车定位数据、出租车翻牌数据	实时
	轨道客流(基于站点统计、5 分钟断面客流)	5 分钟
	线路、站点、运能、配车数据	1 天
	机场计划航班、已执行、延误、取消信息	5 分钟
交通管理数据	公交车定位数据	实时
	停车数据、电子路单	1 天
	船舶、事故、违章、航道数据	1 天
	船舶 AIS 定位数据	1 分钟
	出租运营差次数据	1 天
	道路交通指数、公路/城市道路里程、轨道交通里程、高速公路段拥堵排行、快速路段拥堵排行、5 分钟快速路吸引量表、5 分钟高速省界道口流量、5 分钟收费出口流量、5 分钟收费进口流量、高架道路拥堵指数、地面道路拥堵指数	5 分钟
	两客一危定位数据	实时
	两客一危告警数据	1 天
	统计月报数据(对外：公路、水路、铁路、航空、出租旅客发送量；全社会：公路、水路、铁路、机场货物运输量)	1 个月

日数据包括游轮客流数据,轮渡客流数据,线路、站点、运能、配车数据,停车数据、电子路单,船舶、事故、违章、航道数据,出租运营差次数据,两客一危告警数据。

月数据主要为统计月报数据,包括对外:公路、水路、铁路、航空、出租旅客发送量;全社会:公路、水路、铁路、机场货物运输量。

2. 数据设计

研究基于城市运维管理的需求,以数据基础为依托,从对外交通、城市交通两个层面和五个维度,提出了 32 项指标,同时还兼顾两客一危定位数据和预警信息发布,航道船舶定位、航道情况及相关信息发布。

一是对外交通指标。其包括空、铁、水、陆四种运输方式的流量、吞吐量等 8 项指标。货运交通可反映经济运行情况,汇聚了铁路、公路、水路、航空四大行业货物运输量;客运交通包含国内外旅客发送及班次执行情况。这些指标集中反映对外客货运交通服务强度,反映城市发展态势。

二是城市交通指标。其包括道路系统、城市客运和慢行系统三个维度,该类指标用以反映城市内部交通运行状态。其中,道路系统主要展现的是城市道路、停车设施的规模、布局、客流、维护、效率。采用快速路流量、快速路拥堵指数、地面道路拥堵指数 3 项指标,反映道路服务水平及饱和状态。城市客运指标,主要包括地面公交、轨道交通、轮渡的客流、设施,针对轨道交通、公共汽(电)车,选取反映其设施建设和服务水平的 12 项指标。同时,针对公共交通,采用出行时耗、出行距离、换乘系数、出行占比等反映公共交通服务效率和服务认可度的 5 项指标。慢行系统的指标,结合当前发展热点、难点,采用共享单车在线量、骨干绿道总长度、非机动车停放点、非机动停车长度 4 项指标,充分考虑慢行发展品质要求。

基于上述 32 项指标,采用市内交通客运量、对外交通客运量、快速路拥堵指数、地面道路拥堵指数 4 类核心指标。其中,市内交通客运量综合反映本市道路流量、轨道交通客运量、公共汽(电)车客运量等情况,该项指标中,轨道交通客运量实现每日更新,公共汽(电)车客运量为每月更新。对外交通客运量综合反映本市高速公路流量、航空、铁路、航运旅客吞吐量等情况,该指标每月更新(见表4-2)。快速路拥堵指数、地面道路拥堵指数,两个指数实时更新,直接通过指数的形式反映市内交通拥堵情况,指数范围0~30为畅通,30~50为较畅通,50~70为拥挤,70~100为拥堵。

表4-2　城市交通运行体征指标表

分类	指标层		评　价　指　标	单　位	更新频率
对外交通	客运	公路	高速公路流量	标准车当量数/小时	实时
		航空	航空旅客吞吐量	万人次/日	每日
		铁路	铁路旅客吞吐量	万人次/日	每日
		水运	航运旅客吞吐量	万人次/日	每日
	货运	公路	货物发送量	万吨/月	每月
		航空	吞吐量	万吨/月	每月
		铁路	货物发送量	万吨/月	每月
		水运	货物运输量	万吨/月	每月
城市交通	道路系统		快速路流量	标准车当量数/小时	实时
			快速路拥堵指数		实时
			地面道路拥堵指数		实时
	城市客运	轨道交通	轨道交通客运量	万乘次	每日
			轨道交通百千米客运量	万乘次/日	每月
			轨道交通600米服务半径人口、岗位覆盖率	%	半年
			轨道交通站点出入口50米内可接驳公交的站点比率	%	半年

（续表）

分类	指标层		评 价 指 标	单 位	更新频率
城市交通	城市客运	轨道交通	轨道交通与公交线路与首末班车时间衔接比例	％	半年
		公共汽（电）车	公共汽（电）车客运量	万乘次/日	每月
			公共汽（电）车500米服务半径人口、岗位覆盖率	％	半年
			公共汽（电）车发车准点率	％	半年
			公共汽（电）车进场率	％	半年
			公共汽（电）车平均运营车速	千米/小时	每月
			公交专用道公共汽（电）车平均运营车数	千米/小时	每月
			新能源车辆占公共汽（电）车车辆比例	％	每月
		公共交通	出行时耗	小时	半年
			出行距离	千米	半年
			换乘系数		半年
			公共交通出行比例（全方式）	％	半年
			轨道交通占公共交通出行比例	％	半年
	慢行系统		共享单车在线量	辆	实时
			骨干绿道总长度	千米	半年
			非机动车停放点	个	半年
			非机动停车长度	千米	半年

4.3　平台架构

交通运行管理偏重于现状的交通问题的监测、发现与改善,通过实时数据的采集及分析结合设施等静态数据,解决或改善微观层面的交通症结。大量数据积累之后,为分析规律、关联提供基础,可以在交通网络、系统层面提供面向中长期治理的决策支撑。

4.3.1　平台功能

围绕行业管理业务,平台应形成的 3 个闭环,称为业务管理闭环、运行管理闭环、决策治理闭环,分别对应业务管理、短期管理和长期治理(见图 4 - 4)。

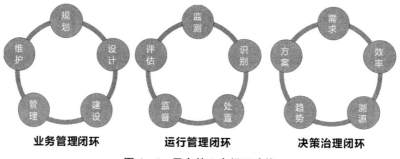

图 4 - 4　平台的 3 个闭环功能

业务管理闭环,注重交通设施的全生命周期的管理,包括规划交通设施的类型、规模、位置;设计的方案、图纸、工程文件;建设的审批、过程文件;设施运营方案、资源配置及参与企业的信息的管理;维修保养的计划、记录。

运行管理闭环,注重短期交通局部矛盾的改善,包括动态监测设施运行、客流需求、舆情舆论;识别处运行效率、安全事故、运营异常等方面的问题;通过资源调配、任务下发等形式来处置问题;并且在过程中能够监督任务是否按时按需执行,执行完成后反馈执行结果;评估问题的原因及处置方案的效率效果。

决策治理闭环,注重中长期交通系统性症结的优化,包括掌握居民出行或者货物运输的需求规模、需求分布;评价运输这些需求的过程、路径以及效率,时间及空间、供应及服务上的匹配程度;发现需求自身的特征规律,以及需求与供应、需求与规划、需求与现状交通状况的规律;预测交通需求发展趋势;专题化研判供给侧、需求侧调整后的效果及影响。

4.3.2　平台架构

业务管理闭环可以依托既有的综合业务平台展开,运行管理闭环可以基于既有的指挥保障平台完善,需要重点打造的是面向中长期交通治理的决策治理闭环。平台的逻辑架构如图4-5所示。在构建及完善这3个闭环平台时,通过构建统一的数据中心汇集交通行业的内部数据资源,对接外部的城市数据,再融入商业大数据。例如,应急保障时可以从业务管理闭环中获取周边设施、人员、装备的

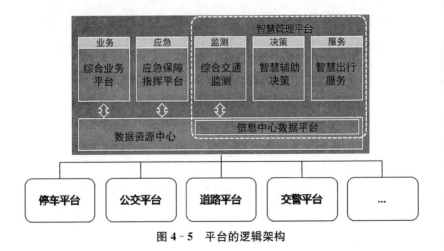

图4-5　平台的逻辑架构

情况,使处置任务更有针对性;在中长期交通治理时,可以指导远期规划内容,使趋势研判更有科学性。

为了各平台之间能够各有侧重以及相互支撑,因此设置一个统一的数据资源中心。

数据资源中心是智慧交通平台最底层的资源库。首先,汇集下级业务部门的数据,以及外部数据资源;其次,综合业务平台和应急保障指挥平台在保留自身的数据库之外,将平台内与设施、客流、运营相关的数据归集到数据资源中心;最后,三大平台通过数据资源中心进行数据和信息的交互。

各平台的功能及侧重包括如下几个方面:

a. 综合业务平台:行业主管自身业务规划、审批、管理等纵向业务平台,注重数据在时间跨度上的连续性。

b. 应急保障指挥平台:基于监测到的交通矛盾或基层上报的交通问题,开展相应的应急指挥、资源调度、过程监督等工作。平台专注于应急指挥的流程,交通监测由平台辅助提供相关信息。

c. 智慧管理平台包括如下三个板块:

(a) 综合交通监测板块,实时监测交通设施运行及客流变化情况,反映现时交通状态,通过数据发现交通矛盾,与应急保障指挥平台协同。

(b) 智慧辅助决策板块,以数据驱动的面向中长期交通治理的平台,深度挖掘各类数据,在规划、政策、供需调剂等方面系统地提供决策支撑(见图 4 - 6)。

(c) 智慧出行服务板块,基于监测的交通信息及综合数据运用,构建出行服务,如出行 App、MaaS 服务等。

4.3.3　数据利用

在中长期治理过程中核心内容是交通特征及规律的提取,建立数学模型,使设施、政策、客流等条件产生变化就能够预测结果,从而

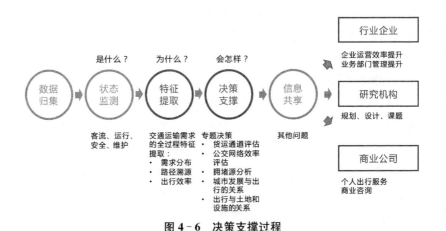

图 4-6　决策支撑过程

场景化地提供决策支撑,但是一般场景化的决策专题是有限的,预设的专题在广度上和深度上不能满足所有的决策支撑需求。为了进一步提升数据资源的利用,以及更好地将数据服务于各行业发展,促进全行业研究科学性及数据公平性,有必要构建一个开放式的大数据平台,使行业管理机构、运营企业、研究机构、商业公司都可以基于统一数据资源进行开发应用,提升水平。

构建平台即服务(platform as a service, PaaS)平台,把应用服务的运行和开发环境作为一种服务提供的模式。PaaS、IaaS 和 SaaS 是大数据及云计算的 3 种服务提供模式。

IaaS 基础设施即服务。这层的作用是提供虚拟机或者其他资源,将此作为服务提供给用户,但只提供计算资源的基础设施不算完整的服务,例如购买一台裸机,还需要自己安装操作系统。

平台即服务(PaaS)。这层的作用是将一个开发平台作为服务提供给用户,如购买一台主机,预装了系统,还带了数据,可以在上面自由的开发。

软件即服务(SaaS)。这层的作用是将应用作为服务提供给客户,即从主机、系统、数据到软件整体提供服务。

　　构建 PaaS 平台不仅可以满足行业主管自身的数据资源中心及平台构建,同时将数据对外共同治理共同利用(非直接共享)构建在平台框架内。它具有如下优点:

　　(1)确保信息安全。目前信息共享方法,主要是通过保密协议或者红头文件,管理部门将原始数据提供给第三方单位。这些原始数据可能包含用户 ID 等敏感信息,存在信息安全隐患。在 PaaS 平台上可以实现原始数据不出平台,第三方单位在 PaaS 平台直接调取数据开发应用,使用的是平台的数据和计算资源,但是原始数据和计算结果都在平台上存储,确保了信息安全。

　　(2)提高数据价值。近期管理部门仅有限制地对外提供共享数据,未来可实现向外链路封闭、向内数据充分开放的环境,管理部门在信息安全得到保障的情况下,充分开放数据来服务社会。数据的开放既可以面向行业企业、研究机构,也可以面向商业机构,共同治理数据,提升价值。

　　(3)构建高效模式。场景化的专题开发往往滞后于不断变化的管理需求,在时间上有滞后性。同时,开发单位在算法和模型上是否最优,也难以判断。在 PaaS 平台可以形成一种百家争鸣的环境,任何单位都可以围绕一个专题开发,最后择优而用。

　　综上所述可知,PaaS 平台既能确保信息安全,又能促进数据开放、提升价值,还能高效地满足行业主管自身不断变化的决策支撑需求。

4.4　核心能力

　　平台要更好地实现于中长期交通治理的决策治理闭环,需要具备三个核心能力,即需求全感知、问题能溯源、规律可推演。基于这三个核心能力,从数据中抽取交通信息,是后续主题应用的基础。

4.4.1 需求全感知

交通问题本质上是运送需求过程中的实际效率与期望不匹配的问题。提升交通服务,首先要掌握交通需求情况。需求不仅仅限于各种交通方式的出行总量或运输总量,更需要掌握确切起点、终点等流量和流向,交通改善方案才能对症下药。

居民出行:依靠手机信令数据,分析全人口的市内及市外出行需求。数据精度在 200~400 米误差,能够满足社区级和区域级的出行需求分析。样本覆盖率 90% 左右,不含儿童和老年人。

公交出行:依靠交通卡及公交车的 GPS 数据,分析公共交通乘客的出行需求。数据精度大约在站点级,能够满足社区级的出行需求分析,样本覆盖率为 70%~80%,不含儿童出行、现金支付数据。

机动车出行:依靠网约车和巡游车 GPS 数据,分析机动车的出行需求,而数据精度高,能够满足地块级的出行需求分析。此外,随着电子标识、ETC 安装的普及,远期在小区和公共停车场推广,在智慧杆件上安装探测器,可实现机动车出行样本覆盖率 90% 以上。

非机动车出行:依靠共享单车数据,分析非机动车的出行需求。数据精度高,能够满足地块级的出行需求分析,但是仅代表小部分非机动车用户群,仅能做特征分析。

货物运输需求:依靠货车的车载 GPS 数据,分析货车的运输空间分布需求。数据精度高,就能够满足地块级的出行需求分析。目前,危险品车辆、12 吨以上重型载货汽车已安装 GPS 设备。

市外客运出行:依靠各类票务数据,分析对外客运交通的出行需求。数据精度为城市级,能够满足省市级的出行需求分析。省际客运、铁路客运、航空客运票务数据均含有时间、起终点信息。

通过以上数据的分析处理,基本可覆盖除慢行交通以外的大部分出行需求的社区级分析精度,中长距离以上出行的覆盖率为 90% 左右。

4.4.2　问题能溯源

交通问题反映出来的是节点问题,如某个路段拥堵、轨道交通车站拥挤,但是问题产生的源头往往不在节点上,这些问题是在更远处的交通需求不断累积后,突破临界值之后的表象,只有溯源这些表象,采用在系统上改善交通问题。这就要求底层数据治理上,不仅仅掌握出行需求的起点段和终点段信息,还必须掌握全路径信息,并且能都叠加至空间上,满足事后分析的需求。全路径信息既可以是基于原始数据精确计算的,也可以是基于一定辅助条件相对准确推算的。

(1) 精确计算的路径数据。基于浮动车 GPS 数据计算的交通需求,根据道路走向的匹配后,可以精确计算出全路径信息,精度可达路段级。底层数据需要基于路段和车辆组织,包括车辆牌照、路段 ID 进入时间、离开时间。

公交出行需求是基于交通卡、公交 GPS 和公交地理信息数据的计算,是根据公交线路走向匹配后,精确到线路级的路径计算,再与道路网匹配后,精度可达路段级,但是计算过程相对复杂。底层数据需要基于路段和个人组织,或者线路和个人组织。

(2) 模糊计算的路径数据。手机信令数据有 $200\sim400$ 米的误差,因此无法准确掌握路径轨迹,可以通过在干路上预设节点,大致判断沿途经过的节点,从而根据最优路径算法大致推算路径,精度可达路段级,但是一般推算仅限于主次干路。

4.4.3　规律可推演

平台一方面要提供翔实的、精细化的数据作为决策依据,另一方面要能为决策提供结果预测,进一步提升决策的可靠性,这就要求建立一系列的规律推演模型,满足各类型的预测需求。

(1) 城市开发与交通需求模型。建立城市开发建设与交通量之间的模型,包括各类建筑规模与交通产生量和吸引量之间的模型、区域的开发强度与交通量分布之间的模型、出行偏好与交通方式选择之间的模型。随着规划用地的调整,可以基于这些模型预测未来的交通需求变化。

(2)交通供应与交通流量模型。交通需求最终反映在城市路网上的是交通流量,因此需建立交通供应(慢行交通、道路交通、公共交通)与交通流量模型,预测在不同交通供应联通性下道路交通流量变化,可以为道路建设和公交线路调整提供预测结果。

(3)交通流量与交通排放模型。在上面两个模型的基础上,基于工况的城市机动车排放因子研究,再建立各类交通工具的排放模型,能够将交通流量、道路状态、空间分布等与交通排放之间构建预测模型,从而掌握全市各区域、各通道的交通排放情况,以及预测公交优先发展或路况改善对交通排放改善的效果。

(4)交通空间安全模型。重大交通枢纽存在大客流积压或安全事故时的人员疏散问题,需要对疏散过程中的路径、瓶颈、冲突点、疏散交通工具等开展仿真评估,为相关的预案决策提供支撑。仿真的重点在枢纽内部客流楼层及节点之间的疏散通道,以及枢纽内容至外部各疏散点之间的联系通道,以及疏散交通工具的布局和运送效率。

4.5 主题应用

基于需求全感知、问题能溯源、规律可推演的核心能力,进一步根据业务需求建设主题应用,针对各主题场景开发分析模块。主题应用分为动态监测、滚动评估、专题决策、预测研判、出行服务五大类。

(1)动态监测。实时反映交通整体态势和规模,注重规模和时效,反映综合交通态势和综合交通各领域的发展概况。

(2)滚动评估。针对区域客流特征、设施水平、通达性滚动评估,形成评估指标,反映区域供需水平及矛盾。

a. 出行需求特征,反映出行需求在空间及时间上的量、方向、强度等,掌握各类出行需求的时空特征和差异。

b. 区域交通水平,反映区域内部、区域之间的交通可达性和通达性,掌握各类出行基础设施的水平和差异。

c. 供需效率评价,结合需求特征与交通水平数据,发现时空上的供需矛盾。建立指标体系,能够动态发现设施供应薄弱区域、供需矛盾区域,以及主要问题所在。

(3) 专题决策。依据行业主管部门的业务需求,形成一系列的专题模块,以针对性为节点,为走廊的改善提供决策支撑。

a. 道路拥堵改善,从网络及综合交通层面支撑改善,分析包括车辆构成、车辆来源、路网结构、交通管理、综合交通提升。

b. 公交服务优化,支撑公交走廊提升及单条线路优化,分析包括设施分布、线路调整、两网融合、中运量决策支撑。

c. 交通走廊提升,支撑走廊的资源再分配决策,分析包括客货分离、信号优先、公交专用道。

d. 慢行交通提升,支撑慢行交通设施提升决策,分析包括非机动车道、步行道、非机动停车等。

(4) 预测研判。基于宏观、中观及微观交通模型,仿真交通政策、设施建设、运营调整对出行的影响及效率的改变。

a. 宏观模型,城市级的仿真,适用于交通政策、高快速路网建设、公共交通网络规划预测。

b. 中观模型,区域级的仿真,适用于道路提升、线路调整、中运量线路评估等。

c. 微观模型,道路和节点级的仿真,适用于车辆相互影响及与行人相关的仿真研究,如中运量站台售票和车上售票的区别。

(5) 出行服务。基于交通信息发布及交通资源整合的出行服务。

4.5.1　动态监测

综合交通态势通过数字反映城市交通行业管理、运行的现状和态势,基于对数据的统计和简单加工相对完整地反映本市交通现状和态势,为综合交通态势研判提供分析基础,也为其他推演应用提供支撑。

内容分为如下六个方面:

a. 交通供给:基础设施、从业企业、从业人员、装备规模、运能分布(走向、班次)等。

b. 交通需求:时间维度客流规模、空间维度客流规模、重要节点客流分布等。

c. 交通安全:交通事故、交通违法、重点对象等。

d. 交通监管:行政执法、投诉记录等。

e. 交通水平:基础设施密度及覆盖率、运营满载率及准点率、居民出行时耗距离等。

f. 自动驾驶:对自动驾驶测试区域统计及展现地理位置、测试道路、模拟设施等。

4.5.2 滚动评估

1. 出行需求特征

1) 基于手机数据的居民全方式出行分析(全样)

分析全方式出行的时空出行量及特征,包括如下几方面。

(1) 人口规模。包括常住人口、流动人口规模,流动人口来源,流动人口逗留时长。

(2) 职住分布。包括夜晚居住地、白天工作地的空间分布。

(3) 市内出行需求。包括出行 OD,区域的出行产生量、吸引量,通勤出行 OD。

(4) 对外出行需求。包括对外出行城市,往返时长,通过的交通枢纽。

(5) 区域一体化。包括本市常住人口异地工作规模及空间分布,本市工作的异地常住人口规模及空间分布。

（6）出行特征。包括出行距离、时耗、时间分布。

2）基于公交数据的居民公交出行分析（全样）

分析公共交通出行的时空出行量及特征，包括如下几方面：

（1）站点客流分布。包括公交站点上车量、下车量、换乘量。

（2）线路客流分布。包括线路的总客流、断面客流、断面满载率、平均乘距。

（3）网络客流分布。包括路段上的客流。

（4）区域客流分布。包括线路 OD、出行 OD（见图 4-7）。

（5）出行特征。包括出行时间、换乘次数、换乘步行距离、换乘时耗、绕行程度。

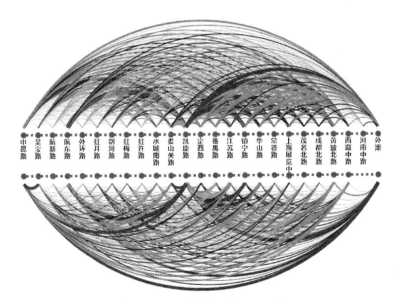

图 4-7　公交线路乘客 OD 示意

3）基于浮动车数据的居民机动化出行分析（抽样）

分析网约车、出租车、货车 GPS 等数据反映部分机动化出行特征，包括如下几方面：

（1）需求分布。出行 OD、区域的出行产生量、吸引量。

（2）出行特征。出行距离、时耗、时间分布。

4）基于共享单车数据的居民机动化出行分析（抽样）

（1）需求分布。出行 OD、区域的出行产生量、吸引量、停车位置。

（2）出行特征。出行距离、时耗、时间分布。

5）综合特征分析

（1）公共交通水平。依据各区域的公交出行量和全方式出行量分析公共交通出行的占比。

（2）需求出行差异分析。依据各区域之间全方式、公交、小汽车的出行量、时耗差异，辅助发现服务水平差异及供应问题。

2. 区域交通水平

1）基于地图的设施可达性分析

将全市网格化或区块化，分析每个网格内部的交通设施可达性。

（1）公共交通可达性。包括公交站点覆盖率，公交线网密度，公交班次数量。

（2）道路交通可达性。包括道路网密度，快速路、主干路、次干路结构比例。

（3）慢行交通可达性。包括 15 分钟步行圈内医疗、学校、公建数量；公交站点直线距离与步行距离差异；共享单车数量。

2）基于地图的空间通达性分析

将全市网格化或区块化，分析区域两两之间的交通可达性，基于最优路径等算法计算。

（1）公共交通通达性。包括直线距离、路径距离、出行时耗、换乘次数、步行距离、线路名称、线路准点率。

（2）道路交通通达性。包括直线距离、路径距离、拥堵里程、收费里程、地面道路里程。

（3）慢行交通通达性。包括直线距离、路径距离、天桥地道里程。

3. 供需效率评价

1) 基于设施的可达水平评价

区域内部的各类设施可达性指标,包括人均设施水平、单位面积设施水平、两网站点步行距离、设施步行距离。

区域之间的交通可行性指标,包括 30 分钟出行可达范围、出行绕行程度、一次乘车可达范围。

2) 基于运营的服务水平评价

区域内部的交通服务水平指标,包括道路拥堵指数、公交准点率、公交发车间隔、公交班次数量。

区域之间的交通服务水平指标,包括小汽车与公交出行距离时耗差异、小汽车拥堵里程占比、公交出行可靠性(等车时间、线路车速稳定性)。

3) 基于供需匹配的出行评价

将区域内部及区域之间的交通评价作为指标项,将出行需求量作为权重,建立指标体系综合分析供需匹配水平。最终实现如下的目标:

(1) 一个综合性数值反映区域的交通供需水平。

(2) 能够反映区域内容的设施可达性不足。

(3) 能够反映区域对外主要需求方向的通达性及供给侧的矛盾。

4.5.3　专题决策

1. 道路拥堵改善

1) 拥堵路段识别

基于浮动车 GPS 所获取的车辆在路段上的行驶车速,与路段最高限速对比,依据比值计算道路拥堵程度。

2) 拥堵成因识别

基于路径溯源的核心能力,分析拥堵构成。

(1) 路段车辆需求构成。其包括在拥堵路段沿线进和出的车辆占比,一端在拥堵路段进或出、另一端需求在远处的车辆占比,出行需求两端都不在拥堵路段沿线的车辆占比,以此分析拥堵宏观成因,是节点问题还是网络问题。

(2)交叉口车辆需求构成。拥堵路段沿线交叉口左转、直线、右转的车辆占比。结合渠化和信号灯数据,分析拥堵的微观成因。

3)成因辅助识别

以既有车辆行驶以外的数据来辅助识别拥堵成因。

(1)交通事故违章数据。基于交警的事故违章数据,根据记录的地点、时间、类型等地理空间化,与拥堵路段进行事件和拥堵的关联性分析,事件包括违章停车等。

(2)城市空间数据。基于医院、学校等公共建筑及出入口的地理空间数据,辅助针对拥堵造成的原因、影响范围。

4)道路拥堵改善

(1)节点改善。将发现的节点问题与交警沟通,通过信号灯优化或交通组织改善,提升局部通行能力。

(2)道路网络。通过分析经过拥堵路段的 OD,进一步分析出行范围内的路网密度、平行道路效率等指标,辅助道路网络供应层面决策。

(3)综合交通。通过分析经过拥堵路段的 OD,进一步分析出行范围内的公共交通供应水平,包括线路数量、换乘次数、步行距离、停车换乘(P+R)设施等,辅助通过综合交通改善的决策支撑,以及通过分析公共建筑周边公共停车位数量,辅助停车规划支撑。

2. 公交服务优化

1)公交线路调整

(1)线路调整的客流指标。日均乘次、高断面满载率、平均断面满载率、高峰小时系数、乘客路径的绕行程度。

(2)线路调整的运营指标。与其他线路的走向重合程度、线路站点的空间唯一性、线路运行速度及缓行路段。

（3）线路调整的出行指标。分析乘坐调整线路的乘客公交出行OD，分析线路调整影响的客流规模；通过地图空间数据，分析可替代的公交方案与既有方案的时耗、距离、费用方面的差异。

（4）线路调整的需求指标。分析线路调整或延伸段附近的人口或出行量变化（基于手机信令数据），辅助判断线路调整的服务需求层面的必要性。

2）两网融合提升

（1）客流融合评价。基于每个轨道交通站点识别与之换乘的地面公交线路和站点以及客流量，分析全市轨道交通站点的两个融合程度及空间差异。

（2）设施融合评价。基于设施评价，轨道交通多少个出口50米范围内有地面公交站点、有多少条地面公交线路能与轨道交通在50米内换乘。

依据客流融合数据，进一步分析具体每个人从地面公交站点步行至轨道交通站点的距离。识别站点位置合理性、识别线路走向不合理性，如换乘量大的地面公交线路，没有在最近的站点停靠。

（3）时间融合评价。轨道交通已经历多次延时运营，部分线路已实现跨零点运营。地面公交线路是否有必要与轨道交通首末站班次融合，需要数据支撑。

分析每条地面公交线路与每个轨道交通站点全天换乘需求的时间分布。

3）中运量决策

依托数据为中运量线路规划和设计提供线网、运营及客流层面的决策支撑。

（1）线网层面评价。通道线路分析：线路数量、线路经过通道的距离、线路在通道内停靠站点数量、线路服务的范围。

通道路段分析：路段断面线路数量、班次数量、线路进出通道的交叉口。

（2）运营层面评价。其包括如下几个分析层面。

通道车速分析：通道全程小汽车和公交车车速对比。

拥堵路段分析：通道常态拥堵路段分布及车速。

公交准点分析：公交车在通道内车速稳定性分析。

（3）客流层面评价。其评价内容包括下述几个方面。

客流规模分析：通道服务的客流总乘次。

客流构成分析：通道沿线出行客流乘次、通道对外出行客流乘次、通道过境客流乘次。

客流特征分析：乘客在通道内的乘距、出行方向、换乘次数。

（4）方案层面评价。结合中运量线路、线网调整的方案，以及对以上数据的分析，评价方案的效果。

客流影响程度：线网调整后直接影响的乘客规模、增加换乘的乘客规模、增加步行的乘客规模、增加费用的乘客规模。

网络影响程度：线网调整后通道内线路及班次的变化程度。

3. 交通走廊提升

交通走廊效率优化涉及客运和货运分离以及机动车和公交平衡两个主要方面。交通走廊效率优化需要基于走廊识别、车辆构成和效率评价三个方面的数据支撑。

1）走廊识别

依据货运车辆 GPS、出租车（巡游车、网约车）GPS、公交车 GPS 数据的路径数据，获取三类交通方式途经的道路信息，从而判断三种交通方式的运输走廊分布、范围及重合程度。

2）走廊构成

对于三类交通方式高度重合的走廊，可进一步根据视频数据、ETC 探测器获取车流量构成的规模和比例。

分析主要路段上的车型、车辆数、小汽车当量等。

3）效率评价

依据 GPS 数据对三类交通方式通过走廊的速度、拥堵节点等进行评价,判断走廊是否存在客货混行造成效率低下,或者公交效率是否需要提升。

走廊构成分析:客车、小汽车、货车的比例,判断走廊承担的功能。

车辆路径分析:途经车辆的 OD 及进入走廊的节点。

走廊运行分析:走廊车速、拥堵路段及拥堵程度。

4)走廊提升研判

公交提升研判:根据走廊的拥堵程度、服务的公交乘客人数,研判设置公交专用道及中运量的必要性。

客货分离研判:根据货运车辆 OD 和路径分析,研判货运车辆分离后,对其造成的距离、时间成本影响及可能分流的道路。

4. 慢行交通提升

基于互联网地图数据,从便捷性、安全性、舒适性三个角度综合考虑街道的步行与骑行环境。便捷性指标考虑社区周边的路网密度、过街设施密度及生活设施可达性的影响。安全性方面考虑道路设置人行道、非机动车道,交叉口设置行人过街设施。舒适性方面评价机动车停车侵占、慢行交通连续性等情况。

互联网地图(部分需结合高精地图)中道路包含是否可步行、是否可非机动车通行等属性字段。交叉口包含是否信号灯控制、是否有人行横道线。交通违章及路内停车数据提供了慢行交通设施被侵占信息。以上数据结合可评价如下特性:

1)便捷性

慢行交通设施密度:单位面积内的慢行交通设施长度。

过街设施密度:单位面积内的交叉口过街、天桥过街、地道过街、平面过街设施数量。

公建可达性:单位面积内的慢行设施周边商业店铺数量等。

2)安全性

道路是否设置步行设施、道路是否设置非机动车设施。

3) 舒适性

道路是否常发违章停车、道路是否禁行需要绕行。

4.5.4 预测研判

宏观和中观交通模型,可采用商业仿真软件以及依托第三方研究机构开发的交通模型,通过接口调用方式封装在平台内。微观交通模型由于建模工作细致且烦琐,而且工程项目具有特殊性,建模工作不可复制,建议仅封装演示效果和评价指标。

1) 宏观模型研判内容

交通政策仿真:拥堵收费政策、停车收费政策、公交票价调整。

交通网络仿真:轨道交通网络预测、高快速路网预测、中运量网络预测。

仿真结果的主要指标如下:

(1) 供需结构变化。不同交通政策及供应水平之下,对出行需求及交通方式结构的影响。

(2) 客流量预测。预测新交通设施的总客流量、分段客流量等。

(3) 出行效率预测。预测新交通设施对区域出行时耗、距离等效率的提升效率。

2) 中观模型研判内容

中观模型较宏观模型的研判在以下几个方面更为细致:

(1) 交通小区划分更细致,与地块高度吻合。

(2) 交通小区连杆更贴合实际,与地块出入口高度吻合。

(3) 道路参数更细致,包括信号灯配时、交叉口渠化等。

(4) 公共交通参数更细致,包括时刻表等。

综上所述,中观模型能更好地用于新(改)建项目交通影响评价、断头路贯通、道路交通组织优化、公交线路调整、中运量通道预测等节点和通道级的仿真研判(见图 4 - 8)。

图 4-8　道路贯通方案前后效果对比示意

3）微观模型研判内容

微观模型能以最接近真实世界的方式仿真车辆之间的驾驶行为和行人的步行行为，由于建模工作量巨大和计算量大，一般仅针对个别路段、交叉口和工程项目仿真。

微观仿真可以模拟，但不限于如下几方面：

（1）交叉口渠化和信号灯配时对机动车排队长度的影响。

（2）公交专用道设置对社会车辆影响。

（3）公交信号优先对公交车速提升及社会车辆影响。

（4）停车场排队溢出对道路影响。

（5）乘客上下车速度对运营排班影响。

（6）紧急情况下乘客疏散效率及冲突分析。

4.5.5　出行服务

1. 交通信息发布

基于动态监测数据，发布交通信息，以情况告知的形式提供出行服务。

1）常规交通信息

（1）道路拥堵程度。

（2）轨道交通拥挤程度。

（3）公交车到站预报。

（4）公共停车场剩余车位。

（5）道路养护、封路预告。

（6）公交线路调整预告。

2）特殊交通信息

（1）桥梁高速上大风风力警告。

（2）突发事故路段警告。

（3）轨道交通停运警告。

2. MaaS 服务

出行即服务（mobility-as-a-service，MaaS）其定义为通过电子交互界面获取和管理交通相关服务，以满足消费者的出行要求。其宗旨在深刻理解公众的出行需求，在将各种交通模式全部整合在统一的服务体系与平台的基础上利用大数据进行决策，以优化资源配置、满足居民出行需求，并通过统一的 App 对外提供服务[1]。

MaaS 具有以下四个方面的特征：一是共享，要求数据全面整合和共享；二是整合，各种交通模式高度整合，基于主动交通需求管理的思路调控交通需求，并实现支付体系一体化；三是服务，提供无缝衔接、安全便捷和舒适的全链条出行服务；四是引导，扩大绿色出行比例（见图 4 - 9）。

MaaS 服务的应用应更多依托商业机构和社会力量开展，在确保数据安全的情况下，行业主管部门通过在 PaaS 服务平台上提供数据及计算资源，发挥各界的力量和动力使数据更好地服务于居民出行。

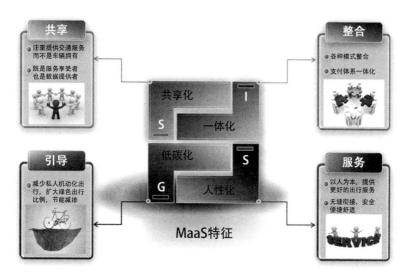

图 4 - 9　MaaS 出行即服务内涵示意图
（资料来源：https://m.sohu.com/a/256597752_468661/）

4.6　数据资源

4.6.1　静态数据

静态数据是指更新频率为半年及以上的数据，主要是城市发展背景统计数据、规划数据及设施数据。

统计数据：人口规模、岗位规模、产业规模等。

规划数据：土地利用、路网规划、轨道交通规划、交通设施规划。

设施数据：地理信息 GIS、道路桥梁养护、交通设施分布、公共建筑及住房分布、地形数据等。

4.6.2　动态数据

动态数据指实时更新或准实时更新的数据，除了应急保障需要的数据以外,其他数据可以月度更新。表 4-3 的数据须采集原始明细数据用于深度开发,不应对接集计到道路或区域层面的加工数据,避免缺失了个体特征及路径特征。

表 4-3 主要动态数据

数 据	用 途	更新频率	获 取 源
手机信令	全体居民出行分析	日/月	电信运营商
人口位置	全体居民出行分析	日/月	腾讯(微信位置数据)
地理信息(地图服务)	系统底图及孔家分析基础	月	高德地图、百度地图、四维图像
出租车(巡游车、网约车)GPS	道路运行及车辆路径	实时	行业主管部门系统
货运车辆 GPS	车辆路径	实时	行业主管部门系统
公共交通卡	公交乘客出行分析	实时	行业主管部门系统
舆情舆论	市民关注度等	日	12345 等热线,论坛爬虫
道路视频	道路路况及车辆构成	实时	交警
交通卡口	车辆牌照、车辆构成	实时	交警
运营计划	时间纬度供应分析	日	运输企业(公交、铁路、航空、省际客运)
实际运营	运营执行分析	实时	运输企业(公交、铁路、航空、省际客运)
车辆收费	高速公路流量	实时	行业主管部门系统
气象	极端天气交通预警	实时	气象局
机动车停车	停车场利用情况	实时	物业公司

（续表）

数　　据	用　　途	更新频率	获　取　源
共享单车	慢行交通分析	实时	共享单车运营企业、共享单车企业

参考文献

［1］赵黎明.构建智慧安居应用服务体系的思考[J].中国电子商务,2014(10)：82 - 83.

第5章

基于电子标识的
交通数据采集与处理技术

5.1 总体框架

基于汽车电子标识技术的智慧交通系统,包括汽车电子标识,对应装载于车辆上。数据处理单元包括数据融合模块、数据基础处理模块、数据深度处理模块;数据应用单元包括数据发布模块、数据应用模块,该数据应用模块包括综合信息服务模块、服务水平评估模块、行业管理辅助决策模块以及交通管理与执法模块(见图5-1)。

基于汽车电子标识技术的智慧交通系统以及通过系统实现的出行特征分析方法和道路状态分析方法,更经济、更有效、覆盖率更高、信息采集更全面,为城市交通的精细化规划和管理提供更加有效的支撑。基于汽车电子标识技术适用范围覆盖面大,不仅限于针对预定地点的道路网络状态测量,不受高架、高楼等因素影响,可获取车辆的起讫点、路径、能耗、车速、行程时间等信息,经挖掘计算分析,具有交通需求分析与预测、道路状态分析与预测、车辆路径分析与导航、交通服务能力评估、交通行业管理辅助决策的功能,具有成本低、易操作、可持续、动态化、可量化、可复制等优点,使汽车导航、交通管理融为一体,有效地提高了交通管理效率,降低了交通拥堵的发生率。

一种基于汽车电子标识技术的智慧交通系统,其特征如下:

(1)汽车电子标识。该标识对应装载于车辆上,该汽车电子标

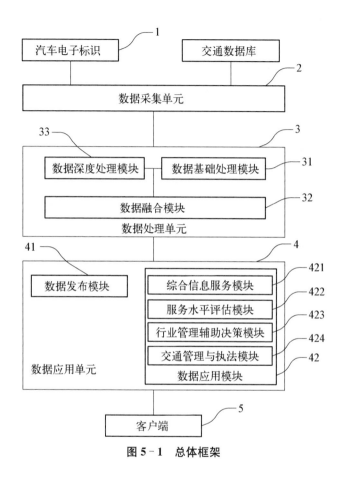

图 5 - 1　总体框架

识存储有汽车身份和特性的汽车电子标识数据。

（2）数据采集单元。该单元用以采集所述汽车电子标识数据以及外部数据，外部数据包括交通地图数据。

（3）数据处理单元。该单元包括数据基础处理模块，用以将采集的数据进行数据初步处理；数据深度处理模块，用以在所述数据初步处理的基础上深度处理数据；数据融合模块，用以将汽车电子标识数据和数据基础处理模块处理后的数据以及数据深度处理模块处理后的数据进行融合得到应用数据。

（4）数据应用单元。这种单元包括数据发布模块，用以发布交通信息；数据应用模块，该数据应用模块包括综合信息服务模块、服务水平评估模块、行业管理辅助决策模块以及交通管理与执法模块。

5.2　数据采集

数据采集单元包括电子标识读写设备，内含移动式读写设备和固定式读写设备。外部数据还包括人口分布及属性数据、兴趣点数据、交通线网数据、交通场站数据、车辆数据、交通客流数据、GPS 数据、交通卡数据、手机信令数据等；交通地图数据包括各等级道路矢量地图、各等级道路属性数据、交通小区数据、区县行政划分数据、街道行政划分数据、居委行政划分数据。

5.3　数据处理

数据基础处理模块包括实时分析交通构成数据、实时分析交通OD 数据和停车数据。

数据深度处理模块包括分析出行特征，包括分析出行时间、计算出行路径、计算出行距离、计算出行时耗、计算行程车速；分析道路状态，包括计算路段平均行程车速、分析道路拥堵状态、计算路段平均行程时间、计算道路交通量、计算道路车流密度、计算道路负荷度、计算车辆平均延误时间；预测交通需求，包括分析特征时间交通需求特征、预测交通需求、分析特征时间道路车速特征、分析道路车速长、实时分析道路车速（见图 5 - 2 及图 5 - 3）。

交通 OD 分析步骤：根据所采集的数据计算和统计出行的起讫点信息，得到统计表。交通 OD 分析步骤包括出行的起讫点计算步骤，将汽车电子标识数据按照车辆唯一标识符进行分组，并按照电子

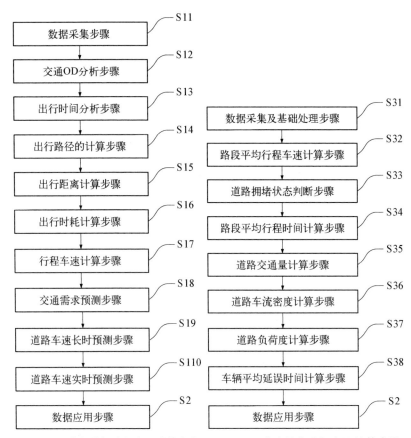

图 5‑2 出行特征分析主要计算步骤 图 5‑3 道路状态分析主要计算步骤

标识的记录时间对车辆的出行链进行切割排序,判断切割后的出行链段两个时间点之间的时间差是否大于预设时间值以及判断该出行链段两个时间点之间的车速是否小于预设车速,若是,则将该出行链段的起始时间所对应的地点设定为上一次出行的讫点,将出行链段的终点时间所对应的地点设定为下一次出行的起点;统计表生成步骤根据出行的起讫点信息,对出行起讫点的交通区域中的车辆进行分组统计,获得每个交通区域的起讫点信息统计表。

出行时间分析步骤：定义特征时间，所述特征时间为每小时、每日、早高峰、晚高峰、平峰、工作日、节假日、高峰日、极端高峰日中的一种。以每一次出行的起点时间即为出行时间，根据统计表中的数据，分析出行时间中包含的特征时间的出行量及出行特征。出行时间分析步骤包括车辆出行特征定义步骤，将起讫点信息统计表中某一起点信息作为该车辆的出行起点，将车辆所需通过的路段的发生时间作为该车辆的出行时间；车辆出行时间分组步骤，计算获得的出行时间并按照时间进行分组，根据特征时间计算出行量及出行特征。

出行路径的计算步骤：包括提取车辆某次出行起讫点之间的位置坐标记录，将所有坐标记录与交通地图数据匹配，计算得到某次出行的路径。

出行距离计算步骤：根据具体出行路径、坐标或路段属性计算出行距离。

出行时耗计算步骤：计算某次出行起讫点的时间差。

行程车速计算步骤：计算行程车速，所述行程车速为某次出行距离与出行时耗的商，并根据时间分类分析得到特征时间道路车速特征。

交通需求预测步骤：统计每组特征时间出行次数的抽样样本方差，根据抽样样本方差预测交通需求。交通需求预测步骤包括判断抽样样本方差是否满足所设阈值；若是，则将每组出行次数的平均值作为经验或长时预测值；若否，则进一步提取抽样样本方差，直至抽样样本方差满足所设阈值。

道路车速长时预测步骤：统计每组特征时间路段平均行程车速的抽样样本方差，根据抽样样本方差预测道路车速。道路车速长时预测步骤包括判断抽样样本方差是否满足所设阈值；若是，则将每组路段平均行程车速的平均值作为经验或长时预测值；若否，则进一步提取抽样样本方差，直至抽样样本方差满足所设阈值。

道路车速实时预测步骤：计算当前时段和前一时间段的平均车

速的平均增长率,将当前时段的路段车速乘以平均增长率,计算得出下一时段该路段车速预测值。道路车速实时预测步骤中,前一时段的时长为 5 分钟,当前时段的时长为 1 分钟。

路段平均行程车速计算步骤:计算某一时段某一路段所有车辆的路段车速值的平均值;路段平均行程车速计算步骤中包括时间段选取步骤,定义时长,选取任一时间段;路段长度计算步骤,根据交通地图数据中的坐标或路段属性信息计算路段长度;某一车辆的车速计算步骤,计算该时间段内,某一车辆通过该路段所用时间,将路段长度除以所用时间,得出某一车辆的车速,并统计该时间段内通过该路段的车辆数量;路段平均行程车速计算,计算所有通过该时间段内通过该路段的车辆的车速平均值,得到路段平均行程车速。计算式如下:

$$v = \frac{\sum\limits_{i=1}^{n} \dfrac{\Delta x}{\Delta t_i}}{n}$$

式中,v 表示路段平均行程速度,单位千米/小时;Δx 表示路段中两个电子标识识别器之间的距离;Δt_i 表示第 i 辆车在对应的两个电子标识识别器路段中间行驶的时间间隔,即行程时间。

道路拥堵状态判断步骤:定义某一路段的路段平均行程车速与拥堵状态的关系,根据路段平均行程车速计算步骤得出的路段车速值的平均值,判断该时段对应路段的道路拥堵状态。路网中速度值的大小直接影响出行者对交通影响状态的感受,可以用来评判道路的拥堵状态。道路拥堵状态判断步骤中,某一路段的路段平均行程车速与拥堵状态的关系表示为 A 级表示非常通畅,路段平均行程车速与该路段的限制车速的比值大于或等于 80%;B 级表示通畅,路段平均行程车速与该路段的限制车速的比值小于 80%,大于等于 60%;C 级表示较为通畅,路段平均行程车速与该路段的限制车速的比值小于 60%,大于等于 40%;D 级表示略微拥堵,路段平均行程车

速与该路段的限制车速的比值小于 40%,大于等于 20%;E 级表示
拥堵,路段平均行程车速与该路段的限制车速的比值小于 20%,大于
等于 10%;F 级表示非常拥堵,路段平均行程车速与该路段的限制车
速的比值小于 10%。

路段平均行程时间计算步骤:计算某一路段的路段长,并除以
路段平均行程车速计算步骤得出的路段车速值的平均值。

道路交通量计算步骤:计算单位时间内某一路段的段面通过的
车辆的数量;道路交通量计算步骤包括时间设定步骤,设定某一路段
的段面交通量测试时间;汽车电子标识数据判断步骤,在测试时间内
判断当前读取的汽车电子标识数据与前一汽车电子标识数据是否一
致。若一致,则返回数据采集步骤;若不一致,则累计车辆数量。计
算步骤,将累计的车辆数量除以测试时间。计算式如下:

$$q = \frac{\sum_{i=1}^{k} f_i n_i}{t}$$

式中,n_i 为 t 时段内通过第 i 类车的车辆数目;f_i 为第 i 类车辆的折
算系数;t 为时间间隔。

道路车流密度计算步骤:计算某一时刻单位路段中车辆的数
量;密度指单位长度某一瞬间存在的车辆数,表示道路空间上的车
辆密集程度。道路车流密度计算步骤包括时间记录步骤,记录车
辆进入某一路段的时间点、驶出该路段的时间点;测试时间选取步
骤,选取测量道路车流密度的测试时间点,判断该测试时间点是否
在车辆进入某一路段的时间点和驶出该路段的时间点之间;若是,
则进入车辆数量累计步骤,计算步骤:计算所累积的车辆数量与所
测路段的长度的比值,得到道路车流密度,如对该时间间隔内该路
段的车辆进行统计,判断该时刻该车辆是否进入该路段的两个电
子标识读写设备之间,车辆经过两个电子标识的时刻分别记为 t_i、

t_{i+1}，即判断该时刻 t 是否满足 $t_i \leqslant t \leqslant t_{i+1}$ 或者 $t_i \geqslant t \geqslant t_{i+1}$，若满足则进行累计，计算出该时刻该路段内的车辆数。将该时刻该路段的车辆数除以两个电子标识读写设备之间的距离，计算得到车流密度。

道路负荷度计算步骤：计算某一时刻某一路段上的交通量与该路段最大交通容量的比值；负荷度通过评价交通需求与交通供应之间的关系，用于表征道路交通状态。

车辆平均延误时间计算步骤：包括计算车辆平均停车时间和车辆平均行车延误时间。车辆行车平均延误时间：将路段平均行程时间减去自由流时间。自由流时间为路段长度与道路车速限制的商。车辆运行延误指的是在最佳条件下车辆以自由流速度通过该路段所花的时间与车辆实际运行过程中所花费的时间的差值。它包含两部分延误，一部分是由停车延误造成的，另一部分由运行速度低于自由流速度造成的。车辆平均延误指的是路段上的所有车辆延误的平均值。车辆平均延误时间通常用来表征道路路段的通行性能，同时也反映了道路中的交通管理的水平与效率。利用该参数可以用来分析道路的通行状态以及排队情况。

数据融合模块将电子标识技术和数据以及数据深度处理模块处理后的数据进行融合，所采用的方法是加权融合估计法，从而得出融合后数值，可表示为

$$F = \frac{w_{\mathrm{ERT}} F_{\mathrm{ERI}} + \sum_{i=1}^{n} w_i F_{\mathrm{probe}i}}{w_{\mathrm{ERT}} + \sum_{i=1}^{n} w_i}$$

式中，F_{ERI} 为来自电子标识技术的计算值；$F_{\mathrm{probe}i}$ 为来自其他采集设备的计算值；F 为融合后的计算值；w_{ERT} 为电子标识技术的权重；w_i 为其他采集设备的权重。

σ_{ERT}^2 为电子标识技术的方差；σ_i^2 为其他采集设备的方程；其权重

与这些样本的方差成反比：

$$w_{\text{ERT}} = \frac{1}{\sigma_{\text{ERT}}^2} \qquad w_i = \frac{1}{\sigma_i^2}$$

5.4　数据应用

综合信息服务模块包括：① 基本信息查询模块，用以查询车辆基本信息、车辆的登记日期、车辆检测记录、车辆的出行违规记录、收费信息、个人信用行为记录；② 行驶信息查询模块，用以查询车辆的通过检测系统时的时间节点、行驶状态、行驶路线、行驶地点；③ 停车信息查询模块，用以查询车辆的停靠地点、停靠时间；④ 交通构成查询模块，用以查询不同区域、各时段各路段的车辆总数，以及车辆总数中车辆的各类号牌种类、车辆类型、使用性质、归属区域的数量及所占比例。

服务水平评估模块包括：① 道路状态查询模块，用以查询路段的车速、拥堵程度、交通流量、车流密度、道路负荷度以及车辆平均延误时间等信息；② 交通需求特征分析模块，用以查询分析交通需求在时空上的分布特征，分析区域职住平衡水平；③ 出行服务水平分析模块，用以根据交通需求规模和特征，结合道路状态，分析不同 OD 之间的出行服务水平，包括出行时耗、出行速度、出行距离。

行业管理辅助决策模块包括：① 设施配置决策模块，用以根据交通需求特征，分析需求总量、时耗、速度、距离等，结合交通设施布置，判断交通设施是否满足服务规范要求，提出服务实施配置建议；② 交通管理决策模块，用以分析驾驶员的行驶车速、超车特征等驾驶行为，分析道路拥堵和事件多发路段，提出交通管理建议；③ 节能减排决策模块，用以分析不同道路状态下的车辆能耗和排放特征，提出交通节能减排建议；④ 交通诱导决策模块，用以分析交通出行需求和道路状态特征,诱导车辆行驶路径,提出交通诱导建议;⑤ 交通预警模块,用以根据不同特征时间的交通状态,为一般高峰日、极端高峰日、展会活动等提供预警建议。

交通管理与执法模块包括: ① 违法车辆路径追踪模块,用以根据车辆信息和行驶信息,查询并定位违法车辆;② 交通管理控制模块,用以根据道路状态信息,结合车辆路径信息,实现道路交通管理控制。

第6章

数据驱动的交通需求分析预测技术

通过大数据分析可筛选出通勤出行,也可针对出行日期、出行时间、出行方式、出行距离及出行目的,识别不同类别出行者出行选择倾向,如不同出行日期、时间、距离、目的下对出行方式选择的优先排序,交通供应、服务水平对出行行为的影响。通过这些数据分析也可以建立灰色模型进行需求预测,通过大样本训练精度预计可达90%。

多源数据包括一手数据、二级数据和科学数据三种类型。一手数据包括直接采集掌握的内部运行数据;二级数据为采集、收集和整理的二手数据,如经济指标、人口普查、民意调查和网络数据等[1];科学数据包括科学研究的成果、指数、算法、模型等[2]。

本次研究使用的一手数据有交通卡数据、道路检测数据、手机数据、WiFi数据、票务数据等;二手数据为人口普查、居民出行调查、客流调查及已有基础数据的分析;科学数据是手机数据分析模型、交通卡专利、WiFi定位技术、数据融合算法(灰色预测、隶属度函数)等。

6.1 数据来源

1. 手机信令数据

手机信令数据作为新兴的研究方向,一方面,随着手机用户群体数量和手机使用率的不断提高,保证了手机信令数据的样本数量和随机性特征;另一方面,无线通信网络覆盖区域的不断扩大,使得手机信令数据的时空信息具备时间连续性和空间覆盖性广等优点[3]。

手机信令数据样本量大、数据客观、全面,且数据具有较强的时空持续性,可以观测到交通出行整个过程。用手机信令数据分析城市交通运行特征,弥补了传统的交通调查周期性长、工作量大、样本量少和花费高的缺点[4]。手机信令数据在交通出行分析中的应用,主要体现为空间分布和空间活动两大属性,其中空间分布方面,主要包括职住分布分析、昼夜分布和特殊区域及特殊时间分布分析;空间活动主要包括交通活动、文娱休闲和职住迁移等特征分析。具体的分析项包括职住分布关系、职住平衡评价、空间联系效率、设施服务状态(判断是否过饱和)、空间活力(空间设施对人流的吸引力)、联系便捷性、出行方式的可选择性、空间变化性等,如图 6-1 所示。

图 6-1　手机信令数据分类应用示意图

2. 定位数据

目前,成熟的定位导航系统包括美国的全球定位系统(GPS)、俄罗斯格洛纳斯卫星导航系统(GLONASS)、欧洲伽利略卫星导航系统(Galileo satellite navigation system)和中国北斗卫星导航系统(BDS)。

BDS 是中国自行研制的全球卫星导航系统[5],它由空间段、地面段和用户段三部分组成,可在全球范围内全天候、全时段为各类用户提供高精度、高可靠定位、导航、授时服务,并具短报文通信能力,已经初步具备区域导航、定位和授时能力,定位精度 10 米,测速精度0.2 米/秒,授时精度 10 纳秒[6]。当通过硬件和软件做成定位系统终端用于车辆定位的时候,称为车载定位系统[7],其作用包括车辆跟踪、路线规划与导航、信息查询、话务指挥和紧急援助[8]。与交通出行规划密切相关的功能主要体现在前三项,主要的字段信息主要包括车辆编号、车辆经纬度及时间信息。

3. IC 卡数据

集成电路卡(integrated circuit card,IC 卡),也称智能卡(smart card)、智慧卡(intelligent card)、微电路卡(microcircuit card)或微芯片卡等[9]。它是将一个微电子芯片嵌入符合 ISO 7816 标准的卡基中,做成卡片形式[10]。IC 卡与读写器之间的通信方式可以是接触式,也可以是非接触式。根据通信接口把 IC 卡分成接触式 IC 卡、非接触式 IC 和双界面卡(同时具备接触式与非接触式通信接口)[9]。

IC 卡由其固有的信息安全、便于携带、较完善的标准化等优点,在身份认证、银行、电信、公共交通、车场管理等领域正得到越来越多的应用,例如二代身份证、银行的电子钱包、电信的手机 SIM卡、公共交通的公交卡、地铁卡、用于收取停车费的停车卡等,在人们的日常生活中扮演着重要角色[9]。

IC 卡是继磁卡之后出现的又一种信息载体。IC 卡是指集成电路卡,一般用的公交车卡就是 IC 卡的一种,常见的 IC 卡采用射频技术与支持 IC 卡的读卡器进行通信。IC 卡与磁卡是有区别的,IC 卡是通过卡里的集成电路存储信息,而磁卡是通过卡内的磁力记录信息。IC 卡的成本一般比磁卡高,但保密性更好[11]。

非接触式 IC 卡又称射频卡,成功地解决了无源(卡中无电源)和免接触这一难题,是电子器件领域的一大突破,主要用于公交、电信、银行、车场管理等领域。其主要的功能包括安全认证,电子钱包,数据储存等。常用的门禁卡、二代身份证属于安全认证的应用,而银行卡、地铁卡等则是利用电子钱包功能[10]。

公共交通卡作为 IC 卡的一种,主要字段包括卡编号、刷卡地点及时间、费用等信息。

从交通出行分析角度出发,定位数据结合 IC 卡数据,大体包含两个层面,10 项属性,记录个人、车辆和出行主要信息。两个层面,指的是 IC 卡数据包含属性信息和活动信息两个层面,如图 6-2 所示。其中,属性信息主要包括公交卡号及类型、公交车编号/出车信息、单车车辆信息、公交/轨道交通线路名称、乘客进站或上车站点等。活动信息主要包括车辆行驶轨迹及线路方向、刷卡时间、刷卡站点,推断下车站点、乘车时间、乘车距离、乘车费用、乘客类型、换乘次数及换乘地点等。

属性信息

- 公交卡号及类型
- 公交车辆编号/出车辆信息/单车车辆信息
- 公交/地铁线路名称
- 进站/上车站点

活动信息

- 车辆行驶轨迹及线路方向
- 刷卡时间/站点
- 推断下车站点
- 乘车时间/距离/费用
- 乘客类型
- 换乘次数及换乘点

图 6-2　定位及 IC 卡数据信息示意图

4. WiFi 数据

随着无线通信技术的发展及数据处理能力的提高,基于位置的服务成为最具潜力的互联网业务之一[12],特别是在复杂的室内环境下,如大型商场、机场大厅、图书馆、超市、地下停车场、仓库、矿井等环境中,快速、准确地获得移动终端或其持有者、设施与物品在室内的位置信息,并提供位置服务的需求变得日益迫切[13]。

通信与定位正在相互融合、相互促进。通过无线通信及相关参数测量确定移动终端位置,而定位信息又可以用来支持位置业务和优化网络管理,提高位置服务质量和网络性能,所以,在各种不同的无线网络中快速、准确地获取移动位置信息的定位技术及其定位系统已经成为当前的研究热题[13]。

从技术领域来讲,无线定位可以分为广域定位和短距离无线定位两种。广域定位技术又可以分为卫星定位和移动定位,包含 GPS、GSM/载波侦听多路访问(CSMA)/3G、基于移动通信网络辅助的GPS(A-GPS)等,其有基础设施支撑,主要应用在室外,技术相对比较成熟[12]。短距离定位技术主要包括无线局域网(WLAN)、RFID、蓝牙、超宽带(UWB)、超声波、红外线等,主要适用于室内环境,无需建立昂贵的基础设施,精度较高,部署灵活,成本也相对较低。当前应用的主要无线定位技术及对比如图 6-3 所示[13]。

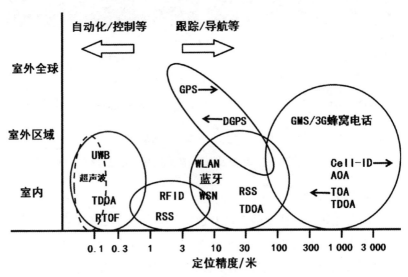

图 6-3 常见无线定位技术对比示意图
(资料来源:https://www.sohu.com/a/277079678_730763)

在室内定位技术中,WiFi 定位的精度为米级,相比 RFID、蓝牙等达亚米级定位精度的技术,要逊色很多[12]。事实上,并不是定位精度越高,定位所带来的价值就越高,定位精度的提高势必带动成本的提高,并且除了 WiFi 之外,其他技术都必须单独铺设信号发生器,有些还要求重新在前端部署信号接收装备,给大面积商用带来了很大的阻力。而 WiFi 芯片在各类智能终端(智能手机、平板电脑)中已广泛普及,通过现有的 WiFi 设备,可快速完成目标定位。因此,从技术的成熟度及规模应用的现实角度考虑,WiFi 定位技术是当前最主流、也是最具发展潜力的定位技术手段之一[13]。

WiFi 探针数据可以采集的数据包括设备媒体存取控制(MAC)地址、WiFi 信号强度、WiFi 信号频道、信号帧类型、抓取设备 MAC、时间戳等数据,主要通过场站管理部门获取数据。其中,设备 MAC 地址是无线访问接入点(AP)的 MAC 地址,用于计算乘客所处的位置。WiFi 信号强度是 AP 设备采集的,是终端与 AP 设备之间的信号强度,通过指纹定位算法,对多个 AP 信号强度特征值对乘客进行定位。无线设备 MAC 地址是终端唯一识别码。

6.2 多源数据融合

信息融合就是由多种信息源如传感器、数据库、知识库和人类本身获取有关信息,并进行滤波、相关和集成,从而形成一个表示构架,这种构架适合于获得有关决策,如对信息的解释,达到系统目标(如识别、跟踪或态势评估、传感器管理和系统控制等)[14]。

多源信息融合一般分为 3 个层次:数据级融合、特征级融合和决策级融合[15]。数据级融合是直接对采集到的原始数据进行融合,是在各传感器的原始预报未经处理之前进行的数据综合和分析,是最低层次的融合;特征级融合属于中间层次,对各种检测器的原始数据进行特征提取,然后对提取的特征信息进行综合分析和处理[16],一般来说,提取的特征信息应是像素信息的充分表示量或充分统计量,然后按照特征信息对数据进行分类、汇集和综合[17];决策级融合是一种高层次的信息融合,其结果为指挥控制决策提供依据,主要是从具体决策出发,针对具体目标充分利用特征级融合的结果进行决策,是三级融合的最终结果[16]。其优劣势如表 6-1 所示。

表 6-1 数据融合三个层次的优劣势

融合层次	优 势	劣 势
数据级	能保持尽可能多的现场数据,提供其他融合层次所不能提供的细微信息[18]	处理代价高,处理时间长,实时性差[19],抗干扰能力差
特征级	实现了可观的信息压缩,有利于实时处理并且所提取的特征直接与决策分析有关,融合结果能最大限度地给出决策分析所需要的特征信息[18]	处理代价相对高,通信量较大,抗干扰能力弱
决策级	具有很高的灵活性,对信息传输宽带要求低,能有效反映信息[18],容错性好,通信量小,抗干扰能力强,对传感器依赖小,处理代价低	预处理代价高,必须对原传感器信息进行预处理[20]

数据融合与数据仓库(data warehouse)、数据一体化(data integration)不同。它的目的不是将一个企业(enterprise)或组织的所有数据集中在一起并标准化而产生唯一的真相(single truth)。它是以产生决策智能为目标将多种数据源中的相关数据提取、融合、梳理整合成一个分析数据集(analytic dataset)。这个分析数据集是个独立的和灵活的实体,可随数据源的变化重组、调整和更新。此外,数据融合胜于数据仓库和数据一体化的是它能包容多源数据[21]。

数据融合的方法涉及多方面的理论和技术[22],如信号处理、估计理论、不确定理论、最优化技术、模糊数学和神经网络等方面[23]。目前,这些方法大致分为随机类方法和人工智能方法两类[24]:随机类方法包括卡尔曼滤波法、贝叶斯估计法、D-S证据推理等[23];人工智能方法包括小波变换、模糊逻辑、神经网络等[23]。

　　以模糊逻辑中的灰色预测模型为例,灰色预测法是一种对含有不确定因素的系统进行预测的方法[25]。灰色系统是介于白色系统和黑色系统之间的一种系统[26],是一种信息不完全的系统。灰色预测通过鉴别系统因素之间发展趋势的相异程度,即进行关联分析,并对原始数据进行生成处理来寻找系统变动的规律,生成有较强规律性的数据序列,然后建立相应的微分方程模型,从而预测事物未来发展趋势的状况。其用等时距观测到的反应预测对象特征的一系列数量值构造灰色预测模型,预测未来某一时刻的特征量,或达到某一特征量的时间[26]。灰色预测模型有两大特点:一是灰色数学能处理不确定量,使之量化;二是充分利用已知信息寻求系统的运动规律[27]。数据处理模型如图 6-4 所示。

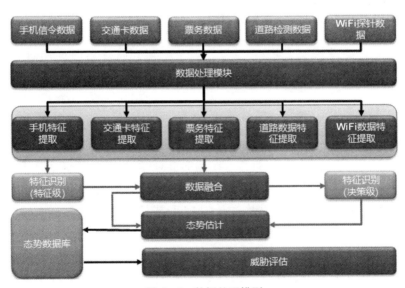

图 6-4　数据处理模型

　　灰色预测模型中会用到一种数据处理的方法即灰色生成法。它指的是将原始数据列中的数据按某种要求做数据处理[27]。其作用在于通过平滑处理,削弱原始数列的随机性,通过生成数列来挖掘未来信息。常见的灰色系统生成方式有累加生成、累减生成、均值生成、级比生成等[27]。

6.3　基于多源数据的客流空间分布分析

1. OD 获取技术

OD 获取技术中针对不同的数据源我们采用了不同的分析方法,对于手机数据源我们用到"交通出行方式及链路分析"。根据数据特征和出行特征,我们将超过 5 分钟的步行或使用交通工具出行距离超过 400 米的定义为一次出行。由此基础上定义出行链为由一次或多次出行(多个出行目的)按顺序先后排列组成。

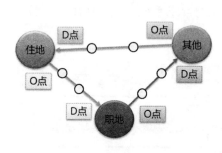

图 6-5　OD 确定模型

研究将停留时间超过 30 分钟的两个连续的停留点(A 点、B 点)定义为一个 OD 对,从 A 点到 B 点,构成一个有目的的出行(见图 6-5)。

进一步研究进行出行方式结构的推算,即利用轨道站点的基站编号,结合用户出行轨迹筛选出使用过轨道出行的用户,得到常住人口 OD 中的轨道出行,以及常住人口 OD 中的非轨道出行,从而对于非轨道出行进行交通方式划分(见图 6-6)。

对于交通卡数据,利用其轨道进出站刷卡时间地点数据、公交上车刷卡数据、轮渡刷卡时间地点等数据,对数据通过降噪、过滤错误信息等清洗步骤,将数据按时间顺序排列,综合 GIS 基础地图与空间地理数据,得到交通卡用户在真实地理空间上的活动情况,进一步进行时空聚类分析,推断用户连续出行轨迹,从而能够得出使用交通卡乘客的出行 OD、分时段的出行量(见图 6-7)。

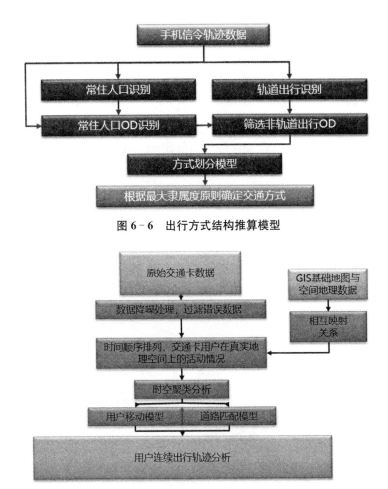

图 6-6　出行方式结构推算模型

图 6-7　交通卡数据处理模块

2. OD 估计技术

通过手机信令数据、WiFi 数据、交通卡数据、票务数据等,利用大数据方法(时空聚类、矢量数据融合等)处理后融合,得到枢纽与城市各小区、各出行方式、出行规模、各方向的 OD、时空分布特征等信息(见图 6-8)。

图 6 - 8 多源数据的 OD 估计技术路线图

以快速路为例,通过快速路出行需求特征分析,解决分析对象(如快速路)与城市交通需求、客流来源与方式分析不足的问题。为决策者把握整个城市的整体出行需求及区域协调、运营组织等提供数据支撑,为管理者协调各种交通方式间的方式引导提供数据支撑(见图 6 - 9)。

图 6 - 9 快速路客流空间分布图

注:图中线段越粗表示客流量越大。

6.4 基于历史数据的轨道交通客流预测

1. 模型建立

灰色模型是对含有不确定因素的系统进行预测的方法[26],其主要技术路径是关联分析原始数据中各个因素之间的联系,生成一定规律性的序列,然后建立相应的微分方程模型,从而预测事物未来的发展趋势[28],最后得到其发展的模型。灰色模型的主要优点是计算量小、不需要大量样本以及不需要样本内部有规律。本次研究基于历史轨道交通进出站客流,预测未来同一站点的进出站客流,是基于灰色模型的 GM(1,1)一阶单序列的线性动态模型来预测未来客流[29](见图6-10)。其中,灰色模型中最基础的 GM(1,1)模型,是一阶单序列的线性动态模型,其对应的微分方程为

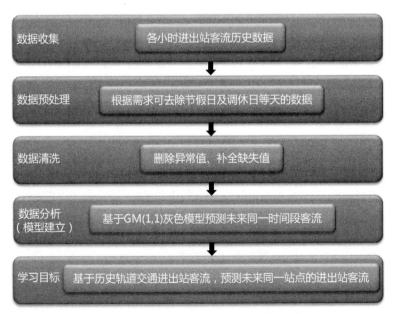

图6-10 基于轨道交通的枢纽客流预测技术路线图

$$\frac{\mathrm{d}x}{\mathrm{d}t} + ax = u \qquad (6-1)$$

设有数列 $x^{(0)}$ 共有 n 个已知值[29]，$x^{(0)}(1)$，$x^{(0)}(2)$，$x^{(0)}(3)$，$\cdots$，$x^{(0)}(n)$，对 $x^{(0)}$ 做一次累加生成得到一个新的数列[30] $x^{(1)}$，表达[31]为 $x^{(1)}(1)$，$x^{(1)}(2)$，$x^{(1)}(3)\cdots x^{(1)}(n)$，其中：

$$x^{(1)}(t) = \sum_{k=1}^{t} x^{(0)}(k) \qquad (6-2)$$

即 $x^{(0)}$ 中前 t 项之和。将数列 $x^{(1)}$ 代入式(6-1)，其方程为

$$\frac{\mathrm{d}x^{(1)}}{\mathrm{d}t} + ax^{(1)} = u \qquad (6-3)$$

式中，a 和 u 是未知参数。将式(6-3)的离散形式展开，可得

$$k=1, \ x^{(1)}(2) = a\{-0.5[x^{(1)}(1) + x^{(1)}(2)]\} + u$$
$$k=2, \ x^{(1)}(3) = a\{-0.5[x^{(1)}(2) + x^{(1)}(3)]\} + u$$
$$\vdots$$
$$k=n-1, \ x^{(1)}(n) = a\{-0.5[x^{(1)}(n-1) + x^{(1)}(n)]\} + u$$
$$(6-4)$$

将两个未知参数向量化，即

$$\hat{\boldsymbol{a}} = \begin{bmatrix} a \\ u \end{bmatrix} \qquad (6-5)$$

使用最小二乘法对方程组[式(6-4)]求解，得

$$\hat{\boldsymbol{a}} = (\boldsymbol{B}^{\mathrm{T}}B)^{-1} \boldsymbol{B}^{\mathrm{T}} y_n \qquad (6-6)$$

式中，$\quad y_n = [x^{(0)}(2) \quad x^{(0)}(3) \quad \cdots \quad x^{(0)}(n)]^{\mathrm{T}}$

$$\boldsymbol{B} = \begin{bmatrix} -0.5[x^{(1)}(1) + x^{(1)}(2)] & \cdots & 1 \\ \vdots & \ddots & \vdots \\ -0.5[x^{(1)}(n-1) + x^{(1)}(n)] & \cdots & 1 \end{bmatrix}^{\mathrm{T}}$$

将式(6-6)的解代入式(6-3),可得 GM(1,1)的预测模型为

$$\hat{x}^{(1)}(i+1)=\left[x^{(0)}(1)-\frac{u}{a}\right]e^{-at}+\frac{u}{a} \qquad (6-7)$$

若需要求各个预测值,其公式为

$$\hat{x}^{(0)}(i)=\hat{x}^{(1)}(i+1)-\hat{x}^{(1)}(i) \qquad (6-8)$$

2. 模型检验及优化

本次预测使用的灰色模型精度检验是残差检验。残差即预测值与实际值的误差,可表示为

$$\varepsilon^{0}(n)=x^{(0)}(n)-\hat{x}^{(0)}(n) \qquad (6-9)$$

设 C 为均方差比值,则式为

$$C=\frac{S_2}{S_1} \qquad (6-10)$$

式中,S_2 是残差的方差;S_1 是原始数据方差。按照下表可以判定该预测模型的精度,当 C 值大于 0.5 时,可以进行残差修正优化(见表 6-2)。

表 6-2 灰色预测精度等级

C	预测精度等级
<0.35	好
<0.5	合格
<0.65	勉强合格
≥0.65	不合格

残差修正优化的主要技术路径是对残差序列,即 $\{\varepsilon^{0}(2),\varepsilon^{0}(3),\cdots,\varepsilon^{0}(n)\}$ 再做一次灰色模型预测。根据灰色模型的性质,残差序列需要首先保证不存在小于 0 的数。若全为负数,则

取绝对值,在完成对于残差的灰色模型预测后取负值;若有正有负,则所有值加上最小数的绝对值,在完成对于残差的灰色模型后减去该值。将残差序列的预测式加上式(6-7)可得原数据 $x^{(0)}$ 的预测模型。若仍然无法使 C 值达 0.5,可以继续对残差进行灰色模型预测,直到符合精度要求。

3. 模型预测结果测试及分析

选取 2019 年 3 月 4 日至 2019 年 6 月 16 日共 15 周的虹桥 1 号航站楼和虹桥 2 号航站楼的分时轨道交通进出站客流数据,验证该预测模型。

前 10 周数据作为训练集,后 5 周数据作为预测集,即预测第 11～第 15 周星期一早上 7 时的进出站客流数据,选取前 10 周所有星期一早上 7 时的进出站客流数据,进行灰色模型预测。

通过比较后 5 周实际数据与模型预测值之间的误差来判断该预测模型的精准度。测试数据时间段内包括了清明节、五一劳动节、端午节等节假日,因此分成了 3 种不同的预测比较情形,包括:① 全样数据;② 仅去除节假日和调休的日子和去除节假日;③ 调休日以及相邻一天的数据。

去除节假日、调休日以及相邻一天的数据的误差整体最小,其次是仅去除节假日,全样数据预测误差最大,因此节假日对灰色预测模型有着较大的影响。对于节假日客流的预测,可以通过灰色模型根据以往同期客流数据进行预测,由于本次研究仅使用了 1 年内 15 个星期的数据,节假日数据样本较少,因此并未进行只针对节假日的预测。在各小时的误差方面,全天除了 23 时,其他时段预测误差变化较小;23 时由于客流较小且接近运营结束时间,误差较大,且进站客流误差明显高于出站客流误差。根据误差对比及相关误差原因分析,通过提升样本量、基于误差较大时段的针对性模型修正等措施可进一步提升灰色模型预测精度,通过大样本训练,精度预计可达 90%。

参考文献

［1］李静.大数据分析的变革[J].科技创业,2011(12):26-27.

［2］王云男,宫文学,李杨.图像融合的原理及基本步骤[J].内蒙古科技与经济,2012(4):112-113.

［3］杨彬彬.基于手机信令数据的城市轨道交通客流特征研究[D].南京:东南大学,2015.

［4］张文霖.数据分析师那些事儿[J].数据,2013(7):44-45.

［5］鲍然.北斗卫星导航系统与全球定位系统的性能比较[J].信息通信,2013(7):3-4.

［6］佚名.即将大功告成北斗导航系统进入收官之战[EB/OL].[2020-04-06]. http://qiye.025ct.com/zx/2020/0406/600755.html.

［7］佚名.什么是车载GPS定位系统? 车载GPS定位系统怎么工作的? [EB/OL].[2019-12-22]. https://iask.sina.com.cn/b/1dVyWdHQou.html.

［8］中交.《出租汽车驾驶员从业资格管理规定》施行[J].广东交通,2012(2):35.

［9］佚名.IC卡-公共交通[EB/OL].[2020-06-01]. https://baike.sogou.com/v310537.htm? fromTitle=IC+c.

［10］佚名.IC卡(Integrated Circuit Card,集成电路卡)[EB/OL].[2017-02-25]. http://www.360doc.cn/mip/631982512.html.

［11］佚名.浅谈IC卡在市场上占据重要位置的优势[EB/OL].[2014-06-05]. http://www.66sz.cn/news_show-183.html.

［12］张杰,郑振鹏,黄孙港,等.Wi-Fi技术在光网络单元中应用方案设计[J].单片机与嵌入式系统应用.2011(11)4:43-45,47.

［13］田艳中.基于Wi-Fi技术的农村宽带接入解决方案[J].电信工程技术与标准化,2013(10):51-55.

［14］佚名.多源信息融合理论与技术发展[EB/OL]. [2012-05-11]. https://wenku.baidu.com/view/ad150995daef5ef7ba0d3ce9.html.

［15］李良.浅析信息融合技术的研究与应用[J].中国科技博览,2013(27):612.

［16］林信明,王伟智.城市环路交通状态自适应判别方法[J].福州大学学报(自然科学版),2013(1):77-82.

[17] 易立,赵海燕,张伟,等.特征模型融合研究[J].计算机学报,2013,36(1)：1-9.

[18] 王少飞,王辉,涂耘,等.公路隧道交通事件分类分级与应急管理[J].公路,2013(7)：190-193.

[19] 李海南.基于物联网的碳纤维生产过程监测系统的研究与开发[D].上海：东华大学,2013.

[20] 佚名.数据融合概念[EB/OL].[2017-02-14].https://max.book118.com/html/2017/0214/91270229.shtm.

[21] 顾君忠.大数据与大数据分析[J].软件产业与工程,2013(4)：17-21,52.

[22] 季文献,厉小润,王晶.基于传感器信息融合技术的智能隧道监控系统[J].有色冶金设计与研究,2011,32(4)：141-144.

[23] 佚名.数据融合的基本原理[EB/OL].[2018-04-26].https://www.docin.com/p-2103652840.html.

[24] 郭豫荣.温湿度传感器的原理及应用[J].电子元器件应用,2012(Z1)：35-38,56.

[25] 佚名.大数据分析案例：财政收入预测分析[EB/OL].[2020-03-11].https://blog.csdn.net/cjw12581/article/details/104805619/.

[26] 马良荔,李刚,陶道强.基于灰色GM(1,1)模型的故障预测方法[J].计算机应用与软件,2013,30(4)：198-200.

[27] 金明爱,程隆昌.股票价格的灰色预测模型[J].延边大学学报(自然科学版),2014(1)：54-57.

[28] 高建成.蓄电池的未来发展趋势[J].经济技术协作信息,2014(4)：110.

[29] 邢昕.灰色神经网络改进算法及其应用研究[D].武汉：华中科技大学,2011.

[30] 佚名.灰色预测模型理论以及其应用[EB/OL].[2020-12-16].https://max.book118.com/html/2020/1214/8073132047003026.shtm.

[31] 佚名.灰色系统[EB/OL].[2013-05-19].https://www.doc88.com/p-1965954206684.html.

第7章

基于多源数据的交通状态研判

7.1 宏观态势分析

基于手机信令数据的分析全面了解并掌握城市综合交通基础现状，以对城市交通规划、运营、管理、服务予以辅助支撑。对原始手机信令数据进行采集、预处理（清洗、排序、修补），通过地图匹配、出行链分析等技术，获取较翔实的城市交通基础研究数据，进而与其他调查方式获取的调查数据进行扩样校核，获得更为完善、高精准的分析结果，支撑城市人口分布、出行OD、轨道交通客流分布、内外客流分布、联系强度等应用的分析。

手机信令数据包含了丰富的出行信息，利用长期历史数据，可以进行用户活动范围和行为规律的总结和提炼，从而为交通调查和规划等方面的应用提供数据基础，包含以下具体应用。

1）交通出行调查及出行特征分析

交通出行调查是通过对出行起讫点（O点和D点）间的调查，获取居民出行目的、出行方式以及时间和空间分布等特征数据，从而了解交通状况及交通需求的时空分布特征。相比于传统的人工调查、固定式检测器等方式，信令数据因有覆盖面广、连续性强、成本低廉等特点，故使其在交通出行调查方面具有明显优势。

（1）出行OD分布分析。出行OD信息是交通出行调查的重点和具体应用的基础。通过信令数据提取出行链，对出行链中单次出行进行分析，将停留点映射到交通小区，得到出行起讫点（OD）、出行距离和出行时间等信息。

（2）职住分布调查。职住分布是分析通勤交通的重要组成部分，基于交通分析区域，分析通勤人口的数量，确定通勤人口的居住地和工作地分布，并进一步分析通勤距离以及通勤时长等出行特征。

（3）出行方式辨识。基于手机信令数据的出行方式辨识，其优势在于数据量大、连续性强，但是相比于高频率、高精度的 GPS 数据，其定位精度受基站分布影响，且采样时间不均匀，从而增加了辨识的难度。

在实践中，可采用基于规则的方法进行出行方式辨识，利用手机信令数据，提取用户基于基站位置的轨迹，结合道路、轨道等路网基础数据信息，得到用户出行路径，通过与小汽车、步行等不同方式下合理的出行时间阈值进行比较，判断出行方式，或将手机信令数据中相同 OD 的用户出行时间进行聚类，通过在线地图查询获取不同出行方式下的出行时间，从而区分不同出行方式。

（4）活动模式分析。活动模式分析是基于用户的出行链挖掘出行规律，提炼典型的活动位置和活动类型，从而进行用户画像和行为预测。由于手机信令数据与个人活动轨迹密切关联，根据用户全天的出行链进行位置类型的标记（如家里、工作地、其他地方），结合用户在不同位置的访问时刻和逗留时间进行建模，刻画典型的出行模式。

（5）人口流动分析。手机信令数据能够为流动人口分析提供支撑。结合运营商提供的号码归属地信息区分流动人口，分析其活动轨迹的时间及空间分布，确定活动范围、活动模式以及逗留情况。

2）动态客流监测

动态客流监测是利用手机信令数据实时、连续的特点，获取监测范围内的客流及其实时变化情况。

（1）城市人口时空动态分布。通过设定较短的时间窗，实时地对城市中人口的空间分布进行监测，确定各交通分析单元内的人口数量和密度。

（2）特定区域客流聚集。在给定区域范围内,实时统计在不同时间段内进入或离开的客流,确定客流集散情况,当区域内客流达一定规模时进行预警。

3）公共交通客流特征分析

（1）城市轨道交通客流特征分析。基于手机信令数据研究城市轨道交通客流[1],识别乘客的换乘站点及路径信息,判断各站点的进出站客流,从而得到轨道交通站点客流特征及服务情况。

由于轨道交通地下部分设有专门的基站,因而其分布受限于线路形态,主要呈线状分布。一般来说,同一条轨道线路基站的位置区（LAC）相同,但是由于线网结构等因素的影响,也存在多条线路共用同一个 LAC,以及同一条线路存在多个 LAC 的情况。整体上看,非轨道线路的 LAC 中小区一般呈片状分布,而在轨道线路中则呈线状分布,可以根据这一特点确定轨道交通基站。提取出与轨道交通基站相关联的乘客后,可以研究轨道交通乘客出行路径识别,得到进站、出站和换乘行为,获得各个线路上的客流情况以及线路间的换乘客流,从而进一步推断线路的拥挤情况。

（2）常规公交客流。基于手机信令数据划分出行方式,识别公共交通乘客,提取乘客上车和下车站点,分析公交的客流、运行线路、运行速度等信息,展开基于从起点到上车点以及下车点到终点的“最后一公里”的研究,对常规公交的可达性等服务指标进行评价。

7.2　运行趋势研判

浮动车检测技术通过采集浮动车的运行数据,经分析处理后生成交通信息,从而服务于交通信息发布、交通管理和控制以及交通规划等应用[2]。

1）动态交通信息发布

原始采集的浮动车 GPS 数据经浮动车信息采集系统进行处理

后,结合电子地图能实时地反映路网的运行状态,从而为出行者提供实时信息。

(1) 交通状态判别。基于 GPS 浮动车行驶在路网中所实时检测到的数据,可根据其预处理之后的结果实时估计道路的交通参数并分析出道路的交通状态[3]。交通状态直观表现在交通拥挤程度上,交通拥挤程度需要通过交通参数进行衡量,行程时间和行程速度在交通拥挤判别中应用效果较好。

a. 基于路段行程时间的交通拥挤判别。路段行程时间可以直观描述交通拥挤状况,如果路段上车辆的实际行程时间高于预期,则路段处于拥挤状态,从而在设定路段期望行程时间的基础上计算车辆行程时间延误,进行交通拥挤的自动判别。结合车辆在同一路段相邻时段的行程时间数据,以及车辆在不同路段同一时段的行程时间数据,进行拥挤类型判别[4],分析属于常发性拥堵还是偶发性拥堵。

b. 基于路段行程速度的交通拥挤判别。基于浮动车瞬时速度数据,对其变化规律进行分析,设定拥挤和非拥挤状态下速度和加速度的阈值,进行交通拥挤的自动判别。

(2) 交通异常检测。城市道路交通异常是指在发生重大交通事故、集会、施工、交通管制等情况下,道路的实际运行特征偏离了预期,如出现交通流量下降、行驶速度缓慢从而影响了道路运行效率。采用浮动车数据进行交通异常检测主要包含两种方式:基于道路交通参数特征的异常检测以及基于区域间交通参数特征的异常检测。

a. 基于道路交通参数特征的异常检测。以单条道路为检测对象,通过建立道路上的交通参数的分布特征,进行异常检测。通过对道路上采集得到的浮动车数据进行分析,计算道路在某一时段内的行程时间、流量、行程速度等交通参数,基于历史数据以及相关道路间的相似性,确定交通参数的合理分布范围,当超出这一范围时被判定为发生了异常事件。

b. 基于区域间交通参数特征的异常检测。以城市中的交通分析区域为检测对象,通过建立区域与区域之间的交通特征,进行异常检测,分析起始区域 O 和目标区域 D 之间在某一时段内交通参数(如流量)的时空分布特征,识别区域间交通参数偏离合理分布范围的情况,识别异常事件;或根据区域间出行时路径选择的差异性,分析道路使用情况,针对道路流量明显减少或增加的情况进行异常事件判别。

2) 出租车运营管理

出租车具有运营时间长、道路覆盖面广、易于集中管理的特征,是典型的浮动车类型。基于浮动车检测技术采集得到的 GPS 数据,为分析出租车的客流需求、车辆的时空分布和运营特性提供了数据支持,从而辅助出租车公司进行规划、车辆调度和运行管理,给出寻客路径和行车路径的建议。

(1) 出租车运营特性。基于出租车 GPS 数据,对出租车运营指标进行计算,从而掌握出租车运营的基本情况和运行效率。

a. 出租车客流需求分析。基于出租车的 GPS 数据,挖掘出租车客流出行的时空分布特性,识别载客热点区域[5],展开出租车需求预测研究。提取出租车在载客状态下的上下客时间和经纬度信息,挖掘出租车出行需求的时空分布特征,得到不同区域的打车热度等信息。

b. 出租车运营时间。出租车运营时间体现驾驶员的劳动强度,通过日均运营时间、日均载客时间、时间利用率、单次平均出行时间等指标进行衡量。

c. 出租车运营里程。出租车运营里程体现出租车道路使用情况,通过日均运营里程、日均载客里程、里程利用率、单次平均出行距离等指标进行衡量[6]。

d. 出租车运行速度。出租车运行速度体现出租车运营效率以及道路交通运行状态,通过平均载客速度、平均空驶速度、工作日高峰载客速度等指标进行衡量[6]。

(2) 出租车寻客路径引导。基于出租车的运行特性,分析出租车的载客情况变化,需求分布特征以及车辆的时空分布特征,对出租车进行寻客路径的引导,从而优化运力配置和调度策略。

出租车的寻客路径引导以提高出租车的效益和运营水平为目标,根据热点区域分布及需求预测的结果,提取热点路径,平衡热点路径上的出租车供需关系,以避免资源浪费,降低出租车的空载巡游率,提高运营效率。

(3) 出租车轨迹数据挖掘。通过挖掘海量的出租车轨迹数据,揭示交通状态的时空变化规律和出行需求的时空分布特征,并从中汲取出租车司机的驾驶经验信息,从而为交通管理与服务提供依据,有助于构建更加便捷高效的解决方案。

3) 城市路网结构功能分析

浮动车在城市路网中运行,采集了大量的交通信息,既包含时间、速度、流量等丰富的交通参数,也包含了高精度的位置和方向信息,从中进行路网的结构和功能分析,从而为交通规划提供依据。

(1) 城市路网提取。电子地图是一种重要的基础道路信息。传统的电子地图构建依赖于专门的机构借助专门的设备进行路网信息采集,或依据公众共同参与的开放地图项目(如 OpenStreetMap),但是随着浮动车技术的日益成熟和普及,基于 GPS 数据的路网提取具有成本低、效率高的优势,相关研究主要包含三部分:导航地图构建、道路交叉口识别以及车道识别。

a. 导航地图构建。基于浮动车数据构建导航地图的关键在于,利用 GPS 数据点提取道路的拓扑结构,即包含节点和边的有向图。可将该任务拆分成两个子任务:首先,根据位置和方向相近的 GPS 数据点提取道路节点,基于运行轨迹连接节点得到路段;其次,结合空间位置和几何形状对节点和路段进行合并和精简,从而得到包含拓扑信息的导航地图。

b. 道路交叉口识别。直接由 GPS 数据得到的道路节点包含道路形状控制点和道路交叉口。其中,道路交叉口对于交通研究具有重要作用。在进行道路交叉口识别时,需要对经过各个节点时不同方向的流量进行统计,通过不同的模式来对节点类型进行划分,实现交叉口识别。

c. 车道识别。地图导航功能主要依赖于道路中心线和连接性的辨识,实际的路网包含车道数量等更多细节信息。原始 GPS 数据点的随机误差会导致轨迹之间存在重叠,增加车道识别难度。车道识别基于断面展开,假设 GPS 数据点在断面上的分布服从高斯混合模型,通过模型参数的标定,确定车道位置和车道数量。

(2)路网功能分析。层次清晰、功能明确的路网是保障城市交通平稳运行的重要基础。浮动车数据包含丰富的道路和交通状态信息,能够为综合分析路网的结构和功能,进行路网评价提供数据支持,进而识别出不合理的路网结构,为改造道路网络,进行功能整合提供参考。

针对不同等级的道路,对浮动车数据进行处理、分析,得到道路的功能指标,包括道路的利用率、非直线系数等指标;生成 OD 数据,分析车辆在不同区域之间行驶时的区域之间的连通性和可达性,从而评估路网功能层次的合理性,发掘不足之处,给出参考建议。

7.3　精细化运营管理

公交客流特征指标主要反映公交乘客时空分布,可用于指导合理安排运营计划,实现精准的客流匹配,降低运力浪费,提升运营效率。公交客流特征的分析通常分为时间和空间两个维度,从站点、线路、OD等方面进行评价。

1) 数据来源

客流特征分析的数据来源一般为人工调查数据、公交自动乘客计数(APC)数据及公交IC卡数据。由于IC卡数据能够记录连续的出行,计数准确,不需要额外增加采集设备,基于公交IC卡数据的客流特征研究成为主流。

2) 公交客流时间分布

(1) 线路客流时段分布特征。以单条线路客流全日分时段分布特征为研究对象,反映公交线路一天不同时段内的公交客流变化[7]。为制订单条公交线路的行车计划、排班计划等运营工作提供客流依据[7]。

(2) 站点客流时段分布特征。以单个公交站点客流全日分时段分布特征为研究对象,由于一个站点存在上车与下车两类客流,因此可分为站点上车和下车客流时段分布特征[7]。

站点客流时段分布特征可为在不同时段内组织开行区间车、大站快车等灵活运营组织方式提供客流依据[7]。

(3) 高峰小时客流特征。根据居民出行特征,以城市公交客流早高峰与晚高峰时段的客流特征为研究对象。根据研究层次的不同,可分为全网高峰小时客流、线路高峰小时客流、站点高峰小时客流[7]。

a. 高峰小时的确定。近似认为刷卡客流的时间分布与投币客流的时间分布规律一致,则刷卡客流的高峰小时即可认为是实际公交客流的高峰小时[8]。

b. 高峰小时客流量。高峰小时客流量为高峰小时内乘坐公交的人次数[8]。对于大部分线路,高峰与平峰的客流量差别较大[9]。

c. 高峰小时乘车率。高峰小时乘车率(riding ratio in peak hour)为高峰小时乘车人次与全日客运量之比,可反映公交客流时间分布的特征。

（4）线网客流分布。通过整合公交线路站点 OD 与换乘客流,得到全网公交客流的 OD 分布,将全网公交客流 OD 分配到路网之后,可以得出城市主要公交走廊的分布情况[7]。

在进行城市快速公交规划、城市公交专用道规划等相关公交规划时,可结合道路情况优先考虑这些主要公交走廊[7]。

线路日客流量反映了线路的经济效益情况,同样也是预测规划年线路客流量的重要基础资料[10]。在进行预测时,需要连续若干天的数据,才能符合公交规划的基本要求[9],而公交 IC 卡数据的连续性恰好满足了这一需求。

（5）客流断面分布。公交客流断面是指公交线路在单位时段内、两个相邻站点间断面的客运量[7]。

时段内开行的公交车辆的承载能力需要满足该时段内的最大断面客流,从而满足城市居民在该条线路的日常公交出行需求[7]。

（6）客流方向不均衡性。客流方向不均衡性针对单条公交线路在某一时段的客流空间分布特征而言的,用于分析公交客流的潮汐现象。一般公交线路分为上下行两个方向,在某一时段公交线路两个方向的客流量往往是不同的,特别对于郊区线路,在早高峰期间,客流以进城方向为主,晚高峰期间以出城方向为主[7]。

通过对客流方向不均衡性的定量研究,可为公交线路首末站的备车数量的分配比例提供客流依据,从而减少车辆空驶距离,提高公交运营效益[7]。

（7）不均衡系数。不均衡系数是衡量公交客流时空分布均匀性的重要指标,主要可以分为时间不均衡系数、方向不均衡系数和断面不均衡系数。

a. 时间不均衡系数。公交客流的时间分布是不均匀的,尤其是对于通勤客流占比较大的线路,易形成上下班客流高峰。公交客流时间分布不均衡的特性一般用时间不均衡系数(time non-equilibrium factor of passenger flow)表示,即在一条线路的高断面上,高峰小时客流量与全日小时客流量的平均值之比[11]。

b. 方向不均衡系数。在相同时段内,公交线路上行和下行的客流量往往也是不同的。如对于一条连接城市外围居住区和城中就业集中区的公交线路,在上班时间大量乘客由居住地前往工作地,下班时间则是正好相反。公交客流在线路上下行分布的不均衡性一般用方向不均衡系数(unbalanced directional factor of passenger flow)表示,即在一条线路的高断面上,高单向客流量与双向客流量的平均值之比[11]。

方向不均匀系数表示公交线路上下行两个方向客流量差别,线路上下行两个方向上可能表现在一天总客流量差别较大,也可能表现在某时段客流量差别较大(通常为高峰小时)[9]。

c. 断面不均衡系数。断面不均衡系数(section non-equilibrium factor of passenger flow)是指在一条线路上高断面客流量与其他断面客流量的平均值之比[11]。

公交线路沿线各断面的客流量不尽相同,常常呈现中间客流量大,两端客流量小的分布特征。通过计算和分析客流断面不均衡系数,可以分析区间车开设的必要性。路段客流不均匀系数大于1,就可以视为高峰路段,若路段客流不均匀系数在1.2～1.4,则属于正常调节范围,不一定开设区间车;若大于临界值1.4时,则有开设区间车的必要[10]。

7.4 城市发展

7.4.1 城市活跃度分析

从交通设施联通性以及交通出行联系活跃度角度,分析城镇体系中的城市发展要素在城市的集中程度。

通过对全国手机信令数据的分析,以上海莘庄工业区为例,可追踪城市内的活动用户的职住分布情况,以及在城市中的活动轨迹。分析城市交通联系强度(见图7-1,图中线条越粗代表出行强度越高),包括需求、频次、驻留时间长度等。基于道路网及路径规划算法,可分析道路联通性,包括时空可达性、高速公路比例、费用、绕行程度等。

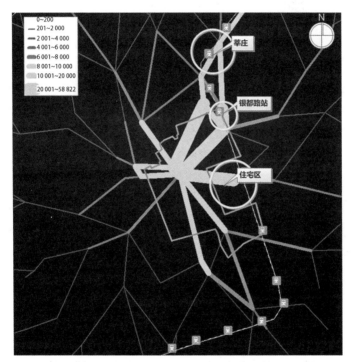

图7-1 上海莘庄工业区主要出行方向的交通联系(单位:人次/天)

7.4.2 城市空间布局

针对城市内居住、工作、产业的布局,提供基于手机信令数据及兴趣点(POI)、兴趣面(AOI)的数据分析,掌握城市职住分布、产业分布以及产业和人流的结合程度。

以上海为例,将基于基站的手机信令数据清洗后,整合成边长150米的网格(见图7-2),通过分析网格内手机用户出现频次和时长,识别人口和岗位规模,图中网格不同颜色及灰度表示岗位规模不同,较统计数据的精细度及时效性有显著优势。

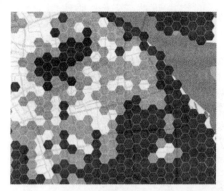

图7-2　上海网格化岗位分布示意图

通过POI、AOI数据与交通需求交叉分析,研究特定区域范围内的设施规模、人流规模,以及人员流向与设施配套的供需匹配程度。POI、AOI数据细分为20＋大类和800＋小类,覆盖医院、学校、住宅、商业、办公等设施(见图7-3)。

7.4.3　城市交通需求

在高质量发展的现阶段,城市交通需求管理是交通精细化管理和制定城市交通政策的重要基础。城市交通精细化管理和政策的科学决策应当立足现有情况(人口流动状况、城市群布局、城市规模等),基于数据采集和分析人的真实、动态需求,跟踪需求的动态变化规律,才能既符合实情,又有时效。城市发展和有机更新决定城市交通网络的构建和运行是动态的,构建与运行之间是互动、互补的。通过对信息化数据的深入分析,可以从不同视角精确把握交通需求特征,从而为实施有针对性的交通需求管理政策提供依据,交通需求管理政策实施效果评价及优化也依赖于信息化数据[12]。

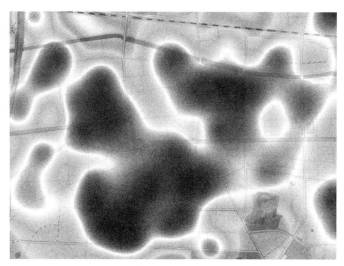

图 7 - 3 上海商圈周边人流密度示意图

注：图中颜色越深表示人流密度越大。

传统交通需求预测方法用的是四阶段法，因为难以根据区域类别、人群类别进行精细化分析和预测，难以反映需求影响因素的复杂性和需求随机性变化，因此有一定局限。其建模数据基础过去受条件所限不可能大规模调查，而大数据可以让我们知道每个人的逐日出行，从而为精准的需求分析和预测奠定基础。大数据可以对每一个交通小区进行需求解析，确定哪些是确定性需求，特别是与通勤有关的确定性需求；哪些是突发性需求，如大型活动就是突发性需求；还有噪声性需求，如日常性的随机活动波动等。

本次研究基于手机信令数据，分析人员的出行分布。通过对驻留时间、行程速度、绕行程度 3 个维度指标的迭代计算，合理地对数据进行切片，获得更准确的出行数据。

以（上海）自由贸易试验区临港新片区为例，对交通出行需求进行分析（见图 7 - 4）。

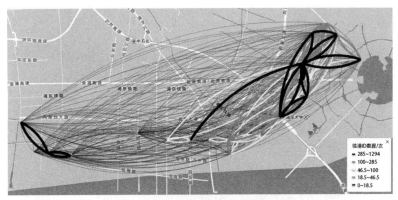

图 7 - 4 (上海)自由贸易试验区临港新片区交通出行需求分析图

7.5 文旅交通

针对景区的人流、商业、交通等分析,基于交通大数据提供文旅融合解决方案,促进交通运输行业与旅游业进行深度融合。提升发展旅游业中的交通基础作用,加强交通串联旅游各要素的枢纽作用。

以曲阜市三孔景区(孔府、孔庙、孔林)为例,对景区游客规模以及游客来源地进行分析。通过游客夜间留宿的位置,优化周边酒店设施定位及布局。研究景区之间联动关系,推荐联票及旅游线路设置方案(见图 7 - 5)。以上海市会展中心为例,通过分析会展主要客流来源,研究观众到达会展中心的主要方式,以及到达后首先参观的展区,达到优化会展中心与客源地间交通线路规划的目的。

7.6 道路交通

针对道路拥堵、施工改造、交通组织优化等场景,基于浮动车等数据,实现车辆完整路径溯源,提出从源头到过程,最终到节点层面

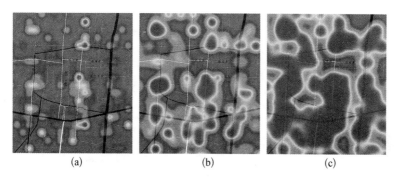

图 7-5　三孔景区客流高峰热力图

（a）三孔景区工作日客流高峰（13:00～14:00）热力图；（b）三孔景区周末客流高峰（13:00～14:00）热力图；（c）三孔景区节假日客流高峰（13:00～14:00）热力图[13]

的多层次改善措施。

　　以上海为例，对龙东大道快速化改造进行交通影响分析。将龙东大道上的车辆按照内部、到发、过境三个层次分析影响程度，以及分流后对周边路网的影响。通过对龙东大道周边目的地的分析，提出施工期间交叉口的交通组织方案（见图 7-6、图 7-7）。

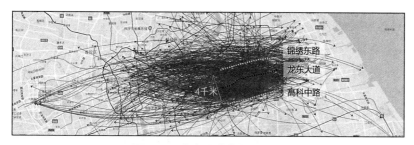

图 7-6　龙东大道车辆溯源图

　　以上海张江高科技园区为例，对拥堵改善策略进行研究。通过对浮动车及交通违章数据的融合分析，识别常态化拥堵路段及拥堵的成因。通过对交通的长短距离、内外分布等特征的分析，提出分类针对性的改善建议（见图 7-8、图 7-9）。

图 7-7   分流情景模拟图

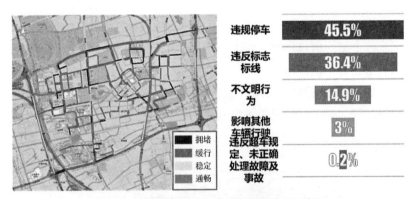

图 7-8   拥堵路段识别及拥堵成因分析示意图

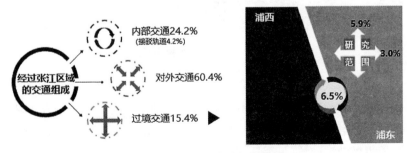

图 7-9   交通构成分析示意图

7.7　公共交通

基于公共交通乘客出行链捕捉算法,完整复原公交乘客出行轨迹,支撑公交网络优化、线路评估、两网融合、运营优化、中运量线路设计等,提供公共交通点、线、面三个维度的客流及设施分析解决方案。

以上海为例,对全市1 500条线路进行出行链捕捉,分析站点的上下客流和换乘客流、线路的乘客上下站OD和通道的客流OD、公交网络层面的出行起终点OD,进一步结合运营数据,评价供需关系(见图7-10)。

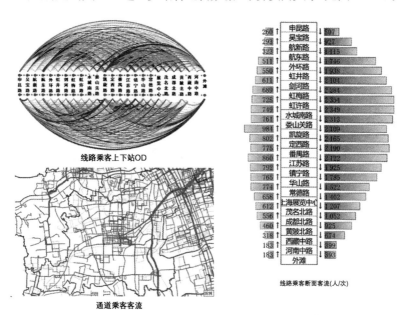

图 7 - 10　客流分布图

注：左侧上下两张图片中的线图越粗表示客流量越大。

对上海骨干走廊公交线网调整方案进行研究。针对走廊上的每一条线路开展走向和客流与走廊契合程度分析,围绕一路一骨干的理念,整合线路资源;综合分析步行距离、换乘次数、费用成本、乘客规模等影响因素,为线路优化提供决策依据(见图 7-11)。

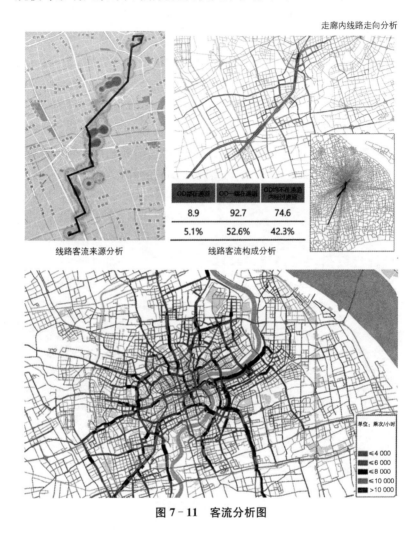

图 7-11   客流分析图

7.8   交通模型

将大数据分析与四阶段模型结合,在各个阶段里注入更多的数据类型,提供更多维度的校核验证数据,大幅提升模型的精度;依托网格化的底层数据,实现更灵活地划分及调整交通小区;提供更大样本量的机动车和公共交通出行 OD,弥补居民出行调查 OD 数据样本量的不足。

　　以上海为例,实践综合交通模型的构建。模型构建 3 000 个交通小区、1 500 条线路、75 个用户组、39 种路段类型(见图 7 - 12)。融合了基于手机信令、交通卡、浮动车数据的 OD 数据、互联网地图路况数据、五万个样本的居民出行调查数据等,用于支撑交通设计、交通组织、交通政策等工作,如延安路路中式中运量线路的规划设计。

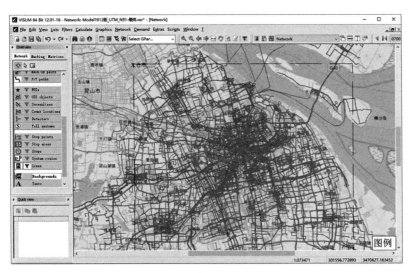

图 7 - 12　上海市综合交通模型

　　构建基于活动链的交通仿真模型(见图 7 - 13)。传统以交通小区为单位的集计模型,由于不能反映个体特征,不适用于复杂的交通管理问题。开发能够准确描述个体出行决策过程的非集计模型,是城市精细化管理的有效工具。非集计模型对个体出行全过程的数据精细程度要求极高,例如图 7 - 13 中个体在道路上的活动轨迹,大数据分析方法提供了解决方案。

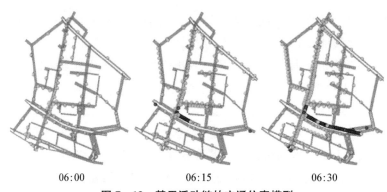

06:00   06:15   06:30

图 7‐13　基于活动链的交通仿真模型

　　研究提供云计算＋大数据＋算法模型＋可视化＋GIS 操作的一整套工具化的解决方案,大数据能够更便捷、更深入、更低门槛应用于规划设计工作。平台的优势是底层数据治理,包括基于 150 米边长的网格化出行数据,每台机动车的路径数据等主题数据。基于GIS 功能,可实现自定义空间刷选,结合算法模型和可视化,便捷应用于各类项目需求[14](见图 7‐14)。

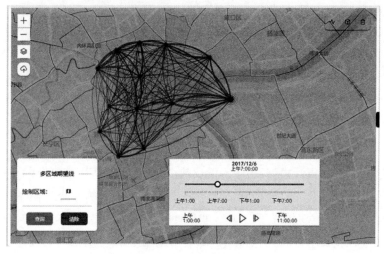

图 7‐14　数据规划平台

参考文献

［1］岳真宏.基于刷卡数据的城市轨道交通与常规公交换乘站点化［D］.北京：北京交通大学,2017.

［2］吕娜娜,王翠丽,孙海燕.用电信息采集系统及其应用［J］.消费电子,2014（10）：189.

［3］李梅红.基于 GPS 浮动车的道路交通服务水平实时评估研究［D］.重庆：重庆大学,2007.

［4］李家伟.城市道路交通拥挤状态识别关键技术研究［D］.成都：西南交通大学,2009.

［5］池利兵.城市客运出租车空气污染测算方法与减排策略研究［D］.哈尔滨：哈尔滨工业大学,2015.

［6］翁剑成,刘文韬,陈智宏,等.基于浮动车数据的出租车运营管理研究［J］.北京工业大学学报,2010,36(6)：779-784.

［7］王周全.基于 IC 卡数据与 GPS 数据的公交客流时空分布研究［D］.成都：西南交通大学,2016.

［8］李中海.客流走廊中的地面公交协调组织优化方法［D］.南京：东南大学,2017.

［9］孙旭.公交 IC 卡数据分析和数据仓库构建研究［D］.长春：吉林大学,2008.

［10］佚名.结合大数据技术和云计算技术的金融 IC 卡业务拓展［EB/OL］.［2015-02-27］. https://wenku.baidu.com/view/7a85d457192e45361166f51d.html.

［11］中华人民共和国建设部.城市公共交通工程术语标准：CJJ/T 119-2008［S］.北京：中国建筑工业出版社,2008.

［12］汪光焘.大数据时代城市交通学发展的机遇［J］.城市交通,2016,14(1)：1-7.

［13］顾杨,俞雪雷.大数据视角下曲阜市文旅交通区位特征分析及保障方案探讨［J］.交通与运输,2020,36(6)：19-23.

［14］赵勇,董幼鸿.探索城市治理的"上海方案"［N］.解放日报,2020-06-23(10).

第8章

数据驱动的基础设施分析

公共交通基础设施,是公共交通服务城市建设、经济发展和广大乘客的基本要件,是保障公共交通运营和服务社会各项经济建设的基本要素,其发展状况如何,直接影响到公共交通的服务质量和行业形象[1]。公共交通基础设施主要包括公交/轨道交通线路、公交/轨道交通车辆、公交/轨道交通站点、停车场、保养场等。城市公共交通基础设施的建设状况,不仅体现了公共交通的整体功能,同时也展示了城市建设和社会经济发展的现实状况。城市公共交通基础设施的健康发展与城市建设、社会经济以及城市人民的生产、生活息息相关[1]。因此,掌握公共交通基础设施现状及其发展变化情况具有重要的现实意义[2]。

正如前文所述,鉴于基础设施发展现状的掌握具有重要的意义,我们在重要的发展规划、行动方案及工作中往往会提出相关的指标,包括历次综合交通五年规划、城市总体规划、"公交都市"创建方案等。涉及的指标如公交线网密度、公交站点500米覆盖率/轨道交通站点600米覆盖率、公交车万人拥有率、公交车进场率、轨道交通公交两网融合水平等等。

地理信息、宏观模型等大数据技术发展并成熟应用之前,基础设施的调查和统计以人工调查为主,工作量大、耗时长、准确率受调查人员的专业素养和工作态度影响较大,成本高、更新周期间隔大,统计范围单一且局限,无法满足便捷、个性化的统计分析需求。以上海为例,随着大数据的不断发展普及,基础设施的地理信息不断完善,形成数据驱动下的基础设施分析手段,不断提升对基础设施统计分析能力,形成"面"上的技术应用。

8.1　基于时间维度的基础设施分析

上海市于"十二五"开始,每年度开展全市公交客流调查,至今已有十多年,积累了丰富的公共交通数据,形成了公共交通基础数据库,为行业管理决策提供了重要的数据支撑。

1. 基于时间轴的轨道交通设施发展分析

轨道交通的基础设施分析,主要着眼于线网规模、站点覆盖及车辆发展等方面。根据历年大数据分析可知,轨道交通设施供应不断增加、辐射能力显著提升;线网运能持续提高,服务保障能力明显提升;重要性逐年上升,轨道成网优势凸显。

2011 年建成轨道交通 12 条线路,280 座站点。2011—2019 年线路增加到 17 条,站点新增 135 座,达 415 座。以 600 米服务半径计算,全市轨道站点服务覆盖率 6.3%,中心城轨道站点服务覆盖率 40.1%(扣除水域和大型绿地)(见图 8‑1)。

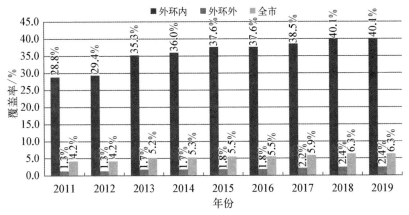

图 8‑1　上海轨道交通站点 600 米服务半径覆盖率历年变化图

截至 2019 年，运营线路长度从 454.1 千米提高至 704.9 千米，上海向外延伸 5.9 千米。上海已形成世界级城市轨道交通网络，轨道交通线路不断向郊区延展，中心城向外辐射能力明显提升。依托轨道交通 11 号线，上海进一步加强与周边省市对接，促进长三角交通一体化(见图 8-2)。

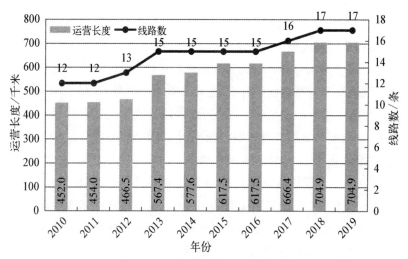

图 8-2　上海轨道交通历年运营里程

通过增加车辆和缩短发车间隔，轨道交通网络运能每年持续提高。2011 年全市轨道交通运营车辆 2 899 辆，列车编组 466 列，至 2019 年提高至运营车辆 5 911 辆，列车编组 975 列，实现运营车辆和列车编组双翻倍，高峰时段发车间隔时间进一步缩短，配车数增加以及班次加密提高了客运服务保障能力(见图 8-3)。

从历史数据变化情况来看，轨道交通客流呈上升态势，2010—2019 年轨道交通客流翻倍，2019 年日均客流轨道交通占公共交通客运量的 64.6%，在城市客运中发挥的作用逐年上升(见图 8-4)。

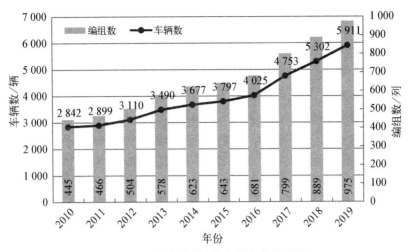

图 8‑3　上海轨道车辆规模变化情况图

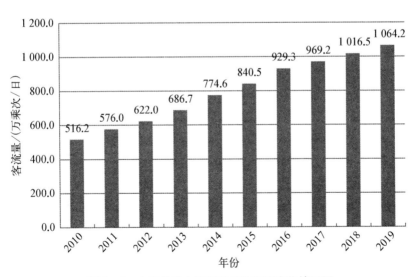

图 8‑4　上海轨道交通历年日均客流变化情况图

2. 基于时间轴的常规公交设施发展分析

为适应人口分布变化和郊区新城发展,公交线路规模不断提高,线网结构逐年优化。线网规模从 2011 年底的 1 202 条增加至 2019 年底的 1 575 条,线路总长从 22 906 千米提升至 24 780 千米,平均每年增长 208 千米线路(见图 8-5)。在网络不断扩大的同时,线网结构实现优化,平均线路长度从 19.1 千米下降至 15.7 千米(见图 8-6)。

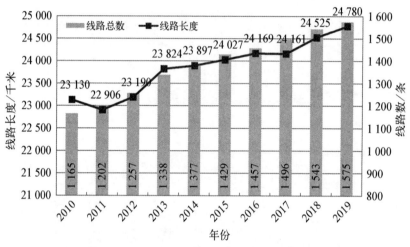

图 8-5　上海公共汽(电)车线网变化情况图

同步线网优化、品质提升及绿色发展需求,公交车辆的规模基本稳定,绿色车辆占比明显上升。至 2019 年底,全市公共汽(电)车拥有车辆总数达 17 913 辆,累计推广各类新能源公交车 8 947 辆,约占全市公共汽(电)车总量的 50%。此外,本市还发展了 1 729 辆油电混合公交车、111 辆 LNG 公交车、354 辆双源无轨公交车,全市各类型的节能环保型公交车达 11 141 辆(见图 8-7)。

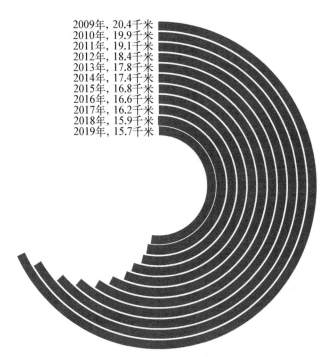

2009年, 20.4千米
2010年, 19.9千米
2011年, 19.1千米
2012年, 18.4千米
2013年, 17.8千米
2014年, 17.4千米
2015年, 16.8千米
2016年, 16.6千米
2017年, 16.2千米
2018年, 15.9千米
2019年, 15.7千米

图 8 - 6　上海公共汽(电)车线路平均长度变化情况示意图

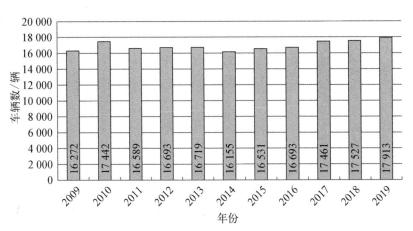

图 8 - 7　上海历年公交车辆的规模变化情况示意图

8.2　基于空间维度的基础设施分析

1. 基于行政区划的基础设施分析

近年来随着城市建设,中心城周边地区、郊区新城成为新增人口的主要导入区域,这些区域公交供应能力不断增强,区域客流也有较大提升。大型居住社区(简称大居)线路、"最后一公里"线路和村村通线路的新辟,使公交可达性大大改善,但是区县在发展中存在一些不均衡问题。基于行政区划的基础设施分析,可清晰获取不同行政区的轨道、公交基础设施发展水平,包括线路数、线网密度、车辆人均、综合交通枢纽、专业公交停保场、轨道交通车站数等,有助于了解全市不同行政区公共交通的供应水平、发展排名及公交发展的均等化水平等,实现全面了解各行政区水平的同时,形成对比效应,激发各行政区找到薄弱环节、找准完善方向,并进一步开展提升工作。

以郊区各行政区公共交通发展为例,轨道交通资源在郊区的布局,主要集中于浦东新区、闵行区和宝山区三区,线网密度分别达 0.21 千米/千米^2、0.17 千米/千米^2 和 0.16 千米/千米^2;常规公交资源分布也呈现类似趋势,即闵行区、宝山区、浦东新区资源相对丰富,闵行区、宝山区站点密度较高,分别达 6.2 千米/千米^2、5.2 千米/千米^2,浦东新区紧随其后,达 5.4 千米/千米^2(见图 8-8、图 8-9)。

对比分析公交线网规模,二级区线路占比 62%,其中,浦东新区运营管理 342 条,其次为松江区和青浦区,分别运营管理 118 条和 108 条。闵行区、宝山区基于区位特征,与中心城连绵发展,虽二级线路规模不占优势,但接受中心城服务辐射较强,常规公交服务便利,客流水平相对处于郊区高位(见表 8-1 及图 8-10)。

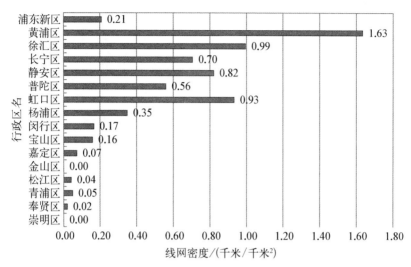

图 8-8 上海各行政区轨道交通线网密度

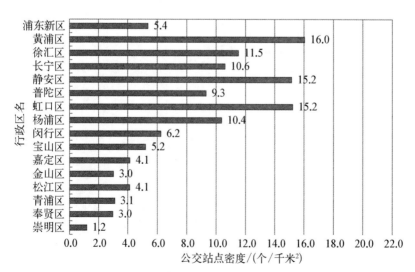

图 8-9 上海各行政区常规公交站点密度

表 8-1   行政区常规公交线网规模一览表

线路等级		线路数/条	占比/%
一级线路(市管)	市区	586	37.21
二级线路(区管)	宝山区	64	4.06
	奉贤区	62	3.94
	嘉定区	73	4.63
	金山区	71	4.51
	闵行区	91	5.78
	浦东新区	342	21.71
	青浦区	108	6.86
	松江区	118	7.49
	崇明区	60	3.81
合　计		1 575	101

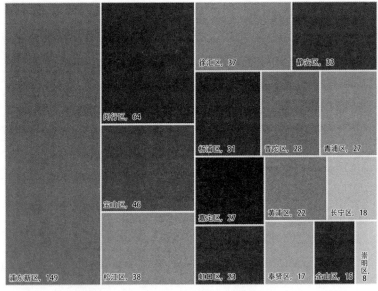

图 8-10   上海各行政区公共汽(电)车日均客流量示意图(万乘次/日)

2. 基于环线空间的基础设施分析

基于城市发展空间与公共交通发展水平的关联性,公共交通的发展呈现地区特征,以上海为例,外环内中心城公交发展水平高于外环外,且越向内如内环内,公共便利性越佳。针对某一问题分析时,若着眼于全市范围,往往会出现被平均化现象,忽略低值点或薄弱空间,因此,通过地理信息、交通模型与地理空间的结合,可进一步细化分析,如区分内环内、内中环间、中外环间、外环外等。以公交站点覆盖率分析为例,通过不同空间尺度分析,找到对应空白区域,为进一步完善站点布局提供必要的基础研究。

分析结果显示内环内公交空白主要有 3 大区域,分别位于浦东新区滨江带、世纪公园东侧和苏州河沿岸。浦东新区滨江带开发未成熟,多为绿地或者码头工厂,公交线路走向主要在浦东大道和浦东南路上,沿线能够覆盖到更多的出行需求。滨江的昌邑路和浦明路很少有公交线路覆盖到。世纪公园东侧主要有博览中心和别墅区,博览中心属于公交无法覆盖到的区域。别墅区内部有市政道路,但公交出行需求不大。苏州河走向弯曲延绵,局部区域为土地的尽端,出于运营效率和客流需求的考虑,公交线路一般不服务这些区域。研究区域公交站点密度如图 8-11 所示。

内外环间存在着多片的农田、厂房等非建成区,以及一些公交无法通行的区域。区域内包含农田、绿地、工厂等,内部道路多为城市支路,中小型车辆可以通行,由于出行需求低,这些地方局部未开通公交线路。交通线路主要分布在浦西的顾村镇、杨行镇和淞南镇,浦东新区的高桥镇、金桥镇和北蔡镇,以及其他外环边缘的一些区域(见图 8-12)。

此外,浦西的大场镇机场是公交无法服务的区域。中石化上海高桥石油化工厂和外高桥保税区位于浦东新区北部,厂区和园区为封闭式,范围大且不对外部车辆开放,因此也属于公交无法服务的区域。浦东新区滨江带开发程度低,多为农田、绿地、码头和工厂,道路等级低。

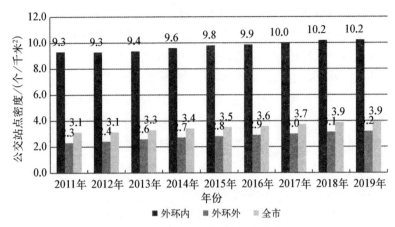

图 8‑11　研究区域公交站点密度

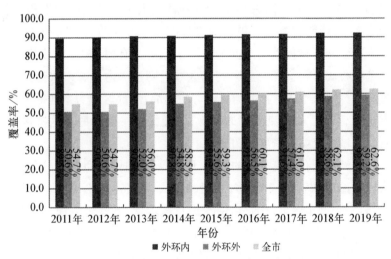

图 8‑12　研究区域公交站点 500 米半径覆盖率

通过分类分析,总结得出空白分类并提出相应改善措施。公交服务空白区可分为 3 类:一是不可服务区域,现状没有条件服务区域;大型厂区、园区等封闭区域,外部车辆无法进入这些区域,公交线路同样无法服务到该类区域内部。二是有待改善区域,现状有条件,但没有服务到的区域,如一些高端住宅区域虽然业主及家属出行需求不高,但家政人员及访客有一定的需求,需要提高服务水平。三是条件不足区域,现状条件差,没有服务到的区域,如土地的尽端,人口密度低,出行需求少的非建成区,该类区域应随着土地开发及时布设公交线路。

参考文献

[1] 邵晓双,谭德庆.城市交通基础设施"公共地悲剧"现象分析[J].城市发展研究,2014,21(4):48-52.

[2] 张恺伦.基于轨道交通的常规公交线网优化研究[D].兰州:兰州交通大学,2016.

第 9 章

数据驱动的道路短时预警

近年来,机动车、驾驶人数量及道路交通流量保持着迅猛增长的趋势,在给人们生产生活带来便捷的同时,也带来不容忽视的拥堵问题和安全隐患等。面向城市路网,深入分析和掌握交通流变化规律,提高交通流预测的实时性、可靠性和自适应性是目前关注和研究的热点。

超大城市交通问题尤其是对外交通枢纽的疏散交通的管理,是城市交通治理的一大重点。枢纽的对外交通动态预警可根据预警需求,历史数据特征建立相应的机器学习模型。枢纽的出行相关数据可处理为训练数据来训练模型参数,使模型能够基于当前状态预测下一时刻和未来特定时段的交通流状态。

朴素贝叶斯模型、多元线性回归模型均可由路网内车辆速度历史数据训练,对枢纽中各路段的正常行驶速度进行预测,进而判断该路段在下一时刻是否拥堵。枢纽各路段上车辆因上下客等原因,同时段内车辆速度分布较为分散,可提取各路段各时段的 85 位速作为相应路段上的车辆在该时段的正常行驶速度。该机器学习模型的建立可分为数据收集、数据预处理、数据清洗、数据分析四个过程(见图 9-1)。数据分析结果会对前阶段的过程有反馈作用,便于调整数据处理、数据清洗过程中的参数,最大化训练数据的可信度。

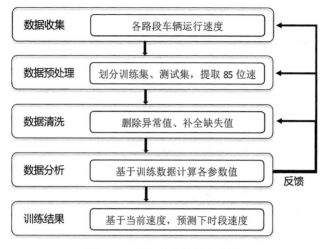

图 9‐1 模型建立的技术路径

9.1 基于朴素贝叶斯模型的道路动态预警方法

1. 朴素贝叶斯模型

基于朴素贝叶斯模型的道路动态预警方法,主要是基于当前时间和前一小时内车流速度,预测下一时间段的车流速度,主要基于各路段各时段 85 位速历史数据,训练该朴素贝叶斯模型参数,学习车流速度的变化规律(见图 9‐2)。

朴素贝叶斯可基于当前时间 t_i,当前速度 v_i 和上一时段速度 v_{i-1},预测下一时段的速度 v_{i+1}。 其数学表达式为

$$\hat{v}_{i+1} = \underset{v \in V}{\mathrm{argmax}} P(v_{i+1} \mid v_{i-1}, v_i, t_i)$$

当数据量过小,可对 v_{i-1}、v_i、t_i 各变量做独立性假设,假设事件 t_i 与事件 v_{i-1},v_i 相独立。经贝叶斯变换和独立性假设后,可将目标函数转换为

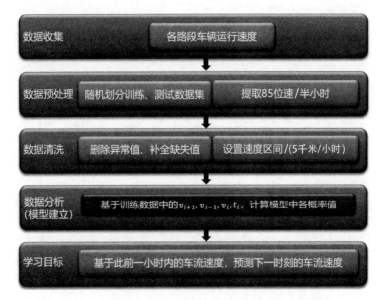

图 9 - 2　基于朴素贝叶斯模型的动态预警技术路线图

注：v_{i+1} 为下一时段的速度；t_i 为上一时段的时间；v_i 为当前时段的速度；
　　v_{i-1} 为上一时段的速度。

$$\hat{v}_{i+1} = \underset{v \in V}{\mathrm{argmax}} P(v_{i-1}, v_i \mid v_{i+1}) P(t_i \mid v_{i+1}) P(v_{i+1})$$

基于历史数据，模型可计算每个速度区间和每个时段对应的各参数值 $P(v_{i-1}, v_i \mid v_{i+1})$、$P(t_i \mid v_{i+1})$ 以及 $P(v_{i+1})$。训练模型后，可将上一时段速度 v_{i-1}、当前速度 v_i、当前时间 t_i 代入模型计算，得出下一时刻的速度 $\hat{v}_{i+1}$。

2. 模型预测结果测试及分析

对预测结果的测试显示，模型对各路段、各时段速度区间的预测基本准确，误差基本可控制在 5 千米/小时之内（见图 9-3 和图 9-4）。

造成误差的原因主要包括数据量、数据质量及多因素影响。一是训练数据集过小，难以精确表示各变量各取值间的概率关系，因此部分参数值的偶然性较大；二是为降低训练参数偶然性，须对具有相关性的各影响因素做独立性假设，降低预测准确度；三是原

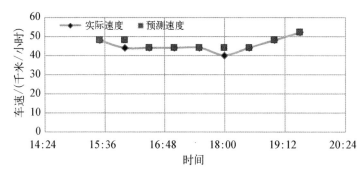

图 9-3　朴素贝叶斯模型预测速度与实际速度对比图(一)

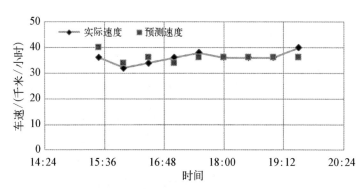

图 9-4　朴素贝叶斯模型预测速度与实际速度对比图(二)

始数据中无法区分正常行驶车辆和上下客车辆,造成同时段内不同车辆的车速分布分散,影响对各路段、各时段正常行驶速度的获取。

为进一步提高预测精度,可从以下 3 个方面优化完善。一是增加数据采集量和数据多样性;二是对具有不同数据特征(如不同道路等级)的路段分别建模;三是在原始数据中选将原始数据中的正常行驶车辆明确标注,以区分正常行驶车辆和上下客车辆。

9.2　基于多元线性回归模型的道路动态预警方法

1. 多元线性回归模型

基于多元线性回归模型的道路动态预警方法，主要是基于前一时间段的车流速度，预测下一时间段的车流速度。基于各路段各时段 85 位速历史数据，通过最小二乘法拟合多元总体线性回归方程（见图 9-5）。

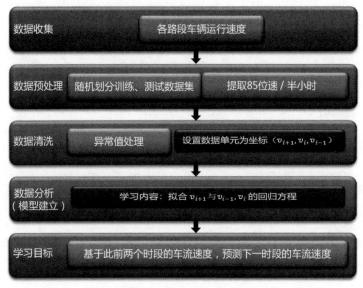

图 9-5　基于多元线性回归模型的动态预警技术路线图

注：v_{i+1} 为下一时段的速度；v_i 为当前时段的速度；v_{i-1} 为上一时段的速度。

多元线性回归可基于当前速度 v_i 和上一时段速度 v_{i-1}，预测下一时段的速度 v_{i+1}。该模型的数学表达式为

$$v_{i+1} = a\, v_i + b\, v_{i-1} + c$$

该模型通过最小二乘法，基于历史数据拟合多元线性回归方程，

求得参数 a、b、c 的值。数据可视化结果显示：变量 v_{i-1}，v_i 均与变量 v_{i+1} 呈线性相关，验证了利用多元线性回归做动态预警的可行性（见图 9-6）。

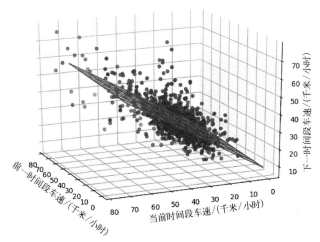

图 9-6　模型可视化：基于历史数据拟合回归平面

2. 模型预测结果测试及分析

对预测结果的测试显示，模型对速度的预测基本准确，下一时刻速度预测的误差可控制在 5 千米/小时之内（见图 9-7 和图 9-8）。存在误差的原因为：① 训练数据集较小，训练数据中变量 v_{i-1}，v_i 的组合缺乏多样性。该情况导致 v_{i-1}，v_i 数值相差较大的坐标数量较少，限制了速度变化率因素对拟合回归方程的作用；② 训练数据未依据路段的道路等级将数据划分，不同道路等级中 v_{i+1} 与 v_{i-1}，v_i 的线性关系存在差异。由训练数据可见，v_{i+1} 相对拟合平面上预测值的离散程度较大，可知实际预测中 $\hat{v}_{i+1}$ 的误差难以完全避免。

提高模型预测可信度的相应解决方案包括：① 增加数据采集量和数据多样性，有针对性地采集异常情况以及突发情况发生时的车辆速度数据，提升训练数据中变量 v_{i-1}，v_i 的组合的多样性，使得模型能够识别突发情况和异常情况；② 对具有不同数据特征的路段

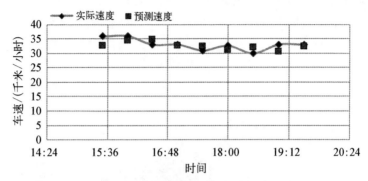

图9‑7　多元线性回归模型预测速度与实际速度对比图(一)

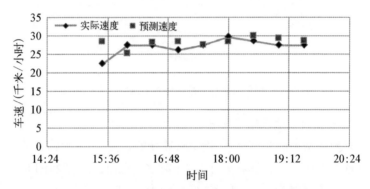

图9‑8　多元线性回归模型预测速度与实际速度对比图(二)

(如按道路等级划分)和时段分别建模,提升预测的精度。

9.3　模型比较

多元线性回归便于分析连续型数据,如车辆车速、相邻时间速度变化率等。当因变量与各自变量呈线性相关,且各自变量均为连续型数据,则可使用多元线性回归拟合回归方程。朴素贝叶斯模型便于分析离散型数据,如周边用地性质、有无交警指挥等考虑因素。车速、速度变化率等连续型变量可通过设置速度区间转化为离散变量。朴素贝叶斯模型中,各变量的相关性不仅限于线性相关,如各时段与车速的相关性,因此在数据量充足时,朴素贝叶斯模型可同时分析多因素,通过训练各参数来学习各因素对结果的影响。

多元线性回归模型较为简单,参数较少,当考虑因素较少且数据量有限时,可使用多元线性回归拟合回归方程。由于朴素贝叶斯模型参数较多,数据量有限会造成各参数取值偶然性增大,严重影响预测结果,因此训练朴素贝叶斯模型应保证训练数据量大,训练数据涵盖情况全面,从而保证各考虑因素各取值的先验概率的可信度和各取值间组合的后验概率的可信度。

第 *10* 章

数据驱动的公交服务分析

　　城市公共交通是满足公众出行需求的重大民生工程和社会公益性事业,城市公共交通服务供给是指由公共部门以及其他部门共同生产或提供城市公共交通产品和服务的一系列活动的总称。作为一项基本的公共服务,城市公共交通服务的重要性不言而喻。改革开放 40 多年,随着经济的飞速发展,城市公共交通服务供给取得了诸多成就,如公交车辆投入数量大幅增加、承载城市客运量不断攀升、公交线网逐年优化、城市居民的出行体验不断得到提升、相关法律政策逐年完善等,公共交通服务的总体供给水平有了显著的提高[1]。

　　公共交通服务的着眼点并非一成不变,在保障基础服务水平的同时,会根据城市发展的需求,提供热点、难点、重点等方面的公共交通服务。以上海为例,随着枢纽、大型居住社区的建设和投入,及时响应新增的需求,配套相关服务措施;作为公共交通出行体验的关键指标,公共汽(电)车的运营车速,一直是行业主管部门的关注重点,也是补短板、缓解交通拥堵的重要关注问题;在公共交通优先发展战略的实践中,公交专用道的设置,是公交优先发展的重要空间和路权保障,也是政府实践公交优先发展的重要举措;随着公共交通的发展和服务水平的不断提升,对于公共交通的服务水平不再简单地用空间覆盖来描述,还可以从设施对人口、岗位的服务覆盖角度来衡量公共交通的服务覆盖水平。得益于信息化的发展以及大数据技术的应用,以上公共交通服务水平的不同阐述角度均可用数据说话,且具有服务水平的可跟踪性和延续性。

10.1　数说大型居住社区便捷性

大型居住社区规划建设是上海推动经济发展、改善住房民生、不断健全住房保障体系的重要举措。大居入住群体以中低收入人员为主,城市交通拥挤加剧、公交优先理念深入民心等一系列外在因素使得公共交通出行必然会是大居居民出行的首选和主力,公共交通必然是大居生活交通服务的基本保障。随着生活水平的提高,居民出行将由原来追求“经济性”逐步向“便捷性”“快速化”和“舒适型”转变,因此,居民对公共交通的服务水平要求不断提高[2]。大居公交配套工作的针对性和有效性进一步增强,逐一落实公交配套方案,全力推进配套设施建设,满足居民基本出行需求。以顾村为例,以信息化数据为基础,借助大数据手段,从顾村大居的出行方向、出行时耗、时空可达性、与主要商圈联系等方面分析该大居出行便捷性。

1. 出行方向分析

出行数据显示,顾村居民全方式出行主要目的地为宝山区内,占总出行的 71%,仍有 29% 的居民每天需要前往中心城,与中心城联系依然紧密。宝山区内出行往东和往西的量较少,往北和往南(中心城)几乎各占 45%,顾村和宝山区的吴淞地区出行需求少,宝山区北部需求强劲,往嘉定区的出行需求明显高于其余远郊区县。出行方向的把握,为后续进一步公共交通服务的设施配套,提供必要的方向指引和基础支撑(见图 10-1、图 10-2)。

2. 出行时耗分析

出行时耗包括出行换乘次数、车内时间、换乘步行及换乘等待时间等部分,是表征出行便捷性的重要时间成本。分析可知,对外出行服务水平差别较大。顾村对外出行除金山区、松江区和崇明区外,其他区域均能在 2 次换乘内到达,平均需要 1.8 次换乘。区内出行往北

图 10-1　顾村居民的工作地
　　　　　分布分析

图 10-2　顾村工作员工的
　　　　　居住地分布分析

和往南优于往东,往东的出行不便捷抑制了这个方向的出行需求。往东的出行时耗也明显高于其他两个方向。往中心城方向平均换乘次数为 1.7 次,时耗 80 分钟。往内环内出行时耗略超 60 分钟,处于相对较好的服务水平。该特征的掌握,有助于明确后续针对性改善的方向和重点(见表 10-1)。

表 10-1　顾村出行便捷性一览表

区　　域	平均换乘数/次	平均花费时间/分钟
宝山区(北)	1.1	45
宝山区(南)	1.1	39
宝山区(东)	1.5	68
浦东新区	1.8	105
黄浦区	1.7	70
徐汇区	1.7	75
长宁区	1.8	74
静安区	1.6	56
普陀区	1.6	61

（续表）

区　　域	平均换乘数/次	平均花费时间/分钟
虹口区	1.9	70
杨浦区	2.0	91
闵行区	2.0	100
嘉定区	1.9	100
金山区	2.3	221
松江区	2.1	118
青浦区	2.0	124
奉贤区	1.9	166
崇明区	2.5	233
内　　环	1.7	66
外　　环	1.7	80

3. 时空可达性分析

基于通勤时段与中心城的联系需求分析可知，早高峰期间，2 次换乘内可到达中心城大部分区域，最晚到达时间在 8 点之前。因此，既有公共交通基本覆盖了顾村往中心城的通勤需求。

从返程公交服务保障角度来看，大部分能够满足顾村居民夜生活的出行需求，极少部分地区，若要在 22:30 之前到达顾村，必须在 18:20 分之前离开中心城，以确保公交服务的可获得性。由于轨道交通 7 号线服务顾村，顾村出发和到达 2 次换乘内可到达的区域广泛，而且大部分区域时耗都在可接受范围内。

图 10-3 和图 10-4 为在 2 次换乘内，顾村出发和到达的时间和空间可达性。

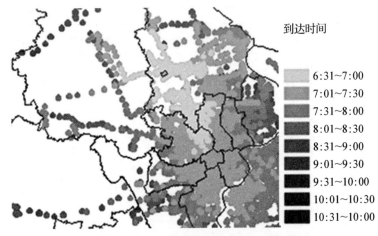

图 10 - 3　6:30 出发时间和空间可达性图

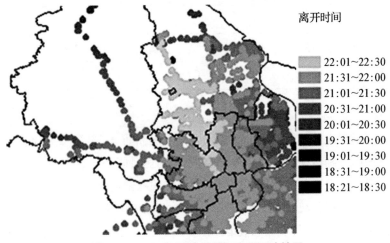

图 10 - 4　22:30 到达时间和空间可达性图

4. 联系主要商业区

　　顾村前往表 10 - 2 所示的 5 个商业圈,除五角场外都可以一次换乘到达,基本依靠轨道交通,而且,晚上 22:30 之前离开都能顺利返回顾村,不必担心交通问题。

表 10-2　顾村与商圈联系的便捷性一览表

商　业　圈	最晚离开时间	换乘数/次
陆家嘴	22:50	1
人民广场	22:55	1
上海火车站	22:58	1
徐家汇	22:51	1
五角场	22:40	2

　　数据呈现的顾村,平均出行换乘次数 2 次以内,时耗 100 分钟以下,能够到达全市大部分地区。依托轨道交通 7 号线,顾村往中心城方向平均出行时耗 80 分钟,浦西基本在 45 分钟内可达,早晚的时间可达性也较好,提供了相对较为便捷的出行条件。顾村大居出行中,轨道交通发挥了非常重要的作用。

　　郊区大居发展是一个人口集聚变化的过程,阶段特征的变化将带来交通需求的变化,信息化的发展以及数据的不断更新积累,为定期分析并结合需求制订优化实施方案提供了可行路径。

10.2　数说综合交通枢纽可达性

　　综合客运交通枢纽的建设为促进上海公交线网优化、方便市民出行及换乘、改善城市交通等方面起到了积极作用。为能更形象地描绘枢纽的发展情况,以虹桥综合交通枢纽(简称虹桥枢纽)为例,数说其服务特征。

　　作为上海世博会重要交通配套设施,虹桥枢纽是城市交通建设上的一大创新,它包括将航空、高铁、轨道等多种交通方式结合在一起,不管是汇集的交通方式的数量还是规模,在国际上都是前所未有的[3]。自 2009 年以来,上海依托虹桥枢纽的建设,大胆探索,规划和建设了虹桥商务区。通过虹桥枢纽建设,为经济社会发展提供新的空间载体,推动城市转型发展。在区位上与城市原中心区分离,凭借大规模的交通基础设施,成为城市可达性的中心。上海虹桥枢纽和虹桥商务区的建设,充分体现了交通枢纽和商务区功能集聚的整合作用:初期以虹桥枢纽为发展主体,通过其对人流、物流、商流、资金流、信息流的吸引,增加商务区的投资潜力;在商务区建设步入正轨后,以商务区优越的投资和产业环境吸引优质企业进驻,为虹桥枢纽带来更大的客流、物流,充分发挥其承载力[4]。

1. 出行方向分析

分析抵离虹桥枢纽(机场+火车站)的需求空间分布可以看到,需求主要集中在中心城、闵行区、嘉定区东部区域,其中中心城以浦西居多。机场周边出于工作人员的原因,出行需求也特别高(见图 10‐5)。

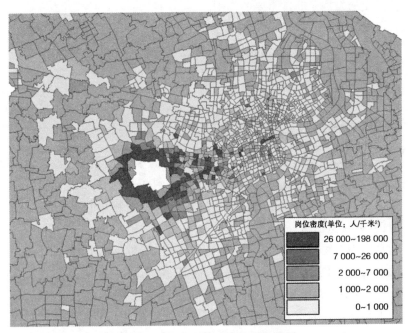

岗位密度(单位: 人/千米²)
26 000~198 000
7 000~26 000
2 000~7 000
1 000~2 000
0~1 000

图 10‐5   虹桥枢纽出行方向示意图

2. 空间可达性分析

从站点覆盖率角度,直达线路沿线站点土地覆盖率为全市的 5%,一次换乘线路站点覆盖率为 50%。仅崇明区需要 3 次及以上换乘。

从出行需求角度,一次及以下换乘可以满足约 95% 的出行需求,已经覆盖到绝大部分需求,处于较高服务水平(见表 10-3)。

表 10-3　虹桥枢纽线路可达范围和可服务需求汇总表

公共交通换乘数/次	可达范围/%	可服务需求/%
0	5.41	65.53
1	50.41	95.08
2	71.64	99.07
3	78.46	99.09
>3	82.26	99.11

3. 时间可达性分析

对所有线路的运营时间进行梳理,与飞机和火车的运营班次时间进行比较显示,在考虑接驳缓冲时间的前提下,多数公交线路能较好地满足乘坐最早班次乘客的出行需求,但是绝大多数线路不能满足 23 点以后到达的乘客出行需求。未覆盖需求可选择夜宵线、个体交通或出租车。

图 10-6 和图 10-7 分别是虹桥机场和虹桥火车站的公共交通时间的可达性。其中竖条块表示该轨道交通或公交的运营时间,通过对比机场、火车站公共交通的首班或末班运营时间,可分析轨道交通或公交的运营时间是否能满足机场与火车站乘客的需求。

数据分析显示,虹桥枢纽线路供应和需求匹配度高,现有公交线路已能较好地在空间上满足需求,95% 以上的人可在一次换乘内到达,时间可达性高,公交线路基本实现对出发首班航班/列车的时间

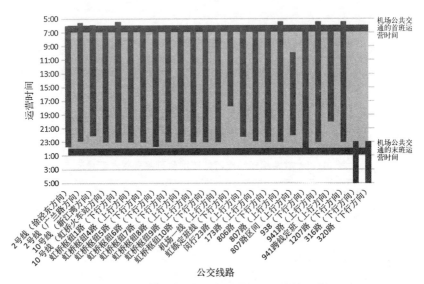

图 10 - 6　虹桥机场公共交通时间的可达性示意图

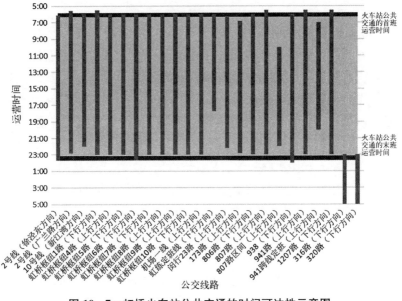

图 10 - 7　虹桥火车站公共交通的时间可达性示意图

无缝衔接。公共交通为抵离虹桥枢纽和虹桥商务区的发展提供了坚实的保障基础。

10.3　数说公共汽(电)车运营车速

公共汽(电)车运行的车速是评价服务稳定性和可靠性的一项重要指标,但随着道路交通压力与日俱增,公共汽(电)车的运行始终受到道路交通状况影响,欲达到显著改善,困难重重。随着公交信息化的发展,可利用信息化数据,分别从线路总体特征、变化显著线路特征、客运走廊线路、公交专用道线路等不同维度开展分析,描述公共汽(电)车运营车速特征,并探究交通大整治、专用道运营对于车速的影响等。

1. 车速总体特征分析

从时间分布上分析,全市线路运营车速均呈 W 型,早晚两个高峰小时运营车速低(见图 10‐8)。

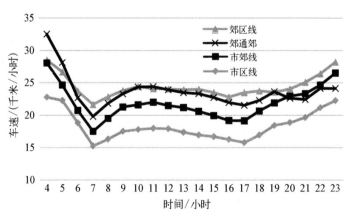

图 10‐8　全市线路运营车速示意图

2. 车速变化显著线路特征分析

利用大数据分析手段,结合空间分布,确定变化显著的标准,实现对运营车速变化显著的公共汽(电)车线路的分析,可分别从不同的空间、不同的线路类型进行分析,如区分内环内、内外环间、各郊区行政区等不同空间,同时可根据线路特性,分别从市区线、市郊线、郊区线等角度进行剖析。

3. 客运走廊及专用道线路车速特征分析

借助公交模型,确定公交客运走廊选取标准。从车速的稳定性、显著变化程度等角度分析客运走廊的车速变化特征。同样的,公交专用道的车速特征可以在客运走廊的分析基础上,进一步对比分析有无公交专用道车速特征及已有公交专用道历年的变化特征等,从而为公交专用道的选取、培育及公交专用道的改善等提出重要的数据分析支撑(见图 10-9、图 10-10)。

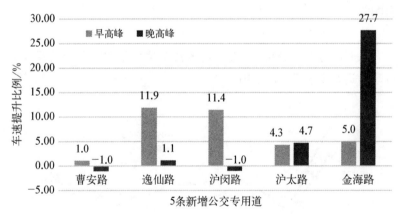

图 10-9   新增 5 条公交专用道公交运营车速提升比例

10.4   数说公交专用道

上海自"十五"期间开始实施公交专用道建设,截至 2019 年底,已建成近 400 千米,总体呈"方格网＋射线"的布局形态。考虑到中心城区道路建设条件受限的现实,"十三五"期间上海市充分转变思

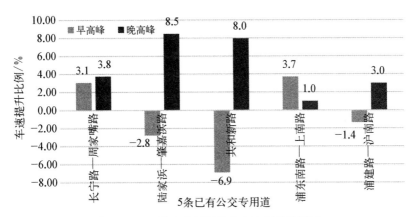

图 10 - 10　公交专用道公交车速提升比例图

路,着力通过提升既有公交专用道的运行效率,提高沿线公交服务水平,完成了从"重量"模式到"重质"模式的转变。公交专用道的发展历程,伴随着用地开发的变化、公共交通服务的完善,借助历年数据的积累,可以从公交专用道的周边的居住属性、商务属性、购物休闲属性和医疗属性描述其属性发展特征;也可以从反应客流情况的活跃度指标、反应通道利用的复线指标、反应通行权的优先指标、反应速度的快捷性指标、反应班次配置的繁忙程度指标和反应公交专用道与线路匹配度的匹配性指标来描述其效益发展特征。

1. 属性特征分析

结合 POI 数据的获取,分析公交专用道两侧各 500 米范围内居住、商务、商圈、医疗等功能用地的布局,可通过指标数据的标准化并进行打分排名,定义公交专用道的服务属性,如分为综合成熟型公交专用道、人气薄弱型公交专用道等,并可根据不同的类型,分析居住、商务、商圈、医疗等功能的侧重性;也可为公交专用道的客流效益与用地关联性的进一步探究打下基础。

2. 效益特征分析

基于模型和 GPS 数据,分析公交专用道的效益指标,如客流、

速度、班次、线路配性、公交优先情况、复线程度等,实现基于路段
长度的加权平均分析,即利用路段加权平均客流反映公交专用道
服务的平均客流强度和客运效率水平;利用加权平均车速及其与
社会车辆车速对比反映公交专用道上的车速情况;利用路段加权
平均班次反映班次与公交专用道的匹配度;利用线路行驶于公交
专用道的最长距离或线路行驶于公交专用道的平均距离反映线
路与公交专用道的匹配性;利用路段加权平均线路数反映公交专
用道线路的集中程度,即复线情况,并且以现状交叉口信号优先
情况为依据,判别公交专用道配置等级(见图 10‐11)。最后,通
过层次分析法确定权重并综合分析,从而实现多维度的公交专用
道综合分析,基于此形成效益等级排名(见图 10‐12)。

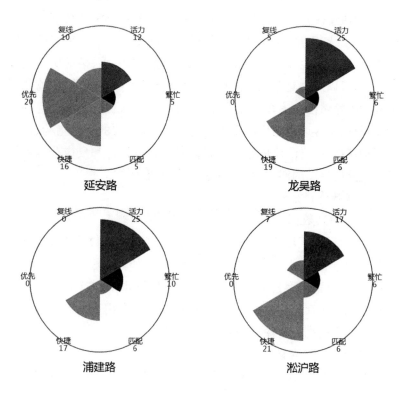

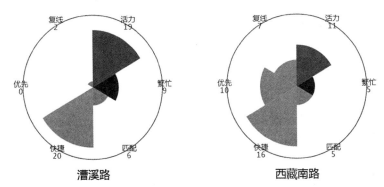

图 10‑11　公交专用道 6 项效益特征示意图

注：图中效益值越高，扇形面积越大。

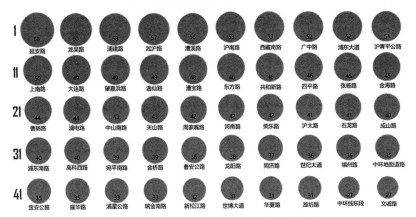

图 10‑12　基于效益评估的公交专用道排名

注：圈内数字代表综合得分，分值越高，饼图越大。

以加权平均客流、加权平均车速为例，进行分析示例。加权平均客流方面，以早高峰各路段公交客流为基础，利用公交专用道路段加权平均计算得到公交专用道单位长度平均客流，即客流密度，评价各公交专用道平均服务强度。作为现状公交专用道的客流评价指标，公交专用道单位长度平均客流能反映公交专用道整体的服务强度，较三高断面的断面客流强度，更具整体性优势。根据上海市工程建设规范《公交专用道系统设计规范》DG/TJ08—2172—2015,可设置公交专用道标准为三高断面小时客流不小于 1 500 人次。依据现在三高断面客流数值,82%公交专用道三高客流达标;依据平均客流情况,现时 51%公交专用道平均客流达标。

现在 7 条公交专用道高峰平均客流大于 3 000 乘次/小时。包括漕溪路—沪闵路、龙吴路、上南路、浦东南路、浦建路、沪南路和南奉公路,主要分布在外环内且呈射线状分布,与早高峰向心出行需求一致。19 条公交专用道高峰平均客流小于 1 000 乘次/小时,如宝安公路—宝杨路、新松江路、文诚路、贤浦路、华夏西路—华夏中路—华夏东路等,该类客流较小的公交专用道主要分布于外环外或联系方向无明显向心聚集作用的公交专用道。

加权平均车速方面,公交专用道车速优势初步呈现,87%公交专用道高峰车速高于或与社会车辆车速相当。高峰平均车速达 17 千米/小时,为提升公交出行可靠性提供良好基础,但有待信号优先普及,推进公交专用道优势显著化。根据现状公交车速与社会车辆车速的对比可知,车速优于社会车辆的公交专用道共计 26 条,其中 16 条位于浦西,包括延安路、沪太路、虹桥路—肇嘉浜路—陆家浜路和鲁班路—成都路—重庆路—共和新路等,在高密度路网条件下,充分发挥公交专用路权优势。公交专用道速度优势并不明显的道路共计 7 条,包括金桥路、文诚路、曹杨路、耀华路、瑞金南路、潍坊路和浦东南路,究其原因,主要是因为公交专用道规模较小,不足以发挥公交专用道优势;或道路交通条件良好,社会车辆车道交通状况良好,所以公交专用道的相对优势不明显(见图 10 - 13)。

依据各公交专用道 6 项效益指标的表现,将其分为 4 类,分别为优秀、良好、普通和一般。具体分类依据及规模如下:

优秀类公交专用道,主要为 6 项指标总得分处于平均水准以上,综合表现均较突出的公交专用道,共计 12 条,总长约 72 千米,包括延安路、龙吴路、浦建路、淞沪路—黄兴路、漕溪路—沪闵路、西藏南

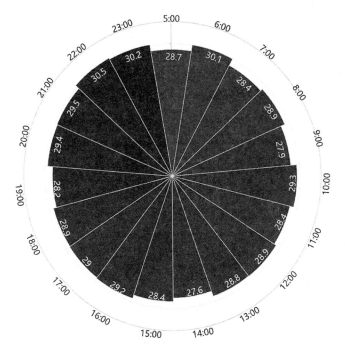

图 10-13　奉浦快线全天运营车速示意图

注：外圈数字为时间，内圈数字为车速/(千米/小时)。

路、沪南路、广中路、浦东大道、沪青平公路、上南路和虹桥路—肇嘉浜路—陆家浜路。

良好类公交专用道，综合表现处于平均水平附近或客流效益相对良好的公交专用道，共计 16 条，总长约 105 千米，包括大连路、逸仙路、漕宝路、鲁班路—重庆路—成都路—共和新路、四平路—中山南路、东方路、张杨路、金海路、浦电路、曹杨路、天山路、中山南一路—中山南二路、荣乐路、长宁路—长寿路—天目路—海宁路—周家嘴路、浦东南路和金桥路。

普通类公交专用道，其值综合指标略低于平均水平，但单项指标表现稍逊的公交专用道，共计 6 条，总长约 34 千米，包括河南路、石龙路、沪太路、高科西路、成山路和宛平南路。

一般类公交专用道,指各项指标表现不佳,现状服务水平一般的公交专用道,共计16条,包括曹安公路—武宁路、龙阳路、同济路、世博大道、福州路、耀华路、宝安公路—宝杨路、中环地面道路、瑞金南路、浦星公路—南行港路、新松江路、潍坊路、华夏西路—华夏中路—华夏东路、世博大道、中环线东段和文诚路,总长约110千米。

10.5　数说公交设施的人口岗位服务覆盖

1. 出行特征

数据分析显示,外环内人口和岗位数量基本平衡。由于居住地空间分布较为分散,岗位空间分布更集中,因此,造成沿内环、中环、外环,人口密度依次降低,因此,出行向心特征明显(见图10-14和图10-15)。

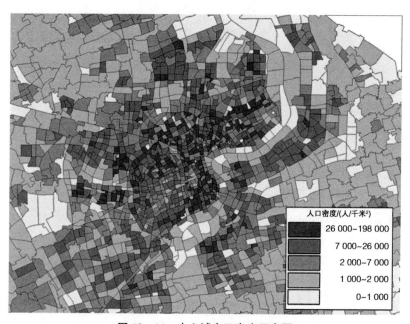

图 10-14　中心城人口密度示意图

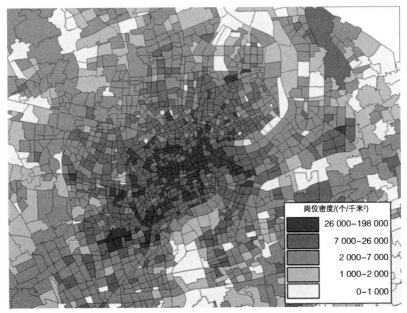

图 10 - 15　中心城岗位密度示意图

　　基于人员流动情况,分别从通勤出行和全日出行两个角度来看联系需求。从通勤出行看,中心城居民通勤出行基本实现职住平衡,对外需求占比约为 14%。远郊区(崇明、金山、奉贤)居住和岗位都在区内的内部平衡比例更高。

　　从全日出行看,中心城居民的全日出行主要目的地是外环内的占 88%。远郊区主要出行都在区内发生,外围区域这个特征更加明显。总体上,远郊区居民出行自成一体,与中心城联系不十分紧密,对周边区域存在一定辐射。近郊区对外联系增强,往中心城和其他区县均有较高的出行需求。

　　2. 人口/岗位覆盖

　　以往评价公交站点覆盖率,往往采用的是空间覆盖率,随着采集技术和数据的进一步丰富,目前可拓展至人口/岗位覆盖率。空间覆盖率难以体现区域特征,尤其对于非建成区占比较高的区域,很难全面、客观地反映供应水平。因此,以上海为例,现状往往采用中心城的空间覆盖率,而不使用全市的空间覆盖率。相比空间覆盖率,人口/岗位覆盖数据可以评价人口/岗位分布与设施布局间的匹配性情况。对比空间覆盖和人口/岗位覆盖情况,可清晰地看到两者之间的差别。截至 2019 年底数据,上海市全市公交站点 300 米半径的空间覆盖率为 39%,全市公交站点 500 米半径的空间覆盖率为 63.5%。从人口和岗位角度,外环内和外环外的覆盖率都显著提高,人口覆盖水平要高于岗位。郊区也是如此,以松江区为例,全区公交站点 300 米半径的空间覆盖率为 40.9%,全区公交站点 500 米半径的空间覆盖率为 68.7%。全区从人口、岗位覆盖率情况来看,全区 500 米站点分别覆盖 94.5% 的居住人口及 93.2% 的岗位,均远高于空间覆盖率;从服务的匹配度来看,公交资源与人口/岗位的匹配度较高。

第11章

数据驱动的公交管理分析

　　《城市公共交通管理条例》第五条提出,城市人民政府应当根据实际需要,推广应用新技术、新能源、新装备,加强城市公共交通智能化建设,推进信息技术在城市公共交通运营服务和安全管理方面的应用,进一步从政府角度提出了对信息技术、大数据手段等在城市公共交通管理层面的应用要求。

　　公共交通管理是大都市管理中的一个世界性难题。作为一个高速增长的发展中国家,进入汽车文明时间较短,交通环境复杂多变,其交通管理更困难,也显示出其重要性[1]。随着经济的快速发展,城市的机动车辆不断增加,导致城市交通流量不断加大,交通事故频发,交通拥挤程度正在日益加剧[2]。为解决这一系列问题,公共交通优先发展逐渐成为各国发展共识。各国越来越重视对交通系统管理和控制技术的研究和开发,致力于采用通信技术、自动化技术及计算机技术等现代高新技术来系统地解决交通问题[3],大大提高了城市公共交通的综合管理和调度的智能性,从而有效地缓解了城市交通的压力[4]。现阶段,亟待在智慧公交管理系统基础上,进一步挖掘数据分析、应用潜力,发挥数据说话能力,实现数据驱动下的公交管理,以便进一步提高公交管理的科学性、针对性、有效性。

11.1　公共交通供应及客流时空变迁

　　公共交通不断发展、供给侧服务水平不断提高,但也面临公交客流走低、公交服务水平被稀释、轨道交通部分站点客流下降、公共交通出行占比未提高等公共交通发展的均衡问题。借助数据分析,可理清轨道交通和地面公交在时间和空间上的变化情况,掌握公共交通发展变迁轨迹。包括轨道交通和地面公交供应水平的时空变迁、轨道交通和地面公交客流水平的时空变迁、轨道交通和地面公交常乘客的变迁、变迁的特征分析等。以供应及客流时空变迁角度为切入点,为提升管理寻找突破口。以上海为例,本次案例重点关注如下3项指标:

一是供应层面,主要计算车千米。车千米反映的是车辆行驶里程。由于线路不断增加,平均线路班次减少,因此单纯使用线路数据或班次数量不能全面反映现状。车千米体现的是车辆在道路上行驶的(运营)距离的总和。

二是客流层面,主要计算进站客流。地面公交采用的是上车客流,轨道交通采用的是进站客流。采用轨道交通进站客流是为了更好的捕捉出行需求的源头变化情况,由于轨道交通换乘客流主要是网络结构造成的中转需求,因此没有放入分析数据中。

三是综合角度层面,主要采用常乘客概念。在连续工作日中大于等于五分之三天数中使用过任意次数地面公交和轨道交通的乘客,定义为常乘客。

1. 供应层面特征抓取

地面公交的供应情况,以车千米分析,每年都发生微调,基本没有发生很大量级变化。几个供应非常集中的区域,都有所减少,总体上供应更均衡。

从全市整体水平、中心城、市通郊等角度,分别分析可知,全市供应水平基本稳定,中心城供应水平出现连续下降,市通郊运营里程明显减少。

基于2015年至2018年数据分析,近几年公交运营里程(总车千米)维持在283万千米/日左右,仅2016年小幅下降至279.8万千米/日。但是,平均单车千米数却连续下滑,从 2015 年的 171.8 千米/日下降至 2018 年的 162.6 千米/日,车辆的利用率降低(见图 11 - 1)。

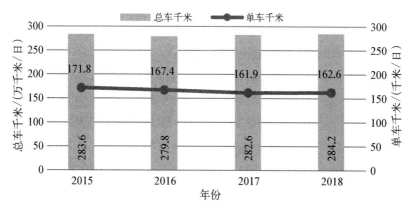

图 11 - 1　全市公交车每千米变化图

从 2015 年至 2018 年中心城的运营里程(车千米)依次为 144.2 千米/日、139.1 千米/日、138.2 千米/日、136.5 千米/日,随着中心城轨道交通线路的增加,地面公交供应逐步优化。相对地,远郊区供应规模呈上升趋势。同时,个别供应特别密集的区域,都有所减少,供应更均衡(见表 11 - 1)。

表 11 - 1　公交分类线路总车千米变化统计表

单位:万千米/日

线　　路	年　　份			
	2015	2016	2017	2018
市区线	97.1	95.1	94.4	94.3
市郊线	95.9	91.4	89.3	87.7
郊区线	67.9	71.1	76.5	79.6
郊通郊	22.7	22.2	22.4	22.6

中心城供应水平下降是由于市区线路和市通郊线路运营里程同时减少,但主要原因还是来自市通郊线路。近几年市通郊线路数虽然并未发生显著变化,维持在 80 条左右,但是车千米数呈现明显持续下降趋势。

随着轨道交通网络建设及车辆数增加,供应水平全市整体增加。轨道交通网络向外延伸,填补了大片空白区域。同时,既有线路的车辆增加,提升了区域的供应能级。9 号线三期东延伸、13 号线二期和三期陆续开通,加密了中心城轨道交通网络。远郊区 17 号线、浦江路、5 号线南延伸提高了轨道交通网络的覆盖范围。2015 年至 2018 年,中心城线网密度从 0.56 千米/千米² 提升至 0.60 千米/千米²,600 米半径站点覆盖率从 37.6% 提升至 40.1%。远郊区的轨道交通覆盖了青浦区和奉贤区(见表 11 - 2)。

表 11 - 2   轨道交通线网变化表

轨道交通线网变化		年 份			
		2015	2016	2017	2018
线路长度/千米		617.5	617.5	666.4	704.9
线网密度/ (千米/千米²)	外环内	0.56	0.56	0.58	0.60
	外环外	0.04	0.04	0.05	0.05
站点 600 米覆盖率 /%	外环内	37.6	37.6	38.5	40.1
	外环外	1.8	1.8	2.2	2.4

与此同时,通过新车辆的投入运营,大多数线路运能都有不同程度提升,提升比较显著的是 1 号线、9 号线、11 号线和 17 号线,4 号线、6 号线增能幅度相对较小。运能的提升,直接带来的是中心城整体供应水平(按车千米计)的改善(见表 11 - 3)。

2. 客流层面特征分析

地面公交的客流情况,每年都发生微调。中心城大部分客流集

表 11－3　2015—2018 年轨道交通运能变化表

单位:万千米/日

轨道交通	年　份			
	2015	2016	2017	2018
1 号线	14.4	14.8	14.8	16.0
2 号线	17.0	17.6	17.6	17.6
3 号线	6.9	7.2	7.2	7.2
4 号线	6.4	6.5	6.5	6.5
5 号线	2.3	2.4	2.4	5.5
6 号线	5.5	5.6	5.6	5.6
7 号线	9.8	10.1	10.1	10.4
8 号线	11.8	12.1	12.1	12.1
9 号线	15.7	16.3	16.7	18.1
10 号线	10.0	10.2	10.2	10.3
11 号线	14.4	14.9	14.9	18.7
12 号线	8.4	8.6	8.6	9.2
13 号线	2.2	3.6	3.6	8.7
16 号线	4.7	5.4	5.4	8.0
17 号线	—	—	0.4	6.3
浦江线	—	—	—	0.7
磁悬浮	1.7	1.7	1.7	1.7
合　计	131.2	137	137.8	162.6

中的区域都有所疏解,但是郊区没有显著上升。数据显示,全市地面公交客流水平下降显著,2015—2018 年地面公交客运量年均下降6%。2011 年之前客流呈每年上升趋势,之后开始减少,从 2015 年开始下降趋势加剧,2018 年下降趋势有所缓和(见图 11－2)。

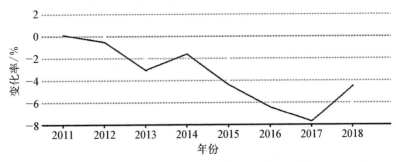

图 11-2　全市地面公交客流年份变化曲线

从空间角度来看,中心城客流降幅略大于远郊区,但有所放缓。中心城 2016 至 2018 年较上一年度客流降幅分别为 12.3%、6.2%、4.6%,中心城的客流年均降幅 7.7%;远郊区年度变化 7.0%、2.1%、6.6%,年均降幅 5.3%。中心城地面公交客流分布更为均衡,个别区域的集中趋势逐年降低。远郊区行政区内部线路客流年均降幅在 1.0% 左右,基本保持稳定。市通郊及郊通郊线路客流降低是造成郊区客流减少的主要原因。随着轨道交通网络不断往郊区延伸,以及个体化出行的提升,郊区远距离地面公交需求逐步减少。

上海轨道交通客流水平连创新高,客流提升除了源自轨道交通出行需求的增长外,还源自在网络间换乘需求的增长,2018 年的换乘量增幅显著提升。从 2015 年至 2018 年,轨道交通日均客运量增加 25.6%,其中进站量增加 22.7%,换乘量增加 29.7%。轨道交通网络的换乘节点增加,促进了客运量的提升(见表 11-4)。

表 11-4　轨道交通分类客运量表　　　单位:万乘次

分　类	年　份			
	2015	2016	2017	2018
进站量	470.7	525.0	557.1	577.7
换乘量	338.3	377.5	410.9	438.8

轨道交通进站量并未在所有区域均增长，在部分成熟通道内，新线路对既有线路客流造成冲击，区域总体轨道交通进站客流有饱和趋势。以 2017 年 12 月 30 日开通的 9 号线三期东延伸为例，对比 2018 年（新线段实际影响发生在 2018 年）及 2017 年客流，在世纪大道至中环的既有 6 号线沿线，不少区域发生进站客流降低，源自该范围内 9 号线延伸段与既有 6 号线平行，相互竞争客流所致。

3. 综合层面分析特征及相关对策

市区线路服务供应减少，线路数逐年小幅增加，但是车千米连年小幅降低，站点 500 米半径覆盖率从 91.2％提升至 92.2％，空间供应结构和覆盖范围得到优化。郊区线路数量及服务供应双提升，客流基本保持稳定。地面公交的线路增加主要来自郊区线路的不断增加，同时服务供应（车千米）也同步快速增加，全市供应向郊区倾斜。市通郊线路供应及需求齐降。由于轨道交通线网向外延伸，市通郊线路的客流降幅明显，但是，这类线路在点到点服务上一般较少有替代线路，撤销调整困难。因此，虽然车千米不断降低，但是线路数基本没有变化。郊通郊线路总体上供应保持稳定，满足一小部分人员的出行需求。地面公交供应结构发生调整。

对比 2018 年及 2015 年的中心城地面公交供应及客流水平，多数区域客流降幅在 25％左右，而供应降幅在 10％以内，因此供需关系有待进一步的引导和平衡，中心城需要更彻底的公交线网优化，围绕一路一骨干继续整合优势线路资源，优化资源配置，提高吸引力。

从 2018 年及 2015 年的远郊区地面公交供应水平来看，除了少部分地区以外，总体上供应增加（见图 11 - 3 和图 11 - 4），但是客流仅在少部分区域提升，服务水平增加主要体现在覆盖范围提升，在传统客流集中区域，地面公交的可靠性等问题并未得到解决，因此远郊区总体吸引力仍旧不足（见图 11 - 5）。

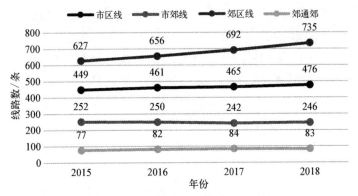

图 11-3　地面公交线路规模变化图

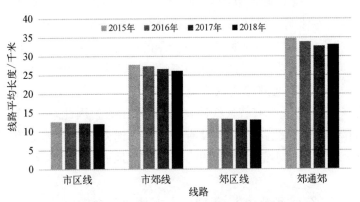

图 11-4　地面公交线路平均长度变化图

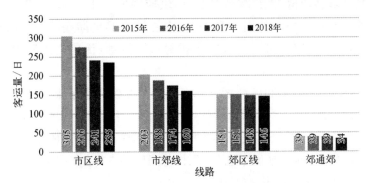

图 11-5　地面公交线路客流变化示意图

2015年公共交通出行中地面公交为主的用户(多数出行中仅使用地面公交)的人数与轨道交通为主的用户(多数出行中仅使用轨道交通)的人数相当,此后地面公交用户人数逐年降低,至2018年以地面公交为主的常乘客人数仅占公共交通常乘客的37.1%。混合出行为主的用户(多数出行中同时使用到地面公交和轨道交通)的比重也小幅降低,公共交通常乘客结构发生调整(见图11-6)。

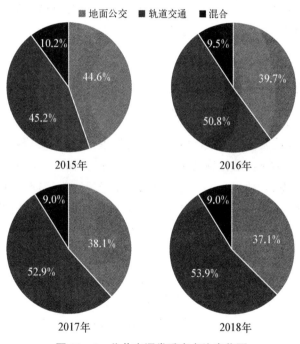

图11-6　公共交通常乘客占比变化图

每年公共交通常乘客规模为320万～350万(交通卡)用户,每年有流失及新增的常乘客,前后两年保持不变的常乘客约为100万(交通卡)用户,其中,2015年至2018年一直存在的常乘客约40万(交通卡)用户。此部分40万～100万用户为核心公共交通常乘客。

比较前后两年核心常乘客出行方式,常乘客有逐步回归地面公交趋势。上一年的常乘客在下一年向地面公交转移的占比逐步提高。对比 2015 年至 2018 年一直存在的 40 万常乘客,其中,5.8 万以地面公交为主的用户转移至轨道交通或混合出行为主,5.4 万以轨道交通为主的用户转移至地面公交或混合出行为主,用户交通数量基本相同。

对于核心常乘客来说,地面公交仍旧是必要及稳定的出行交通工具。对于非核心常乘客,轨道交通更具有吸引力。

11.2　公共交通精细化评估

公共交通设施供给水平和服务水平一直是行业主管部门工作的重中之重,是促成居民出行结构合理化的重要因素,是缓解道路交通拥堵的重要措施,是打赢蓝天保卫战的关键方面。为能制订更加科学合理的规划、建设、运营、管理方案,践行精细化管理,需加强对现状评估的针对性、全面性和科学性。基于上海市公交客流调查成果、大数据分析应用技术,实现更具针对性的公共交通服务水平评估,更好地掌握发展现状。

公共交通精细化评估一方面是数据的多源基础化,主要包括公共交通刷卡数据、GPS 定位数据、手机信令数据、上海市公共交通模型数据,其中包括公交及轨道站点、线路、班次信息。从设施供给的评估、服务效率、服务效益评估及供给与需求匹配性评估等实现精细化评估。另一方面是尺度的精细化,以上海市近6 000 个居委会边界为分析尺度,并以居委会形心点作为分析代表点,从公共交通供应、道路设施供应、公共交通服务效益和公共交通服务效率 4 个维度、7 大方面、16 项指标评析公共交通服务水平(见表 11 - 5)。

表 11 - 5　精细化评估指标体系表

一级评价指标	二级评价指标	三级评价指标
公共交通供应	地面公交	站点
		线路
		班次
	轨道交通	站点
		线路
		班次
	一次公交乘坐可达范围	范围内公交线路沿线站点 500 米缓冲区域面积
		范围内轨道交通沿线站点 600 米缓冲区域面积
道路设施供应	步行非直线系数	公交 500 米非直线系数
		轨道 600 米非直线系数
	步行环境	是否需要上天桥、过地道
服务效益	站点上下客规模	公交站点客流
		轨道站点客流
服务效率	公共交通出行效率	与小汽车出行的时间对比
		出行的非直线系数
		换乘次数

1. 实现公共交通供应水平精细化评估

从公交设施供应量来看,平均公交站点、线路、班次最大值为同一个中区。平均公交站点供应量最大值 21 个(以 500 米半径计算),36%的中区公交站点数大于 10 个;平均公交线路供应量最大值达 31 条,近 30%中区 500 米半径范围内公交线路供应量大于 15 条;平均公交班次供应量最大值近 6 000 班次/天,约 15%的中区班次供应量大于 3 000 班次/天。地面公交站点、线路、班次的供应水平特征表现趋势一致,即供应水平由内向外降低。郊区整体水平均较中心城区低。郊区邻近中心城的区域或郊区新城,供应水平较郊区其他区域良好。

轨道交通三项设施平均供应值最大的中区位于闵行区。以轨道交通班次供应为例,600 米半径范围内,平均班次最大值为 1 280 班次/天。平均班次大于 650 班次/天的,占 30%,基本均位于中心城,其中 20% 位于内环内。轨道交通作为城市骨干交通,其运营具有客流量大、运行准点率高等特点,站点、线路、班次供给水平在空间上的布局变化趋势较一致,即由内向外,沿轨道交通线路减弱。

基于现有公共交通设施供应水平,34% 中区地面公交一次乘车可达范围为 90 平方千米。其中,可达范围最广的为 183 平方千米。在一次公交乘车可达范围排名前十的中区中,8 处位于内环内,其余两处位于内中环间。崇明区、嘉定区、青浦区、金山区、奉贤区等郊区外围区域,地面公交一次乘车可达区域偏低。郊区地面公交一次乘车可达范围评估,除浦东新区外,其他郊区的各区域均处于中下位次。对比分析显示,浦东新区、闵行区、宝山区名列前三。

轨道交通一次乘车可达范围与该区域可获取的轨道交通线路资源、线路长度、线路设站规模密切相关。分析可知,轨道交通一次乘车可达范围水平最高的 10 个中区中,8 个位于内环内。轨道交通一次乘坐可达范围最大为 58 平方千米,30～58 平方千米的中区占 30%,且基本位于中心城,仅一处位于外环外。受线路、站点等设施供应水平的影响,地面公交一次乘坐可达范围较轨道交通一次乘车可达范围广。两种交通方式一次乘车可达范围的水平相当的中区仅 3 处,一次乘车可达范围均为 30 平方千米左右,且均位于外环外。

2. 基于非直线系数和步行环境的精细化评估

居委会形心点步行至 500 米范围内地面公交站点的步行非直

线系数水平整体均处于良好水平。全市近 70% 的中区,步行至公交站点非直线系数控制在 1.7 以内,约 45% 非直线系数控制在 1.5 以内。

步行至轨道交通站点的非直线系数整体水平良好,有轨道交通服务的中区中,约 74% 中区非直线系数控制在 1.7 以内,50% 控制在 1.5 左右水平。步行至地面公交站点和步行至轨道交通站点的非直线系数水平相当的中区约 76 处,且多数均为步行非直线系数较低,控制在 1.5 以内的占 54%,步行路径合理。

由分析可知,地面公交站点几乎设置于全市各个区域,而轨道交通站点设置相对集中,因此地面公交涉及的环境相对轨道交通复杂,其途经地道或天桥占比较轨道交通大。无论是步行至地面公交站点还是步行至轨道交通,途经天桥较途经地道的占比大。总体而言,步行至公共交通站点,需"上天入地"概率较低,主要集中于中心城,且近 60% 分布于内环内(见图 11 - 7)。

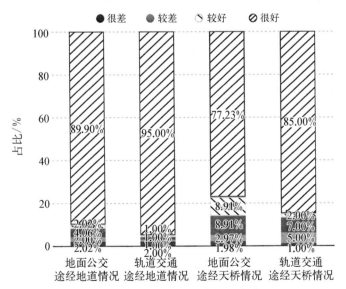

图 11 - 7　至公共交通站点步行环境对比图

3. 基于客流的服务效益精细化评估

对比分析地面公交站点服务客流量与该区域内人口或岗位数据,从而反映地面公交相对服务效益。整体而言,地面公交站点服务效益偏低,主要分布于中心城。该区域对应地面公交设施供应和道路供应水平均较好。郊区客流效益整体处于中下水平,浦东新区、闵行区由于其与中心城区的地理优势和出行联系特征优势,客流效益略占优势。

轨道交通客流效益相对较好的均集中于内环内,主要分布于黄浦区、静安区、长宁区、徐汇区和浦东新区等区域。一般而言,客流效益不佳的区域,其相应供给水平也较低,但仍存在设施供给水平良好,客流效益不佳的区域,分布于内环内、内中环间及外环外。该区域站点的绝对客流规模水平良好,但相对于对应范围内的常住人口或岗位数而言,其相对服务效率较低。整体而言,轨道交通辐射区域的站点客流效益较均衡,但相对于服务区域的人口或岗位而言,服务效益偏低。

4. 服务效率精细化评估

从出行时耗、出行非直线系数、出行换乘次数 3 个方面对服务效率展开精细化评估。

对比同一联系方向,不同的出行方式下所耗费的出行时间,可以看到,随着公共交通供给水平的变化,即公共交通便捷性的降低,其对应耗费的时间与小汽车出行耗费的时间差别呈现由内向外越来越明显的趋势。

公共交通平均出行时间与小汽车平均出行时间对比在 1.5 倍以内的中区,均位于中心城,占 19%,且主要集中于内环内,占 14.3%。

公共交通平均出行时间与小汽车平均出行时间对比在 1.5～2.0 倍之间的中区,分布以中心城为主,占 19%;外环外零星分布几处,占 4%,主要分布于与中心城紧密联系的主城区范围,包括徐汇区、长宁区外环外区域,闵行区、宝山区等中心城外延区域。

从郊区各出行时耗对比情况来看,浦东新区、闵行区、宝山区情况相对良好,浦东新区出行时间比控制在 2 倍以内的占 41%,闵行区占 38%。其他郊区悬殊较大,公共交通的便捷性和吸引力有待进一步提升。

以各区域联系最强的 3 个方向为出行直线系数研究对象,公共交通出行的非直线系数多数均处于 1.5~2 之间的水平,占 62%;非直线系数低于 1.5 的,占 34%,其中主要位于中心城,占 27%。公共交通出行服务供给与出行方向需求的匹配性良好。崇明区部分区域、浦东新区临港片区、松江区等部分区域,公共交通出行非直线系数大于 2,需进一步研究该区域人员出行方向和公共交通服务供给,提升公共交通出行品质。

在换乘次数的分析中,全市各居委主要出行方向间(通过手机信令数据分析,联系强度前三的出行方向),公共交通联系出行换乘次数以直达和一次换乘为主,占 90%,其中直达占 48%;其次为换乘两次的出行,占 7%;极个别公共交通出行,需换乘 5 次,不足 1%。整体而言,主要联系方向,公共交通换乘水平良好,直达性较高。

11.3　公共汽(电)车道路安全

基于管理的数据化,实现了公共汽(电)车道路安全不同维度的分类,违章空间、时间分布特征分析、违章与天气关联度分析。

根据相关数据分析,在违章行为中,情节较轻的违章行为占 56%(扣分在 2 分及以下);情节较严重占 39%;情节严重的占 5%。最易发生的是违反标志标线行为,其次表现为不文明驾驶行为。根据《中华人民共和国道路交通安全法》和《上海市道路交通管理条例》,违章行为主要集中于违反车辆和驾驶人相关管理规定及道路通行管理相关规定两方面。为进一步剖析违章行为,将其分为 7 类,其中 1 类与车辆和驾驶人相关,其余 6 类与道路通行管理相关。占比最高的驾驶员违章行为,以违反标志标线为主,集中表现为不按规定车道行驶、逆向行驶、违反禁令标志和禁止、交叉口越线停车等行为。占比较高的不文明驾驶行为,包括变更车道影响其他车辆行驶,不与前车保持安全距离,占用对面车道、穿插等候车辆(见图 11 - 8)。

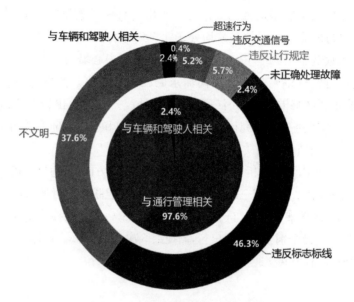

图 11 - 8 按法律法规统计同心圆图

1. 实现空间角度的分析

基于违章分布的热力图显示,容易发生违章行为的地点集中于中心城,尤其是内中环间及中环附近区域。从区域分布看,外环内占 57.8%,其中内环内、内中环间分别占 29% 和 42%。主要道路及交叉口附近、学校等人流集中区域尤其容易引发违章行为,如武宁路—中山北路、沪太路—宜川路、漕宝路—莲花路、外环立交等附近区域。从行政区分布看,违章排名前三的为闵行区、浦东新区和宝山区,分别占 18.6%、15.5% 和 8.2%(见图 11 - 9)。

借助大数据分析技术的优势,进一步开展根据不同类型违章行

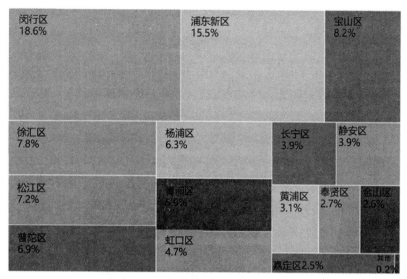

图 11‐9　各区违章行为分布情况方块图

为的分布分析。违反交通信号行为分布较分散,漕溪路中山西路附近出现明显热点。排名前三的区分别是浦东新区、徐汇区和奉贤区,分别占 27%、14%和 12%(见图 11‐10)。占比最高的违反标志标线行为,在全市区域都有发生,外环内占 49%,尤其集中于浦西中心城,占 32%。在郊区中,排名前三的分别是闵行区、浦东新区和宝山区,分别占 30%、20%和 10%。不文明驾驶行为分布广泛,外环内占34%,外围青浦区、松江区、浦东新区局部出现易发区域,分别占 14%、12%、10%。违反让行规定主要发生在中心城或靠近中心城区域,道路交通量大、人流量大的区域更易引发。其中,排名前三的分别为宝山区、普陀区和杨浦区,分别占 28%、15%和 11%(见图 11‐11)。

　2. 实现时间角度的分析

　　根据违章数据时间分布统计,每一时段都存在违章驾驶行为发生的可能性,可能性随时间变化,早晚各出现一个峰值。其中,早高峰时期更容易诱发违章行为,最高违章频次集中于早上 7:30~9:00

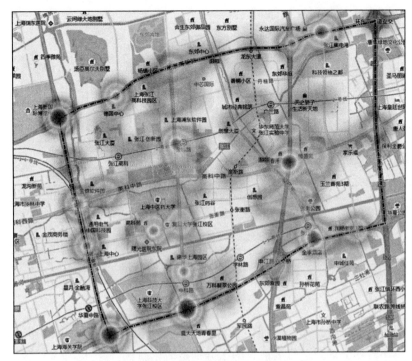

图 11 - 10　违章发生热力图

注：图中颜色越深表示该地区发生违章行为的密度越高。

段;违章行为晚高峰时段集中于 16:30～17:15,发生违章行为的频次及时间跨度略低于早高峰。违章行为早晚高峰时段与公交出行早晚高峰时段基本契合(见图 11 - 12)。

3. 实现天气关联性分析

据违章发生当天天气情况统计分析,违章发生频次与天气状况的恶劣程度没有呈现明显的正相关。中雨、大雨等相对恶劣天气,由于容易引起驾驶员的重视和注意,在主观意识上提高警惕,有利于避免违章行为的发生,因此违章行为的数量并没有因此增加。相比较之下,恶劣天气比多云、晴天等天气条件下违章数少;小雨天气违章数量最多(见图 11 - 13)。

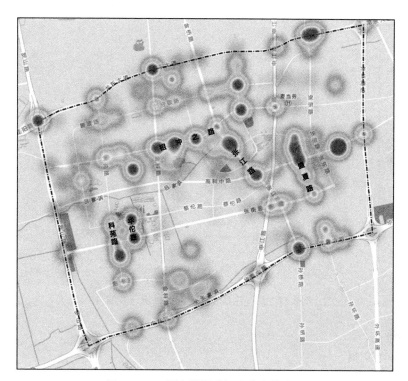

图 11 - 11　不文明驾驶行为分布热力图

注：图中颜色越深表示该处发生不文明驾驶行为的密度越高。

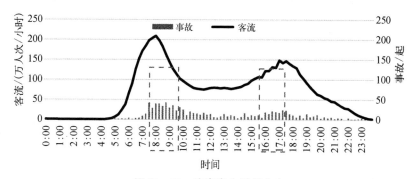

图 11 - 12　违章发生时间分布

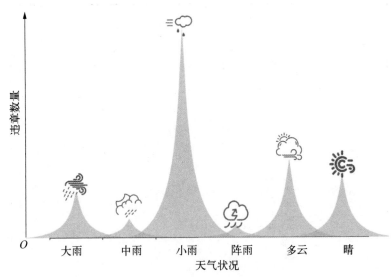

图 11-13   违章发生时天气情况示意图

参考文献

［1］陈杰.上海市公共交通管理的立体机制研究［D］.上海：复旦大学,2010.

［2］江吉智.基于 GPS/GSM 的车辆监控系统的设计与实现［D］.成都：西南交通大学,2003.

［3］于丽梅.基于模拟退火遗传算法的公交区域调度研究［J］.廊坊师范学院学报(自然科学版),2014,14(2)：16-21.

［4］刘志强.智能公交调度监控系统的研究与开发［D］.济南：山东大学,2005.

第*12*章

数据驱动的网约车运营特征分析

12.1 问题的提出

网约车作为"互联网＋"模式下的新兴产业,近年来发展迅猛,受此类新兴交通方式的影响,上海的交通模式正在发生渐进的转变。

2016 年起,国家及上海地方层面相继出台了相关指导意见和管理办法,鼓励网约车发展,规范网约车行为。2019 年,上海网约车平台工作日平均日上线车辆近 8 万辆,每天平均产生订单记录超过 100 万条,车辆定位记录超过 1 亿条。在这些庞大的数据背后,蕴含着网约车在使用、运行、营收等各方面的运营特征。如何利用好这些大数据,深入分析网约车发展现状的优势及劣势,有助于指导网约车的可持续发展以及与其他交通方式的良性竞争。

12.1.1 研究背景

1. 网约车发展历程

网约车最初的起源是在 2009 年,全球网约车的创始品牌 Uber 在美国开始运营。纵观我国的网约车发展历程,我国最早的网约车平台——易道用车于 2010 年在北京成立;之后,快的打车、滴滴打车也相继在杭州和北京上线运营;2013 年 Uber 进入中国市场试运行;2015 年,网约车高端领域的先行者"神州专车"上线运营,同年各网约车平台也都相继上线,网约车行业从起步阶段进入竞争极为激烈的高速发展阶段;随着众多网约车平台之间的"价格大战"落下帷幕,两大网约车巨头滴滴、快的合并;之后优步中国被滴滴出行收购,网约车主体市场基本被滴滴出行掌握,我国网约车进入平稳发展时期[1]。

2. 对网约车相关政策

2016 年,国务院办公厅发布了《关于深化改革推进出租汽车行业健康发展的指导意见》,交通运输部、工信部等 7 部委发布了《网络预约出租汽车经营服务管理暂行办法》,相关条文明确了平台公司许可条件及程序、驾驶员和车辆准入条件、车辆报废和合同管理、车辆和驾驶员许可申请、价格机制、网约车平台性认定等。

在国家层面指导意见和暂行办法的基础上,上海发布了《上海市网络预约出租汽车经营服务管理若干规定》《关于本市深化改革推进出租汽车行业健康发展的实施意见》《关于规范本市私人小客车合乘出行的实施意见》,结合上海市实际,对网约车平台公司条件、车辆条件、驾驶员条件等主要内容进行了细化,对合乘出行平台、车辆、驾驶员、注册管理、合乘次数等作出了规定。

3. 上海市网约车总体发展

2017 年,上海市建成网络预约出租车平台,并于同年年中接入数据,至 2019 年,日均载客车次已达 2017 年的 3 倍,为 117 万次/日。同时,日均客运量达 170 万乘次/日,相当于公共交通客运量的7%,已反超巡游出租车,并有进一步增长的趋势。

近十年来,出租车经历了先期稳定发展阶段,日均客运量保持在 300 万乘次左右。2015 年起,受网约车等影响,日均客运量和日均载客车次连年下降,且降幅较为显著。除了客运量的影响之外,由于网约车分流了出租车的订单及客流,出租车空驶里程也逐年增加。此外,由于网约车常常会推出各类优惠活动,对乘客来说,同样的优惠金额,在中短途订单中占比更高,对乘客的吸引力更大,因此部分中短途订单被分流至网约车,出租车平均每车次载客里程也逐年增加。

网约车的迅猛发展,既是对现有交通模式的挑战,也是未来交通行业发展的机遇。在此背景下,通过对网约车大数据的分析,挖掘数据背后反映的特征和问题,是具有重要意义的。

12.1.2　研究目的

在国家及地方层面指导意见的引领下,基于网约车企业原始订单数据、支付数据、定位数据、车辆数据等大数据,对网约车的现状发展进行总体把握,包括使用情况、运营情况、营收情况、与出租车的比较等,分析现状发展的优势及劣势,指导网约车的良性发展,为规划、管理、政策制定等政府决策支撑提供依据,打造更高品质的交通出行环境。

12.1.3　研究方法

网约车监管平台中包括基础静态信息、经营信息、定位信息、服务质量信息、私人小客车合乘信息等。本专题研究主要运用了基础静态信息、经营信息和定位信息,其中,基础静态信息主要运用了订单发起、订单成功、订单撤销信息;经营信息主要运用了营运出发、营运到达、营运支付信息;定位信息主要运用了车辆定位信息(见图 12-1)。

研究过程中,主要对各类信息的字段进行交叉匹配,计算相应指标或通过图表呈现相关趋势,从而分析网约车的使用情况、运营情况、营收情况、与出租车的比较等。

研究数据采用了 2019 年 1 月全月数据,涵盖滴滴出行、美团打车、首汽约车等 13 家网约车公司。订单数量总计 3 403.4 万订单,平均每日 109.8 万,其中:工作日 114.2 万,周末 97.1 万。上线车辆共涉及 11.2 万辆,日上线车辆数 6.9 万辆,其中滴滴出行占 56.4%,其次美团打车占 28.1%、首汽约车占 7.0%。

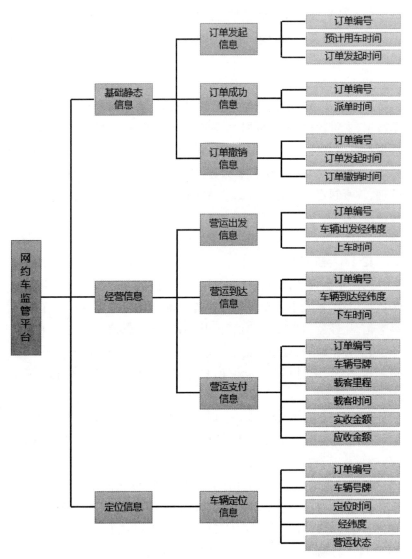

图 12-1 上海网约车监管平台包含信息图

12.2　国内外研究现状

12.2.1　网约车数据处理方法

1. 网约车 GPS 轨迹数据处理方法

GPS 轨迹数据预处理一般分为 4 个步骤：组织文件、清洗数据、转换坐标与地图匹配、提取信息。通过一系列算法得到包含上下客时间、地点等信息的浮动车运营信息表，而后结合各种分析方法对时空数据进行分析。由于数据采集、GPS 定位存在误差，轨迹数据通常偏离路网，因此需进行地图匹配，从而将浮动车数据与浮动车行驶的道路数据对应起来，实现轨迹数据匹配到路网上，从而得到准确的道路交通信息[2]。目前，地图匹配的方法包括应用几何分析、拓扑分析、模糊逻辑等[3]。数据预处理阶段，学者们使用不同的地图匹配算法或不使用地图匹配[4]。

陈文龙基于供需平衡理论和迭代学习控制方法，首先提出了基于出租汽车轨迹数据在网约车模式下的运力规模测算理论框架，为测算模型奠定理论基础。其次讨论了轨迹数据的特征，提出了数据清洗及还原打车需求的方法，包括上下车点识别和需求提取，为模型提供数据支撑[5]。

魏翠利用深圳市微观个体的网约车和出租车 GPS 轨迹数据，提出了一种大数据驱动的网约车出行时空模式分析方法。该方法首先利用机器学习方法精准地提取时空出行信息，获得精准的网约车出行信息；其次，基于空间自相关理论挖掘网约车出行的空间格局及集聚模式，并与出租车出行相比较；最后，利用相似性理论，研究网约车和出租车出行的相关关系，并详细分析其影响机制[6]。

姬星利用 Arc GIS 平台中的 Arc Py 程序接口编程，自动化实现海量轨迹数据的地图匹配，并最终获得轨迹数据与路段的结合信息[7]。

程雪琪分析了网约车 GPS 数据存在的时序混乱、数据冗余、数据漂移等问题,针对这些问题进行了相应的处理,进一步进行了坐标转换、地图匹配等工作,对处理干净的 GPS 数据提取了单一路段的流量、速度、密度、时间延误指数 4 个交通流参数,针对提取的参数中存在的问题进行了空白时段填补、小波去噪等处理[8]。

2. 网约车上下客数据处理方法

张斌使用基于密度的 OPTICS(ordering point to identify the cluster structure)聚类算法对出行过程中的上下车位置进行聚类,以识别出行活动的热点区域。此算法可以降低聚类过程对输入参数的敏感性,使得聚类结果更为客观准确。在识别热点区域的基础上,对热点区域的空间分布及其随时间的变化情况进行了研究[9]。

3. 网约车订单量数据处理方法

况东钰进行了网约车需求量影响因素相关性分析,结合网约车需求量数据,分析区域 POI 数、天气情况、温度、$PM_{2.5}$、道路拥堵状况的变化对网约车需求量的影响;研究了网约车需求变化趋势,对网约车需求量数据进行时序分析,分别分析工作日和非工作日的网约车需求量变化趋势,找出出行需求变化规律[10]。

12.2.2　网约车数据应用

1. 居民出行特征分析

唐炉亮等使用出租车 GPS 数据进行了城市上下车事件的研究分析,获取了乘客上下车活动的时空分布规律[11]。

付鑫等基于出租车设备生成的 GPS 数据,划分了交通小区,构建了居民出行 OD 矩阵,进一步地提出了通勤客流的识别模型,对居民的通勤行为及其在时间和空间上的分布特征进行了研究[12]。

贾步忠以网约车 GPS 数据为基础,采用聚类方法分析了居民出行的时空特性,并使用时间等待推荐模型实现了网约车搭乘服务的推荐计算[13]。

张斌通过统计分析居民的网约车出行活动随时间产生的变化情况,研究网约车出行活动的核心区域及其在城市空间上展现出的方向性;计算每个地铁站周边区域内网约车出行活动的集聚程度,分析不同集聚程度的区域在城市空间上的分布状况[9]。

国外,Laha 等使用 4 种增量学习方法,基于出租车 GPS 数据对出行目的地的位置进行了预测,并对比了不同算法之间的有效性,发现多变量多重回归在预测精度方面取得了最好的效果[14]。Safikhani 等提出了一种广义时空自回归模型对纽约市出租车出行需求进行了建模并采用实际数据证明了其有效性[15]。

2. 路网运行情况评估

王子奇研究了"滴滴车辆"轨迹数据,包括原始数据的处理等,通过轨迹数据根据车流量、速度、密度的变化对道路交通流特性进行分析,并以延误指数作为评价指标,在.Net 平台上,通过 C♯编程语言,搭建了交通运行状态实时监控系统,通过轨迹数据对道路进行实时监控,了解道路车流量的状态,进而评价道路情况[16]。

黄丽平以轨迹数据为基础,开展了交通网络动态监测和结构识别的工作,预测了路网通行速度,计算了路网动态交通阻抗,结合兴趣点来发现交通网络的社区结构并识别了显著兴趣点,最后明确了不同种类兴趣点对于交通网络空间社区模式的影响程度[17]。

3. 停车规划

郑敏慧提出了基于滴滴网约车 OD 数据的停车规划方法,提取了沧州市域的滴滴网约车 OD 数据并对其进行预处理,利用处理后的滴滴 OD 数据分析出行距离、出行速度以及出行起讫点的空间分布,分析结果与沧州市实际的出行特征相符。利用已知地区的停车数据和滴滴 OD 数据通过回归分析构建停车需求预测模型,基于网格划分采用密度聚类方法进行高密度停车需求的位置识别,进而为公共停车场的建设位置选择提供依据[18]。

12.2.3 网约车对其他交通方式的影响

刘名敏等考虑了用户时间价值差异,建立数学模型,研究了有车族和无车族短期选择使用网约车出行的差异。基于用户均衡,通过算例分析了网约车对城市居民出行选择带来的影响[19]。

高永等研究了网约出租车对居民出行选择带来的影响。研究通过北京、广州等城市的交通数据研究,发现网约出租车对出租汽车和公共交通的影响最大,对私人汽车的影响不显著[20]。

洪杰等分析了市区 GDP、市区总人口数、公交线路长度、出租汽车企业规模等 8 个影响因素,构建了基于多元回归的出租汽车运力优化关系模型,同时引入网约车修正系数,利用实测数据进行验证,得出了宁波网约车对传统出租汽车的影响趋势[21]。

邵源等提出互联网打车平台改变了乘客的打车习惯,网约车优势在于使用方便和价格优惠,对常规公交和传统巡游车的替代作用明显,网约车出行中通勤通学比例过高,使用者尚存在对车辆安全、信息安全等方面的质疑[22]。

李青云以计划行为理论为基础,结合感知风险理论以及网约车与传统巡游出租车的关系特点,对计划行为理论进行改进,构建出适合城市居民网约车出行意愿影响机理的理论框架。通过问卷调查,分析各变量之间的影响关系,评价市民对网约车和出租车的不同偏好[1]。

Rayle 等通过对美国旧金山的网约车市场进行调查,研究网约车用户及其使用原因,以及网约车市场对其他交通方式如传统出租车市场、公共交通和私人小汽车的影响。调查结果表明虽然与传统出租车有很多相似之处,但在用户特征、等车时间和乘车次数方面仍存在差异。网约车取代了一部分的传统出租车出行,但有一半的网约车取代了公共交通和私人小汽车出行[23]。

Correa 等通过对纽约市传统出租车和 Uber 运营数据的对比分析,研究新兴网约车业态对传统业态的影响,并探索了网约车需求与传统出租车需求之间的空间依赖关系,建立了两者关联的需求预测模型[24]。

Kim 等对纽约出租车出行 OD 数据采用时间序列回归模型,发现 Uber 进入市场后,出租车司机被迫改变经营方式,以保持其市场地位,即通过扩大出租车地理覆盖范围,为以往被他们所忽视的客户提供服务,从而保有了自己的客流量和市场份额。文章认为网约车出行以一种积极和提高福利的方式改变了现有的市场[25]。

12.2.4　网约车数据对管理部门的支撑作用

1. 监管政策方面

自从网约车出现以来,已有很多学者对网约车进行了分析和研究。大部分研究侧重从法律的角度探讨网约车的监管问题[26],分析网约车的监管困境及提出解决措施,探索建立相应的网约车监管模式,并且呼吁各地方政府因地制宜地制定网约车规范及措施[27]。

Hall 等通过对美国的传统出租汽车司机与 Uber 司机的周工作时间、工作强度、劳动报酬的对比分析,发现 Uber 司机比传统出租车司机的工作时间更短且每小时的收入波动更小,Uber 司机比传统出租车司机更年轻且受教育程度更高。建议管理部门应当对这两种新旧业态应区别对待,分别管理[28]。

邵源等通过对网约车运行特征的分析,提出营造多种业态公平竞争的市场环境,完善网约车监管立法,规范市场经营行为,合理评估网约车交通影响,促进出租汽车行业有序发展,为政府部门客观认识网约车行业发展规律、制定相关管理政策提供决策参考[22]。

2. 运营模式方面

刘亮明等从乘客视角,以滴滴出行为例,通过对比分析传统出租车和网约车的商业模式,提出了网约车运营模式的特点,并根据研究结论提出相应政策建议[29]。

Poulsen 等通过对纽约外围行政区域的传统出租车与 Uber 的

乘坐记录的数据分析,得出了 Uber 正在蚕食传统出租车市场份额的结论,并具体研究了市场份额竞争激烈的区域以及两者表现的差异;对传统出租车保有市场份额提出了建议[30]。

3. 规划管理方面

张斌通过从时间和空间角度对居民乘网约车出行的活动特征进行的研究,从交通管理的角度解释不同时段、不同地区内乘客的出行需求,有利于网约车车辆的调度管理,也可以作为网约车平台上订单预测、车辆调配的参考,实现有限资源的有效分配和充分利用。同时,研究结果也可为基于位置的服务,如为消费推荐、店铺选址等提供依据,对城市规划与管理亦有着重要的参考价值[9]。

姬星提出在公安交通管理工作中,准确、快速地识别路网交通运行状态非常重要,网约车运行时间长、覆盖范围广、无需额外安装专用设备的特点,为城市交通状态识别提供了经济而又快捷的方法;利用轨迹数据进行城市区域交通状态识别,进而对获得的区域交通状态数据进行关联性分析,以挖掘交通状态数据隐藏的规律[7]。

12.2.5 国内外研究现状小结

(1)现状对网约车数据的处理大多集中在对 GPS 轨迹数据的处理,但网约车平台还包含订单信息、运营信息、支付信息等多类数据,如何运用好这些大数据,通过多源数据融合分析,对网约车的运行现状分析更为全面和科学,是本次研究重点关注的问题之一。

(2)现状对网约车数据的应用主要聚焦于居民出行特征分析和路网运行情况评估,单纯从网约车大数据本身研究现状,但网约车出行者的个体特性相对较强,需要结合具体的出行意愿对相关问题进行解读和分析。

(3)目前,国内外的相关研究主要针对网约车和传统出租车这两种较为相近的交通方式进行对比分析,但随着网约车的快速发展,势必对公共交通、私人小汽车、甚至非机动车产生影响,需要扩大对比分析的范围。

(4) 自网约车出现以来,大部分研究侧重从法律的角度探讨网约车的监管问题,制定规范政策,很少对网约车的规划发展以及和其他交通方式的良性竞争等方面提出建议。

本次结合以上问题进行了深化研究,希望引导网约车以及整个城市交通的可持续发展,为政府决策提供支撑。

12.3　使用情况

12.3.1　平台派单成功时间

从平台的即时响应程度,即订单与驾驶员匹配成功用时来看,平台派单成功用时平均为 46.4 秒(不含提前预约订单)。其中,85.4% 的订单派单成功用时在 1 分钟以内,平台即时响应程度较高(见图 12 - 2)。

12.3.2　乘客等待时间

从乘客对于平台及司机服务效率的最直观感受角度即乘客等待时间来看,乘客等待时间平均为 6.1 分钟(不含提前预约订单)。其中,84.2% 的乘客等待时间在 10 分钟以内,有部分乘客等待时间超过 15 分钟,整体等待时间可接受(见图 12 - 3)。

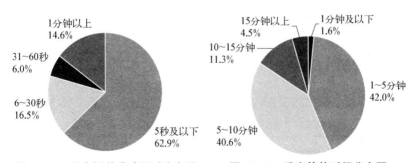

图 12 - 2　平台派单成功用时分布图　　　图 12 - 3　乘客等待时间分布图

12.3.3　使用量变化情况

订单时变情况显示,工作日早高峰使用量集中,约 9.0％出现在高峰时段 8:30～9:30 间;晚高峰相对平缓,且持续时间较长,主要集中在 18:00～20:00,占比 14.7％(见图 12 - 4)。

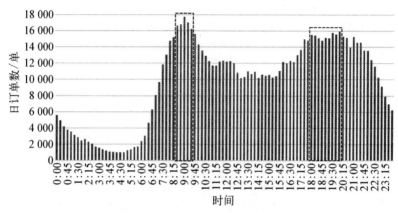

图 12 - 4　工作日订单数日变化图

工作日除周五外使用量保持平稳,日订单数达 114.2 万单,周五达峰值,占一周订单的 16.7％。周末日订单数较工作日略低,为 97.1万单。1 月底由于临近春节,日订单数总体处于较低水平。日上线车辆数与日订单数变化趋势基本保持一致(见图 12 - 5)。

12.3.4　需求集中区域

由区域分布分析可知,上海网约车需求主要集中在黄浦区西部、静安区南部、徐汇区北部等中心城区。从使用总量来说,排名前三的分别为浦东新区、闵行区、静安,占总量的 44.5％;从单位面积使用量来说,排名前三的分别为黄浦区、静安区、长宁区。其中,黄浦区集中度远高于其他行政区;从区域分布来说,外环内占比 61.6％,且需求主要集中于浦西地区,浦西、浦东比例约为 2.7:1(见图 12 - 6～图12 - 8)。

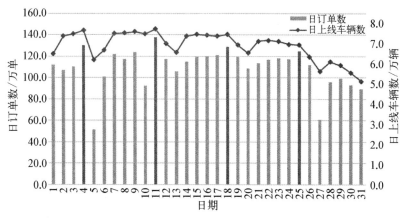

图 12 - 5　日订单数及日上线车辆数月变化图

注：图中深色为周五。

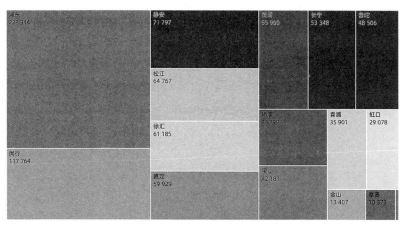

图 12 - 6　工作日全天使用总量分布图

注：单位为辆次/天。

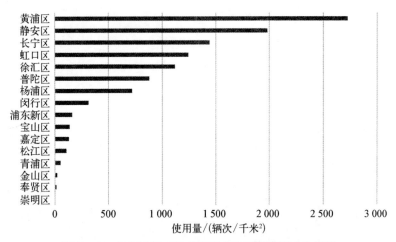

图 12‐7   各行政区工作日全天单位面积使用量分布图

图 12‐8   张江区域网约车与轨交接驳情况

注：图中颜色越深表示该区域网约车服务频次越高。

12.4　运营情况

12.4.1　车辆活跃度

网约车车辆平均一周运营 5.4 天,活跃度较高,其中每天都运营的车辆占比最高,达 42.6%(见图 12-9)。从车辆工作日及周末的运营情况分布来分析,77.9% 的车辆工作日和周末都运营(工作日至少运营 1 天且周末也至少运营 1 天),18.6% 的车辆只在工作日运营,仅有 3.4% 的车辆只在周末运营。

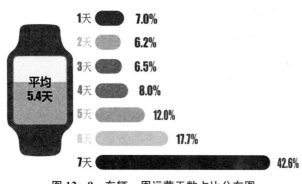

图 12-9　车辆一周运营天数占比分布图

12.4.2　订单数

平均每车日订单数为 15.9 单,其中工作日每车日订单数为 16.2 单,以 11~20 单居多,占比 33.7%,周末略低于工作日,为 15.0 单(见图 12-10)。

选取较为"专业"的网约车(即每天都运营)进行分析,平均每车日订单数达 18.6 单,高出全行业平均值 17.0%。

12.4.3　高峰出行时耗

根据统计,工作日晚高峰平均出行时长为 25.9 分钟(见图 12-11)。

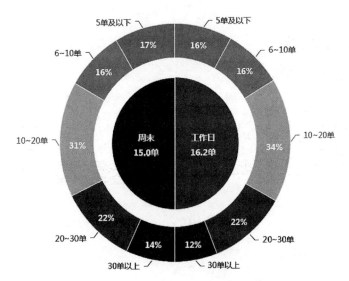

图 12-10　平均每车日订单数分布图

早高峰出行时长以 16～30 分钟居多,占 38%。晚高峰平均出行时长与早高峰持平。对比涉及中心城的出行数据,网约车在高峰时段的出行时耗控制在合理范围内。

12.4.4　出行 OD

工作日全天,外环内出行 55.9%,外环外出行 32.5%,外环内外交换量 11.6%;浦西区域内部出行 68.7%,浦东区域内部出行 22.9%,跨黄浦江出行 8.4%(见图 12-12)。

中心城以虹桥、人民广场、陆家嘴、张江等区域内及区域间的出行最为集中,东西轴向出行特征较为明显;外围嘉定新城、松江新城、青浦新城、闵行区的浦江地区、金山区的石化街道等内部出行也较为频繁,组团化出行特征较为明显。

出行总量中,区内出行 61.1%,跨区出行 38.9%。区内出行总量排名前三的分别为:浦东新区 21.1%、闵行区 7.6%、松江区 5.9%,

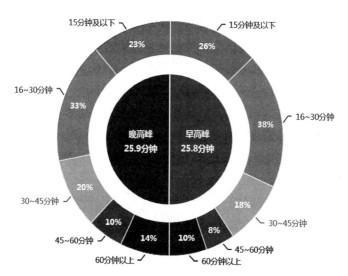

图 12-11　早晚高峰平均出行时耗分布图

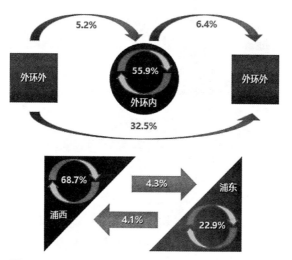

图 12-12　工作日全天各大主要区域出行情况分布图

占总出行量的 33.6%;区内单位面积出行量排名前三的分别为黄浦区 837.8 辆次/千米²、静安区 659.5 辆次/千米²、长宁区 479.1 辆次/千米²;跨区出行总量排名前三的分别为:黄浦区 ←→ 浦东新区 2.0%,徐汇区 ←→ 闵行区 1.9%,黄浦区 ←→ 静安区 1.9%,基本均为相邻的行政区出行。

12.5　营收情况

12.5.1　订单营收

从订单角度来说,平均每笔订单营收为 34.8 元,其中,15~30 元的订单最多,占 34%,其次为 15 元及以下的订单(见图 12 - 13)。

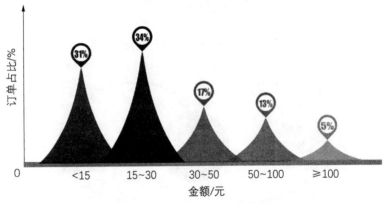

图 12 - 13　订单营收情况分布图

12.5.2　车辆营收

从车辆营收角度来说,平均每辆车单日营收为 554.2 元。其中,200~500 元的车辆最多,占 38%;其次为 500~1 000 元(见图 12 - 14)。

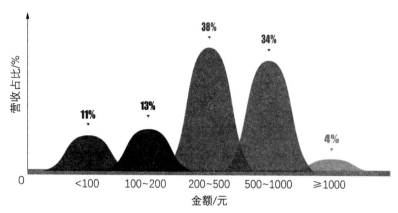

图 12 - 14　车辆营收情况分布图

12.5.3　与机场相关的营收

进一步分析车辆营收与机场订单的关系。在所有车辆中,有 23.5% 接过虹桥机场或浦东机场的订单,每日机场订单占营收的 3.0%。营收在 1 000 元/日以上的车辆,有 69.8% 接过虹桥机场或浦东机场的订单,每日机场订单占比 8.5%;营收在 100 元/日以下的车辆,仅有 2.4% 接过虹桥机场或浦东机场的订单,每日机场订单占比仅 1.1%。车辆的平均营收基本和机场订单数呈正比关系(见图 12 - 15)。

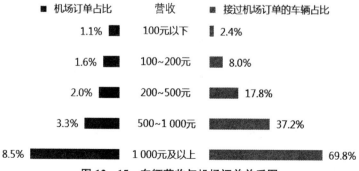

图 12 - 15　车辆营收与机场订单关系图

12.6   网约车与出租车

12.6.1   订单特征对比

1. 日均客运量

2019 年,出租车日均客运量 154 万乘次/日,网约车日均客运量 170 万乘次/日,已反超出租车。从总需求来看,出租车及网约车的日均客运总量达 324 万乘次,略高于网约车出现前的出租车日均客运量,说明出行总需求未减少,网约车逐渐分担了出租车的服务。

2. 每车日订单

2019 年,出租车平均每车日订单 21 单,网约车平均每车日订单 15 单,约为出租车的 71%。

3. 每单载客里程

2019 年,出租车平均每单载客里程为 9.5 千米,网约车平均每单载客里程 5.4 千米,约为出租车的 57%(见图 12 - 16)。

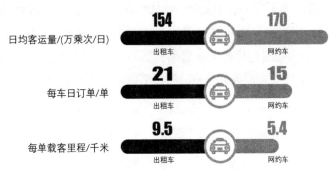

图 12 - 16   网约车与出租车订单特征对比图

12.6.2   出行意愿

在优先选择出租车的原因中,公众对安全性有保障的关注度最高,出租车作为城市交通中传统且重要的组成部分,行业监管部门明确,对司机和车辆的监管力度较大,安全性相对更有保障。此外,出租车司机大多经过专业的培训和考核,对路况较为熟悉,能够减少不必要的绕行,出租车车辆统一安装计价器,收费标准公开透明,也是市民优先选择出租车出行的重要原因(见图 12 - 17)。

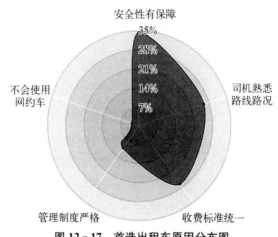

图 12 - 17　首选出租车原因分布图

在优先选择网约车的原因中,市民对优惠活动多的关注度最高,网约车常常会推出充值优惠、打折券、现金券等多种优惠活动,鼓励市民使用网约车出行,在价格方面,网约车较传统出租车有一定优势。此外,部分地区出租车较少,扬招不便,而网约车分布范围更广,网约车多为司机自身用车,车内环境较为整洁,也是市民优先选择网约车出行的重要原因(见图 12 - 18)。

12.6.3　网约车对出租车的影响

1. 空驶里程增加

2014 年及 2015 年,出租车平均里程利用率保持在 64.5% 的水平,随着 2016 年网约车开始盛行,分流了出租车的订单及客流,导致空驶里程增加,里程利用率出现拐点,至 2019 年下降至 61.9%(见图 12 - 19)。

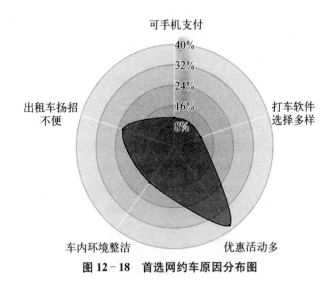

图 12-18　首选网约车原因分布图

图 12-19　出租车里程利用率变化图

2. 日订单数减少

2014 年及 2015 年,出租车平均每车日订单数保持在 30 单以上,随着 2016 年网约车开始盛行,平均每车日订单数持续下降,至 2019 年下降至 21.4 单/(车·日),年平均降幅 8.0%(见图 12-20)。

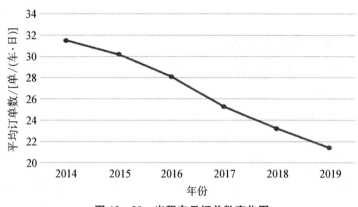

图 12‐20 出租车日订单数变化图

3. 每车次载客里程增加

网约车常常会推出各类优惠活动,对乘客来说,同样的优惠金额,在中短途订单中占比更高,对乘客的吸引力更大,而在远途订单中优惠金额可忽略不计,因此,部分中短途订单被分流至网约车,出租车平均每车次载客里程增加(见图 12‐21)。

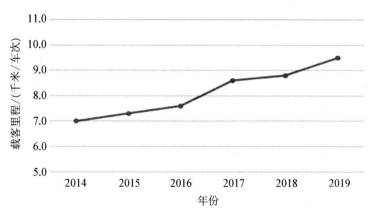

图 12‐21 出租车每车次载客里程变化图

12.7 网约车与公共交通

12.7.1 虹桥枢纽网约车运营情况

工作日早高峰,虹桥枢纽网约车以到达为主,到达车辆占 96%,出发车辆占 4%。网约车主要来源于虹桥商务区北片、吴中路—七莘路周边、西虹桥地区、吴中路沿线、江桥—丰庄地区、外滩—北外滩—陆家嘴地区、静安区南部等。

网约车平均行驶里程为 15.9 千米,其中 10～30 千米占比最高,主要位于中心城西南部及周边闵行区、嘉定区等区域;平均出行时长(从下单到下车的总时长)为 43.9 分钟,其中 30～60 分钟占比最高;平均出行费用为 82.4 元,其中 50～100 元占比最高。

12.7.2 绕行系数对比

绕行系数指两点之间实际的路线长度与直线距离之比。经过分析,虹桥枢纽网约车平均绕行系数为 1.45,公交平均绕行系数为 1.53,略高于网约车。

53% 的区域公交绕行系数高于网约车,主要集中在虹桥枢纽周边及嘉定区、宝山区、松江区、青浦区等区域。直线距离越近的区域,受道路、客流等因素影响,公交绕行系数更高,数据特征呈现虹桥枢纽周边的网约车需求旺盛。

12.7.3 出行时长对比

出行时长指由出发地到目的地的总时长。经过分析,虹桥枢纽网约车平均出行时长为 43.9 分钟,公交平均出行时长为 71.6 分钟,高出网约车 63%。

75% 的区域公交出行时长高于网约车,除中心城轨道交通密集区外,其余大多数区域,网约车在时耗上占据明显优势。公交出行总时长为 71.6 分钟。其中,两端及换乘的步行时长为 14.4 分钟,等车时长为 13.3 分钟,两者占总出行时长的 39%,公交的便捷性和可达性具有一定的劣势。

12.7.4 换乘次数对比

网约车基本为点到点服务,换乘次数为零,公交平均换乘次数为 0.77 次(包括轨道交通与轨道交通换乘、地面公交与地面公交换乘、轨道交通与地面公交换乘)。

70%的区域公交出行均需要一次及以上换乘,无需换乘区域主要集中在虹桥枢纽周边及 2 号线、10 号线沿线。虹桥枢纽周边、外滩—北外滩—陆家嘴地区、静安区南部等区域虽然乘坐公交基本无需换乘,但乘客从舒适性、时效性,以及携带行李的便捷性等方面考虑,网约车仍然有较大的吸引力。

12.7.5 网约车对公共交通的影响

(1)直线距离越近的区域,受道路、客流等因素影响,公交绕行系数更高,呈现虹桥枢纽周边的网约车需求旺盛。

(2)网约车出行时长占明显优势;公交两端及换乘的步行时间占较大比例,便捷性和可达性相对而言处于一定的劣势。

(3)除便捷性、可达性外,网约车由于在舒适性、时效性及行李携带的便捷性等方面的优势,仍然有着较大的吸引力。

参考文献

[1]李青云.城市居民网约车出行意愿影响机理及运价研究[D].西安:西安建筑科技大学,2018.

[2]Quddus M A, Ochieng W Y, Noland R B. Current map-matching algorithms for transport applications:State-of-the art and future research directions[J]. Transportation Research Part C Emerging Technologies,

2007，15(5)：312－328.

[3] Giannotti F，Nanni M，Pedreschi D，et al. Unveiling the complexity of human mobility by querying and mining massive trajectory data[J]. Vldb Journal，2011，20(5)：695－719.

[4] 胡小文,冯均佳.基于 GPS 数据采集的出租汽车交通运行特点研究[J].城市交通,2007,5(2)：91－95.

[5] 陈文龙.网约车模式下基于轨迹数据的出租汽车运力规模测算[D].西安：长安大学,2018.

[6] 魏翠.基于 GPS 轨迹数据的网约车出行模式分析[D].深圳：深圳大学,2019.

[7] 姬星.基于轨迹数据的城市区域交通状态识别及关联性分析[D].北京：中国人民公安大学,2019.

[8] 程雪琪.基于网约车 GPS 数据的城市交通拥堵状况研究[D].成都：西南交通大学,2019.

[9] 张斌.基于网约车数据的居民出行时空特征分析[D].南京：东南大学,2019.

[10] 况东钰.基于时间序列分析的网约车需求短时预测研究[D].北京：北京交通大学,2019.

[11] 唐炉亮,郑文斌,王志强,等.城市出租车上下客的 GPS 轨迹时空分布探测方法[J].地球信息科学学报.2015,17(10)：1179－1186.

[12] 付鑫,孙茂棚,孙皓.基于 GPS 数据的出租车通勤识别及时空特征分析[J].中国公路学报.2017,30(7)：134－143.

[13] 贾步忠.基于网约车 GPS 数据的用户出行挖掘与推荐研究[J].微型电脑应用.2018,34(12)：83－86.

[14] Laha A K，Putatunda S. Real time location prediction with taxi-GPS data streams[J]. Transportation Research Part C：Emerging Technologies. 2018,92：298－322.

[15] Safikhani A，Kamga C，Mudigonda S，et al. Spatio-temporal modeling of yellow taxi demands in New York City using generalized STAR models[J]. International Journal of Forecasting，2020，36(3)：1138－1148.

[16] 王子奇.基于滴滴轨迹数据的城市道路运行状态评价分析[D].北京：北京

交通大学,2017.

[17] 黄丽平.基于轨迹数据的城市交通网络监控方法研究[D].长春：吉林大学：2018.

[18] 郑敏慧.基于滴滴网约车 OD 数据的停车规划方法研究[D].北京：北京交通大学,2018.

[19] 刘名敏,王晓蕾.网约车对城市居民出行方式影响的建模与分析[J].物流科技,2016,39(10)：79 - 82.

[20] 高永,安健,全宇翔.网络约租车对出行方式选择及交通运行的影响[J].城市交通,2016,14(5)：1 - 8.

[21] 洪杰,叶晓飞,黄正锋,等.基于因素分析的出租车运力规模预测[J].宁波大学学报(理工版),2017,30(3)：116 - 120.

[22] 邵源,陈澍,江捷.网约车运行特征大数据评估及政策思考[C]//中国城市规划学会城市交通规划学术委员会,中国城市规划设计研究院.交叉创新与转型重构：2017 年中国城市交通规划年会论文集.北京：中国建筑工业出版社,2017.

[23] Rayle L, Dai D, Chan N, et al. Just a better taxi? A survey-based comparison of taxis, transit, and ridesourcing services in San Francisco[J]. Transport Policy, 2016, 45：168 - 178.

[24] Correa D, Xie K, Ozbay K. Exploring the taxi and uber demand in New York City：an empirical analysis and spatial modeling[C/OL]//TRB. Transportation Research Board 96th Annual Meeting. Washington DC：TRB, 2017[2021 - 04 - 29]. https://figshare. com/articles/journal contribution/Exploring the Taxi and Uber Demands in New York City-An Empirical Analysis and Spatial Modeling-Revised pdf/14503002.

[25] Kim K, Baek C, Lee J D. Creative destruction of the sharing economy in action：the case of Uber[J]. Transportation Research Part A：Policy and Practice, 2018, 110：118 - 127.

[26] 姜宁.从网约车发展看政府管理模式创新[J].中国党政干部论坛,2016(5)：83 - 84.

[27] 侯登华.网约车的相关争议及其监管建议[J].党政视野,2016(3)：52.

[28] Hall J V, Krueger A B. An analysis of the labor market for uber's driver-

partners in the United States[J]. ILR Review，2018，71(3)：705 - 732.

［29］刘亮明，向坚持，李要星.乘客视角的新型网约车与传统出租车商业模式对比分析：以滴滴出行为例[J].特区经济，2017(3)：116 - 119.

［30］Poulsen L K，Dekkers D，Wagenaar N，et al. Green cabs vs. uber in New York City［C］//IEEE. IEEE International Congress on Big Data. San Francisco：IEEE，2016：35.

第13章

数据驱动的共享单车出行需求分析

13.1 研究背景

共享单车在由粗放竞争迈向有序发展过程中,精准把握其出行需求特征是其中至关重要的基础,共享单车庞大的数量、复杂多样的出行特征,长期以来也是其运营和管理上的难点。基于 GIS 空间数据、共享单车实际运营和手机信令等多源数据,以上海为例,对共享单车的出行特征、热点和需求进行了分析,提出了基于点、线、核的密度计算和分区分析方法。同时,针对共享单车出行强度高的典型地区,以中山公园—漕河泾开发区区域为例,探索性地提出一种针对共享单车的运营—规划—政策的闭环反馈工作方法,将区域人口、岗位及交通供给与共享单车出行需求进行关联,为共享单车额度控制、非机动车停放设施布局和企业运营监管等提供可视化、定量化的依据。在此基础上,提出对共享单车运营管理层面的建议,以期更好地引导共享单车行业规范发展,为有需求的公众提供便捷有序的出行服务。

共享单车模式是解决城市出行"最后一公里"问题的一次探索,也是快速发展的交通出行新模式新业态对城市顺畅运行、科学管理的一次"大考"。在经历了一段时间的无序过度发展后,共享单车运营管理模式现已逐渐稳定。从绿色发展理念和公共交通优先的整体导向出发,结合共享单车在接驳公共交通方面的现实需求和作用,交通部和上海市均提出,应鼓励和规范互联网租赁自行车发展,提升其服务水平,更好地满足人民群众出行需要。在共享单车规范有序发展的大背景下,如何基于市民出行需求科学合理地把握共享单车的运营管理策略,成为现阶段地方政府和运营企业的当务之急。当前,针对共享单车的规范化措施通常是对已形成或正形成中的无序停放做出被动响应,因此,创造一种可视化、可量化的分析方法,主动对现状共享单车出行需求进行时空分析和引导,对进一步优化共享单车的运营和管理策略有着基础性的重要意义。

13.2   基于实际运营数据的多源数据采集

本次研究数据为 2019 年 7 月共 31 天某品牌共享单车在上海的运营大数据,数据属性包含车辆 ID、车辆开锁/关锁日期时间、开锁/关锁位置 GPS 经纬度信息、车辆开锁/关锁状态,数据总量约 20 万条。

对原始数据开展一定的数据清洗工作,排除异常数据对分析结果的影响。基于单次共享单车出行的特点,将出行时间小于 1 分钟的出行和大于 120 分钟(车辆故障、异常开关锁)的出行视作无效出行剔除;验证所有出行的移动距离和移动时间匹配情况,将(直线)移动速度大于 25 千米/小时(按非直线系数 1.5 倍估算,实际速度大于 37.5 千米/小时)的出行视为异常数据剔除。对共享单车出行起讫点进行分类,以筛选出外环内中心城区的共享单车出行。

此外,本次研究还使用了基于手机信令等大数据推算的城市人口、岗位等栅格化数据作为研究基础。

13.3   共享单车总体出行特征分析

1) 共享单车出行以短时短距离出行为主

出行时间方面,中心城共享单车平均出行时长为 10.15 分钟。其中,96.24% 的出行时长低于 30 分钟,81.76% 的出行时长低于 15 分钟。在工作日早高峰时段,中心城平均出行时长为 9.17 分钟,略低于全日平均时长。

出行距离方面,通过对中心城区内环内、内中环之间、中外环之间出行直线距离在 500～1 000 米、1 000～1 500 米、1 500～4 000 米的出行分层均匀抽样,共计 90 次出行样本进行实际路径匹配,以得到共享单车出行的非直线系数为 1.41。按照平均非直线系数进行估算,中心城共享单车平均实际出行距离约为 1.64 千米。其中,工作日早高峰实际平均出行距离为 1.66 千米。超过 88％的共享单车实际出行距离在 3 千米以下,更有超过 75％的出行距离在 2 千米以下的。

2）出行目的以接驳轨道交通站点最为明显

根据共享单车出发点(开锁位置)和到达点(关锁位置)的地理信息,与全市轨道交通站点出入口地理位置信息进行匹配,结合外业调查可研判一次共享单车出行是否与接驳有关。总体来说,利用共享单车进行轨道交通接驳的出行占所有共享单车出行的约 30％;工作日这一比例为 32％,显著高于周末的 27％;高峰时段这一比例为 36％,也显著比全天比例 32％高。

3）单车日用频次和整体活跃率有待提高

按全月出行次数和全月被使用过的单车数量,可以计算中心城单车日用频次为 2.51 次,其中 13.2％的车辆月均只被使用过 10 次以内(日均 0.3 次),低使用率车辆占比庞大。

根据一天或一周被使用的车辆(活跃车辆)和全月被使用过的车辆总数,可以计算日活跃率和周活跃率。总体来看,中心城共享单车的日活跃率为 45％～50％,周活跃率为 60％～70％;工作日共享单车的日活跃率显著高于周末 5％～10％;在恶劣天气影响下,活跃率出现明显下降。

13.4　基于密度分析的出行热点和需求分析

密度分析是对某个现象的已知量进行处理,然后将这些量分散到整个地表上,依据是在每个位置测量到的量和这些测量量所在位置的空间关系。密度分析的参考意义在于密度表面可以显示出点要素或线要素较为集中的地方。密度分析方法包括点密度分析、线密度分析及核密度分析,对于线要素,线密度分析的原理是计算单位面积范围内线段的长度;对于点要素,点密度分析的原理是计算单位面积范围内数据点的数量[1],而核密度分析则是用于分析点要素分布的核心区域及对周边的影响,在各点周围生成表面,在表面中心赋予最高值,并在搜索半径距离范围内减少到零[2]。相比于点密度分析中形成的原始散点图对空间现象分布的简单表达,核密度通过将事件强度估算为密度,可以作为更精确的分析工具,对空间特征分布做深层次的特征规律信息挖掘,验证聚类或规律的空间分布特征[3]。

本次研究采用线密度分析和核密度分析为主的方法,对共享单车使用和停放行为特征进行规律探寻,其中线密度分析对象为共享单车的出行线,即出行路径,旨在探究共享单车骑行行为在空间上的分布和集聚规律;核密度分析对象为共享单车开锁和关锁点(停车点),即一段出行的起讫点,旨在针对共享单车服务对象(轨道站点、居住小区、就业地点等)和停车行为进行分析。

1) 线密度分析——共享单车出行的热点分析

由于共享单车的出行距离相对较短,因此当分析范围尺度较大时,其路径可近似认为是实际路径。将每一次共享单车出行的起讫点连线,并在地图上计算线密度,可以得到共享单车活跃热点地图。线密度越高的地方,共享单车出行越活跃。

中心城共享单车全日的总体热点地区主要包括黄浦区、静安区(老)、长宁区中山公园—虹桥商圈、徐家汇商圈、漕河泾开发区、同济—五角场地区、吴中路地区和陆家嘴—世纪大道等区域。这些地区包含的人口和岗位数较多,是中心城商业办公的集聚区域。中央活动区之外,共享单车出行热点呈现出沿轨道交通线路分布的轴向特征,并在轨道交通站点处出现较为明显的集聚,反映出共享单车参与轨道交通相关出行的旺盛需求(见图 13 - 1)。

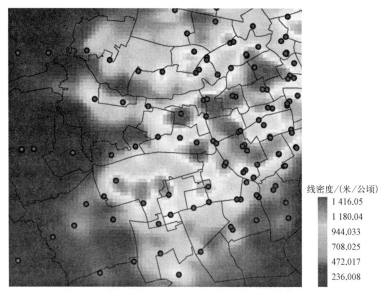

图 13-1　研究区域内街区共享单车全日出行线密度分布图

相比全日,早高峰中心城共享单车出行密度更加均匀,最主要的地区分布于漕河泾开发区及周边、虹桥开发区及周边(伊犁路、吴中路、虹桥路、宜山路),这两块区域均为轨道交通覆盖有限、居住和商办密布的地区。此外,早高峰的热点地区还包括静安寺、虹口、同济—五角场以及陆家浜路—老西门等,长征—曹杨、大宁—大华、世纪大道、金桥工业区等地也有一定热度。其余地带仍大致维持沿轨道交通线路和站点分布(见图 13-2)。

2) 核密度分析——共享单车停放的热点和出行需求分析

全天之内共享单车的出行的起始点(即开锁点,O 点)和终点(即关锁点,D 点)位置信息能反映不同地区共享单车取放的情况。通过取放点的密度分析,可以判断各轨道交通车站、各商务办公区和主要居住地区共享单车的停放需求水平,进而指导非机动车停车等基础设施的配置和潮汐车辆调度安排计划的制订等(见图 13-3)。

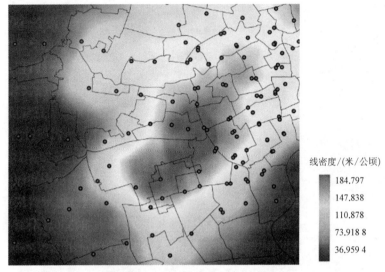

线密度/(米/公顷)

184.797
147.838
110.878
73.918 8
36.959 4

图 13 - 2   研究区域内街区共享单车早高峰出行线密度分布图

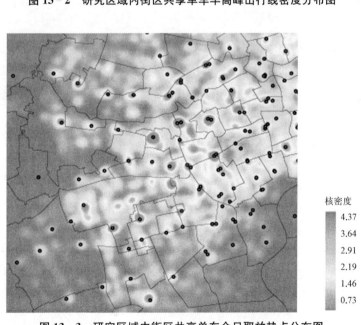

核密度

4.37
3.64
2.91
2.19
1.46
0.73

图 13 - 3   研究区域内街区共享单车全日取放热点分布图

总体来看,中心城共享单车取放的热点区域与轨道交通车站存在高度相关,在娄山关路、中山公园、江苏路、伊犁路、交通大学、同济大学、江湾体育场、小南门、陆家浜路、漕河泾开发区、合川路、莲花路等站点处高度集中。此外,取放地点还广泛分布于中心城区居住区、商业办公区、大学等地。在中心城内轨道交通覆盖不足的区域,共享单车的取放热度也较为突出,如老城厢、吴中路沿线、杨树浦路沿线、延安西路定西路附近等。

我们选取街区工作日早高峰图的截面,去分析 O 点和 D 点空间密度,分析共享单车在早高峰的出发热点地区和到达热点地区(见图13-4)。早高峰时段是共享单车取放矛盾最为突出的时间,旺盛的出行接驳需求与相对紧缺的停放空间、响应度低的搬运调度水平的矛盾,往往造成共享单车车辆的无序停放"乱象",甚至侵占非机动车道、人行道等其他交通空间,在通行安全等层面都造成较大隐患,有损城市形象。

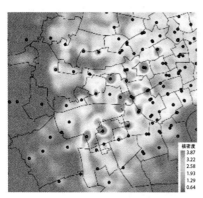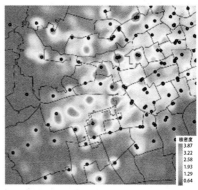

图 13-4 研究区域内街区早高峰时段共享单车取车热点(左)和还车热点(右)分布图

中心城早高峰共享单车出发地点相对分散,分布于中心城主要居住小区附近,呈现明显的出发端接驳特征。另外,部分轨道交通站的出发量也较大,如小南门、江苏路、娄山关路、虹桥路、漕河泾开发区、合川路等,这些站点服务范围较大,周围较远的地方分布有众多办公场地和产业园区,呈现出较强的到达端接驳特征。

到达地点呈现出与轨道交通高度相关的特征,到达地区热点高度集中于轨道交通站周围。此外,诸如虹桥—天山—古北商圈、漕河泾开发区、吴中路等办公/产业园区,也是早高峰时段共享单车重要的骑行目的地。

13.5 共享单车典型高热度地区的人口-岗位-热度匹配分析

根据密度分析,中山公园—漕河泾开发区区域是中心城内共享单车最活跃的区域之一,在早高峰该区域骑行热度高于中心城其他区域,早高峰车辆取放热度在中心城也处于较高的水平。中山公园—漕河泾开发区区域横跨长宁区、徐汇区、闵行区,基本处于内环—外环之间,区域内居住人口众多,商办设施密集,轨道交通配置疏密不均,共享单车的出行需求呈现出较为典型的特征。本次研究应用分区统计功能,对特定片区的人口、岗位等栅格要素分布进行分析,以期探寻共享单车高需求典型地区的产生规律。

1) 居住人口分析

区域内人口密集分布,以 500 米×500 米栅格为分析基础,研究区域平均人口密度达 16 014 人/千米², 与内环内人口密度 19 976 人/千米² 水平较为接近。区域人口以内环内部分为最多,其他各街镇也都分布有大面积的高密度居住小区(见图 13 - 5)。

2) 岗位数分析

区域内工作岗位集聚程度高。区域平均岗位密度达 14 171.62 个/千米², 与内环内平均岗位密度 17 390.58 个/千米² 水平基本持平。区域内漕河泾开发区、徐家汇、虹桥—天山、中山公园等组团岗位密度基本与中央活力区的静安寺、人民广场、陆家嘴等持平(40 000 个/千米² 左

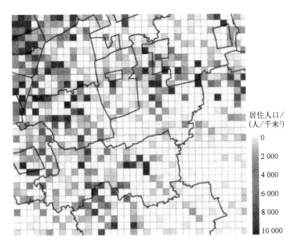

图 13‑5　研究区域内街区居住人口分布情况

注：每栅格为 500 米×500 米。

右），岗位密度和分布区域高于五角场、金桥、张江等同区位地区，反映出区域通勤需求高度集中、高度旺盛的特征（见图 13‑6）。

图 13‑6　研究区域内街区岗位数量分布情况

注：每栅格为 500 米×500 米。

3）公共交通供给和服务水平分析

在轨道交通供给方面，相比于内环内的中央活动区，研究区域轨道交通供给相对较差。目前,区域内 2 号线、10 号线(主线、支线)、9 号线、12 号线东西向横贯,4 号线外南北切向轨道交通缺乏。在站点

覆盖率方面,11 号线江苏路至交通大学距离 2 千米,延安路附近的轨道交通服务能力较弱;虹桥镇吴中路约 6 千米处现时无轨道交通服务;12 号线与 1 号线之间的古美街道、康健街道离轨道交通站点较远,轨道交通覆盖不足。未来区域将新增 15 号线横贯南北,加强切向联系,但 15 号线并不能很好地解决上述轨道交通覆盖薄弱地区的"最后一公里"接驳问题,与 10 号线换乘条件受限也削弱了 15 号线的功能(见图 13 - 7)。

图 13 - 7 研究区域轨道交通配置情况图

4) 分析结论

总体来看,以中山公园—漕河泾区域居住人口众多,就业岗位与中心城保持接近的高水平,集中分布在漕河泾开发区、娄山关路、中山公园、宜山路—徐家汇等城市功能板块,城市功能板块之间基本无明显的界限,早高峰通勤需求极为旺盛,各城市功能板块之间通勤交通需求也存在叠加;与之相对的,区域轨道交通服务相比中央活动区相对较差,存在大量轨道交通无法服务的地块(以吴中路沿线的商办项目最为典型),公共交通与最终通勤目的地之间仍存在 1~3 千米的距离的接驳条件不足的地段,因此早高峰共享单车的接驳需求在全市层面来看也特别旺盛。

13.6　对共享单车运营管理层面的建议

1）推动共享单车的投放管制与日常调度更加科学

当前经过多年的探索，上海共享单车行业已基本形成了"全市总量控制＋分区额度投放"的管制策略，即在全市全面实施共享单车车辆电子注册，企业按照区域投放余量提出投放申请并提交投放方案[4][5]。一方面，以行政区为边界的额度控制仍不能满足精细化管理的要求，行政区内不同板块在人口岗位、交通供给等层面存在较大差异，总量控制下的投放仍显粗放；另一方面，由于中心城建成区为一个整体，共享单车的使用具有相当的流动性，静态额度指标的约束随着时间推移将削弱约束能力。未来，在充分掌握共享单车运营数据并开展数据分析的基础上，可以开展更加精细化的投放额度控制及运营动态追踪，以实现共享单车系统高效有序运转。

2）优化非机动车停车设施和潮汐调度体系

针对共享单车停放"爆棚"影响人行通行和危害交通安全的问题，当前主要采取的是被动措施，如人为移车和整理、设置电子围栏禁停区等。利用共享单车运营数据进行密度统计，可以更进一步从需求侧入手，主动介入以改善供需和停车矛盾。在公共交通，特别是轨道交通配置齐备的区域，配合额度封顶和车辆调度周转加快，适当减少非机动车停车设施的供应，规范划设路侧带内共享单车的停车区域以保障行人的安全舒适通行；在公交供给不足、接驳需求旺盛的区域，适当增加车辆投放额度，强化办公就业园区、大型居住社区和轨道交通站点针对共享单车停放的专用性质蓄车能力，形成需求-设施定量化的互动反馈机制。

3）引导多种交通方式融合共享

根据共享单车运营数据分析得到的出行需求，可以进一步审视区域整体交通服务供给情况，对出行矛盾突出的片区给予针对性的补强，引导交通系统向集约化、绿色化、共享化的方向发展。

参考文献

［1］陆化普,罗圣西,李瑞敏.基于 GIS 分析的深圳市道路交通事故空间分布特征研究［J］.中国公路学报,2019,32(8)：156‐164.

［2］史北祥,杨俊宴.基于 GIS 平台的大尺度空间形态分析方法：以特大城市中心区高度、密度和强度为例［J］.国际城市规划,2019,34(2)：111‐117.

［3］闫相向,刘文佳.基于 GIS 的民国时期洛阳老城寺庙建筑分布特征研究［J］.建筑与文化,2021(3)：243‐244.

［4］田和璧.共享单车市场中的地方政府监管效果与优化［J］.长白学刊,2020(5)：76‐84.

［5］陈晓霞,陶欢,李宁.城市共享单车精细化管理实施路径探讨［J］.信息技术与信息化,2020(6)：46‐48.

第 *14* 章

基于全过程管理的绿色交通体系构建

14.1 研究背景

城市愿景是时代特征的集中体现,也随着时代要求变化不断演进,发生了重大转变。生态城市等概念相继出现,进一步引领着新时代城市发展愿景的方向性转变。在新阶段下,伴随城市和经济的快速发展,交通问题日益复杂。从我国中心城市交通的生命周期来看,已经从以基础设施建设为主的增量型发展阶段,逐步进入了以品质优化提升为主的存量型发展阶段,新技术也随之大量涌现。在新阶段、新技术、新要求的背景下,亟待深化高质量发展,实现交通与城市的良性互动、协调发展,构建智慧绿色之城。如何构建高品质高效率的城市绿色交通体系成了重要的研究课题。以上海为例,总结了绿色交通发展概况,分析了高质量发展新阶段下绿色交通涌现的新趋势新特征,探讨了新阶段践行结构绿色、技术绿色、管理绿色的高质量发展思路与策略。

14.2 规划和政策解读

14.2.1 解读《交通运输部关于全面深入推进绿色交通发展的意见》

坚持人与自然和谐共生的基本方略,牢固树立社会主义生态文明观,践行"绿水青山就是金山银山"的理念,以交通强国战略为统领,以深化供给侧结构性改革为主线,着力实施交通运输结构优化、组织创新、绿色出行、资源集约、装备升级、污染防治、生态保护等七大工程,加快构建绿色发展制度标准、科技创新和监督管理等三大体系,实现绿色交通由被动适应向先行引领、由试点带动向全面推进、由政府推动向全民共治的转变,推动形成绿色发展方式和生活方式,为建设美丽中国、增进民生福祉、满足人民对美好生活的向往提供坚实支撑和有力保障。

到 2020 年,初步建成布局科学、生态友好、清洁低碳、集约高效的绿色交通运输体系,绿色交通重点领域建设取得显著进展。具体发展目标如下:

(1)客货运输结构持续优化。铁路和水运在大宗货物长距离运输中承担的占比进一步提高,铁路客运出行比例逐步提升。

(2)先进运输组织方式进一步推广。力争实现 2020 年多式联运货运量比 2015 年增长 1.5 倍,重点港口集装箱铁水联运量年均增长 10%。

(3)绿色出行比例显著提升。大中城市中心城区绿色出行比例超过 70%,建成一批公交都市示范城市。

(4)资源利用效率明显提高。港口岸线资源、土地资源和通道资源的利用效率明显提高,交通运输废旧材料循环利用率和利用水平稳步提升。

(5)清洁高效运输装备有效应用。交通运输行业新能源和清洁能源车辆数量达 60 万辆,内河船舶船型标准化率达 70%,公路货运车型标准化率达 80%。内河运输船舶能源消耗中液化天然气(LNG)比例在 2015 年基础上增长 200%。铁路单位运输工作量综合能耗比 2015 年降低 5%,营运货车、营运船舶和民航业单位运输周转量能耗比 2015 年分别降低 6.8%、6%和 7%,港口生产单位吞吐量综合能耗比 2015 年降低 2%。

(6)污染排放得到有效控制。船舶水污染物全部接收或按规定处置,环渤海(京津冀)、长三角、珠三角水域船舶硫氧化物、氮氧化物和颗粒物排放与 2015 年相比分别下降 65％、20％和 30％。交通运输二氧化碳排放强度比 2015 年下降 7％。全国主要港口和船舶排放控制区内港口 50％以上已建的集装箱船舶、客滚船、邮轮、3 千吨级以上客运船舶和 5 万吨级以上干散货船舶的专业化泊位具备向船舶供应岸电的能力。

（7）生态保护取得积极成效。交通基础设施建设全面符合生态功能保障基线要求。建成一批绿色交通基础设施示范工程，实施一批交通基础设施生态修复项目。

到 2035 年，形成与资源环境承载力相匹配、与生产生活生态相协调的交通运输发展新格局，绿色交通发展总体适应交通强国建设要求，有效支撑国家生态环境根本好转，美丽中国目标基本实现。

14.2.2　解读《交通强国建设纲要》

到 2020 年，完成决胜全面建成小康社会交通建设任务和"十三五"现代综合交通运输体系发展规划各项任务，为交通强国建设奠定坚实基础。

到 2035 年将我国基本建成交通强国。现代化综合交通体系基本形成，人民满意度明显提高，支撑国家现代化建设能力显著增强；拥有发达的快速网、完善的干线网、广泛的基础网，城乡区域交通协调发展达到新高度；基本形成"全国 123 出行交通圈"（即都市区 1 小时通勤、城市群 2 小时通达、全国主要城市 3 小时覆盖）和"全球 123 快货物流圈"（国内 1 天送达、周边国家 2 天送达、全球主要城市 3 天送达），旅客联程运输便捷顺畅，货物多式联运高效经济；智能、平安、绿色、共享交通发展水平明显提高，城市交通拥堵基本缓解，无障碍出行服务体系基本完善；交通科技创新体系基本建成，交通关键装备先进安全，人才队伍精良，市场环境优良；基本实现交通治理体系和治理能力现代化；交通国际竞争力和影响力显著提升。

到 21 世纪中叶，全面建成人民满意、保障有力、世界前列的交通强国。基础设施规模质量、技术装备、科技创新能力、智能化与绿色化水平位居世界前列,交通安全水平、治理能力、文明程度、国际竞争力及影响力达到国际先进水平,全面服务和保障社会主义现代化强国建设,人民享有美好交通服务。

与绿色交通相关的主要有以下几点:

(1) 推进出行服务快速化、便捷化。构筑以高铁、航空为主体的大容量、高效率区际快速客运服务,提升主要通道旅客运输能力;完善航空服务网络,逐步加密机场网建设,大力发展支线航空,推进干支有效衔接,提高航空服务能力和品质;提高城市群内轨道交通通勤化水平,推广城际道路客运公交化运行模式,打造旅客联程运输系统;加强城市交通拥堵综合治理,优先发展城市公共交通,鼓励引导绿色公交出行,合理引导个体机动化出行;推进城乡客运服务一体化,提升公共服务均等化水平,保障城乡居民行有所乘。

(2) 打造绿色高效的现代物流系统。优化运输结构,加快推进港口集疏运铁路、物流园区及大型工矿企业铁路专用线等"公转铁"重点项目建设,推进大宗货物及中长距离货物运输向铁路和水运有序转移;推动铁水、公铁、公水、空陆等联运发展,推广跨方式快速换装转运标准化设施设备,形成统一的多式联运标准和规则;发挥公路货运"门到门"优势;完善航空物流网络,提升航空货运效率;推进电商物流、冷链物流、大件运输、危险品物流等专业化物流发展,促进城际干线运输和城市末端配送有机衔接,鼓励发展集约化配送模式;综合利用多种资源,完善农村配送网络,促进城乡双向流通;落实减税降费政策,优化物流组织模式,提高物流效率,降低物流成本。

(3) 促进资源节约集约利用。加强土地、海域、无居民海岛、岸线、空域等资源节约集约利用,提升用地用海用岛效率;加强老旧设施更新利用,推广施工材料、废旧材料再生和综合利用,推进邮件快件包装绿色化、减量化,提高资源再利用和循环利用水平,推进交通资源循环利用产业发展。

（4）强化节能减排和污染防治。优化交通能源结构，推进新能源、清洁能源应用，促进公路货运节能减排，推动城市公共交通工具和城市物流配送车辆全部实现电动化、新能源化和清洁化；打好柴油货车污染治理攻坚战，统筹油、路、车治理，有效防治公路运输大气污染；严格执行国家和地方污染物控制标准及船舶排放区要求，推进船舶、港口污染防治；降低交通沿线噪声、振动，妥善处理好大型机场噪声影响；开展绿色出行行动，倡导绿色低碳出行理念。

（5）强化交通生态环境保护修复。严守生态保护红线，严格落实生态保护和水土保持措施，严格实施生态修复、地质环境治理恢复与土地复垦，将生态环保理念贯穿交通基础设施规划、建设、运营和养护全过程；推进生态选线选址，强化生态环保设计，避让耕地、林地、湿地等具有重要生态功能的国土空间，建设绿色交通廊道。

14.2.3　解读《上海市城市总体规划（2017—2035 年）》

《上海市城市总体规划（2017—2035 年）》中指出，要推进绿色低碳发展，通过优化能源结构，降低产业和建筑能耗，引导绿色交通出行，全面降低碳排放。全市碳排放总量和人均碳排放于 2025 年达到峰值，至 2035 年控制碳排放总量较峰值减少 5％左右，提高可再生能源占一次能源供应的比例，新建建筑绿色建筑达标率 100％。

文件要求按照绿色循环低碳的理念规划建设城市基础设施，进一步完善公路、铁路、机场、港口等交通基础设施，发挥综合交通枢纽功能，促进区域交通设施互联互通；坚持公共交通优先战略，鼓励绿色出行，加强城市路网和轨道交通线网建设，进一步完善以公共交通为主体，各种交通方式相结合的多层次、多类型的城市综合交通体系。

文件还要求发展绿色交通，推动轨道交通引导的轴向发展形成复合廊道，形成集约紧凑空间发展模式，促进职住平衡，缩短居民出行距离；鼓励公共交通、自行车等绿色交通出行，加强交通需求管理，至 2035 年,实现包括公共交通、非机动车、步行、清洁能源小汽车等在内的绿色出行占全方式出行比例为 85% 左右;全面建设以提高效能、降低排放、保护生态为核心的绿色交通基础设施体系、运输装备体系和运输组织体系。中心城确立公共交通在机动化出行中的主导地位,至 2035 年,公共交通占全方式出行的比例超过 50%,绿色交通出行比例达 85%。其中,中央活动区作为低碳出行实践区,公共交通出行比例超过 60%,个体机动化交通出行比例降低为 15% 以下;加强轨道交通网络支撑,确保主城副中心均有至少 2 条轨道交通线路直接服务;研究新增线路预留快慢线功能的可行性,至 2035 年,中心城轨道交通站点 600 米用地覆盖率达 60%。

14.2.4　解读《交通强国建设上海试点实施方案》

《方案》要求到 2025 年,交通强国建设试点任务取得系统性成果,上海综合交通"十四五"规划目标完成,"国际型、协同性、一体化"的综合交通体系初步建成,世界一流的综合交通基础设施网络基本建成,人民满意的综合交通服务基本实现,协同高效的超大城市交通治理体系基本形成。

方案并要求到 2035 年,建成人民满意、保障有力、世界领先的交通强市,"国际型、协同性、一体化"的综合交通体系全面建成,世界一流的综合交通基础设施网络全面建成,人民满意的综合交通服务全面实现,协同高效的超大城市交通治理体系全面形成;以人为本、开放协同、立体融合、要素和谐、有机更新、智慧绿色的超大城市交通生动呈现。其中,构建集约节约、低碳环保的绿色交通体系包括如下重要的任务:

(1) 构建更加集约的交通运输结构,开展多种形式的宣传,引导绿色低碳出行,加大政策扶持推动铁水、公铁、公水、空陆、空铁等联运发展,支持大宗货物及中长距离货物运输由公路向铁路和水运有序转移。

（2）构建更加清洁的交通能源结构，推动公交、出租、轻型物流、环卫等营运车辆全面实现"零排放"，持续鼓励社会乘用车领域新能源车推广，推动 LNG 动力船舶、电动船舶建造和改造，统筹规划充电站、LNG 加气站、加氢站、岸电等新型基础设施，推进设施共享；进一步加大光伏、风能、生物质柴油等可再生能源在交通领域的应用推广。

（3）构建更加有效的排放洁净体系，实施更加严格的车船排放标准，加速淘汰和更新高耗低效交通运输工具，加强交通噪声污染防治。

（4）构建更加高效的资源利用模式，加强城市空间综合利用，聚焦综合管廊规划建设、轨道交通和城市快速路复合建设等，推进交通廊道复合化；统筹城市滨江沿海岸线利用强度，推进长三角区域航道、锚地、引航等资源共享共用，积极推广交通建筑材料的再生、循环、综合利用；加快绿色道路、绿色航道、绿色港口等环保节能型基础设施建设。

（5）构建绿色养护体系，推动路域环境保护和生态防护等技术应用。

14.2.5　解读《上海市绿色交通"十三五"规划》

《上海市绿色交通"十三五"规划》中指出，"十三五"期间，本市绿色综合交通体系不断完善，总体交通能源消耗和使用强度得到有效控制，能源结构得到明显改善，交通污染物排放得到有效控制，行业资源循环利用水平显著提高。交通运输重点用能企业总能源消耗净增量控制在 380 万吨标准煤以内，交通行业碳排放强度较 2015 年下降 8%，二氧化硫排放减少 70%，氮氧化物减少 10%，一次细颗粒物减少 20%。其中，各行业分项指标如下：

（1）航空。航空客运货运单位运输周转量能耗"十三五"期间累计分别下降 4%，机场单位客货运综合能耗零增长。

（2）水运。营运船舶单位运输周转量能耗"十三五"期间累计下降 4％,港口生产单位吞吐量综合能耗较 2015 年下降 2％,港口集装箱水水中转比例力争提高为超过 50％。

（3）铁路。单位运输周转量能耗控制在 4.0 吨标准煤/百万吨千米,铁路客运量占陆路运输的占比力争达 40％。

（4）公路邮政。运营车辆单位运输周转量能耗较 2015 年下降 3％,邮政万元收入能耗比 2015 年下降 5％。到 2020 年,实现公路路面旧料"零废弃",路面旧料回收率达 100％,循环利用率达 90％以上。

（5）城市交通。轨道交通、公共汽（电）车车千米能耗强度较 2015 年下降 5％,2020 年,中心城公共交通出行占比达 55％,其中轨道交通客运量占公共交通客运量比例达 60％,社会小客车能耗规模控制在 650 万吨标准煤。城市客运电力和天然气等清洁能源使用占比力争超过 15％,单位周转量能耗控制在 0.8 吨标准煤/（万人·千米）。同时,加强构建低碳城市配送物流体系。

14.3 案例分析

1. 香港——把交通作为规划的基础

香港把交通作为规划的基础,在经济飞升的同时,让每个人都有路可走。在管理上,立体交通非常发达,路标设置十分规范严谨,也十分密集、简明易懂(见图 14-1);机动车数量控制在 80 万辆左右,其中包括了数量庞大的公共汽车。而一河之隔的深圳,机动车数量已经超过 300 万。交通法律法规执行力度高,违法处罚非常严厉,哪里有事故 10 分钟内必有警察到场;公交车也必须按时按分准时到站,绝不可以误点。城市规划合理,香港城市整体运输研究规划最为重要的一项原则,就是任何一块土地的城市建设发展容量都必须以交通容量为上限;城市规划必须执行可持续性发展的概念,交通规划可持续期限为 40 年[1]。

香港公共交通系统发达,通过公共交通通勤的人超过 90%;大型购物中心或高级写字楼设计时将下方最黄金的地段让出给公车总站或人行天桥(见图 14-2);超过一千条公交线路覆盖全港各个角落,大型公共汽车不方便的地方会有小型公共汽车和的士开行,公共汽车到达不了的外岛,会有轮渡通行[1]。

香港空中步行系统,用立体空间解决面积问题。考虑到保障残疾人和大量老年人出行的便利,政府配套建设了大量的自动扶梯和升降机;由于香港居民养成了"左行右立"习惯,这一系统足以应对人口密度高带来的巨大通行压力。

图 14-1　香港地铁
(资料来源:http://www.landscape.cn/article/65280.html)

2. 旧金山——绿色交通出行计划

旧金山交通局曾计划于 2017—2018 年使市民选择绿色交通作为出行方式的比率不低于 50%。在持续改进了旧金山公共交通运输网络后,旧金山市内现有长途客运、公共汽车、有缆电车以及地铁,2018—2019 年绿色交通工具出行占比达 58%。采取了如下措施:

(1)改革《加利福尼亚环境品质法》。改变对于新的城市开发和对于城市影响的分析方法,以此来更好地调整城市长期环境政策,例如有关降低温室气体排放政策等。

(2)交通工具需求管理计划(TDM 计划)。致力于创建并鼓励民众使用公共交通,步行或自行车作为出行的首要选择(于 2017 年 2

月签署成为法令)。

(3) 交通可持续发展费用。自 2015 年起被写入法律,要求新的城市开发商们支付交通可持续发展费用,以帮助抵消他们建造项目带来的城市人口发展。

在绿色交通出行计划实施后,旧金山出现了大量的混合电力公交车以及超过半数的零排放公交车以及轻轨;除了温室气体以外,旧金山还成功地将人均日用水量减少到 49 加仑①,而全美国人均日用水量为 80~100 加仑;旧金山计划于 2020 年成为零废弃城市。

3. 绿色交通案例小结

通过探索国内外不同城市的绿色交通发展模式,总结其发展共性,从规划、设施、信息化层面归纳其做法。

1) 科学合理的城市规划布局是居民绿色出行的前提条件

随着城市的逐步扩张,传统的单中心城市规划模式带来了更多的小汽车出行,因此,许多国家和地区开始采用多中心模式。例如,东京、莫斯科和巴黎等城市采取的环线加放射状的多核心城市交通布局和美国政府推行的公交村落,都大大缩短了居民的必要出行距离,进而减少了小汽车的出行量[2]。

2) 高质量、发达的公共交通系统是城市居民绿色出行的保障

在日本东京、美国纽约和德国的城市,由于其公共交通系统的发达和换乘的便利、准确、高效,东京工作日公共交通出行的比例很高,为 80%~90%,纽约曼哈顿中央商业区工作的民众有 4/5 选择公共交通,而大约有 86% 的德国家庭选择公共交通出行[2]。因此,加快推动城市轨道交通、公交专用道、快速公交系统、自行车专用道和行人步道等公共交通基础设施建设,扩大公交覆盖面,构建高质量公共交通体系,从而提升出行便捷性。优化运力配置和换乘环境,提升出行舒适性。

----

① 加仑为体积单位,1 加仑(US)=3.785 43 升。

3) 完善的慢行网络是公众选择绿色出行的保障

一是打通社区及周边地段的自行车通道,改善微循环系统,多建设跨行桥梁及地道,保障市民安全出行;二是严厉处罚机动车占用自行车道驻车行为,该类行为一经发现则处以高额罚款;三是提供更多的共享单车租赁点,作为公共交通接驳的补充方式,转变共享单车的管理模式,将智能的电子技术应用其中,合理布局租赁地点,方便市民的使用和异地归还;四是设置助(电)动车的公共充电装置,并逐步在道路使用权分配、停车等方面支持助(电)动车的发展。

4) 现代化的交通信息化建设是许多国家和地区用来吸引民众选择公共交通出行方式的重要政策之一

现代化的交通信息化建设是许多国家和地区用来吸引民众采用公共交通出行方式的重要政策之一。其中,美国的 ITS 建设实现了实时向参与公共交通的民众提供公共交通信息、换乘信息等与出行相关的信息。在日本、新加坡和香港等地,ITS 的建设让市民可以很方便地获取公共交通的实时信息,最大限度地减少了交通延误,为居民绿色出行提供了可能[2]。

14.4 现状分析

以上海为例,交通设施的增加、交通方式的转变、能源结构的调整、交通运输量的变化、交通管理的实施等因素,都会对城市交通的能耗和排放产生深远的影响,截至 2019 年底,从机动车增长情况看,全市注册机动车保有量为 443.8 万辆,较上年增长了 5.3%。其中,汽车保有量 422.6 万辆,同比增长 5.9%。全市注册机动车拥有率为 183 辆/千人,同比增长 5.1%。从对外交通情况看,虹桥、浦东两个机场已投用 4 座航站楼、一座单体卫星厅、6 条跑道。上海机场完成飞机起降 78.48 万架次,较上年增长了 1.7%。铁路旅客运输量同比增长 4.7%,货物运输量同比下降 2.7%,水路货物运输量同比增加

4.6%,公路对外旅客发送量同比下降6.2%,货物运输量同比下降2.1%。从公共交通发展看,公共交通日均客运总量达1647.1万乘次/日,同比上升2.7%。已建成通车17条轨道交通线路,配备车辆5911辆。全市公共汽(电)车线路1575条,建成公交站点25367个。从新能源车辆推广看,2019年上海新增推广上牌新能源汽车63149辆,累计推广新能源车辆约29.1万辆,推广总量继续保持全球领先。从综合交通精细化管理看,上海完成56处道路交通拥堵点改善、100个停车资源共享利用项目、121个出租车候客站点建设;淘汰黄标车和老旧车3.3万辆;开展排放控制区相关检查4706艘次。上海港建成规模以上岸电22台套,覆盖29个港口泊位[3-4]。

从全行业能源消费量看,全市交通行业能耗消费量2281万吨标准煤,较上年增长了3.7%。其中,航空运输企业能耗总体呈上升趋势,较去年同期增长7.39%,航空业单耗与去年同期基本持平;水路运输企业能耗总体基本持平,比去年同期增长了0.95%,单耗较去年同期下降8.24%。上海境内铁路能耗呈上升趋势,同比增长11.85%,单耗较去年同期下降0.9%;公路运输企业单耗较去年同期下降1.34%;城市客运企业能耗较上年下降2.72%,其中出租和公交能耗降幅较大。从机动车和船舶排放量看,全市机动车氮氧化物排放总量为8.67万吨,较上年减少2.6%。上海港(含洋山港)船舶排放氮氧化物、二氧化硫总量分别为9.81万吨、3.39万吨,分别较上年减少13.2%、17%[3-4]。

14.5 发展趋势

(1)《交通运输部关于全面深入推进绿色交通发展的意见》提出,至2035年,形成与资源环境承载力相匹配、与生产生活生态相协调的交通运输发展新格局,绿色交通发展总体适应交通强国建设要求。

（2）随着环境和能源形势的日益严峻,能源与环境已成为当前全球最为关注的问题。从国家政策来看,发展新能源汽车是缓解我国能源依赖、大气污染等问题的有效手段之一,同时也是我国实现汽车产业转型升级的必由之路。新能源汽车的发展正在向着电动化、智能化、网联化发展。在未来的交通出行体系中,汽车产业不再充当主角,而只是体系中的一个重要组成部分。未来出行体系涵盖汽车、交通、能源、基础设施、通信、大数据、云计算、人工智能等各领域,各行各业都将在未来成为出行生态系统中的一环,其发展需要整个生态系统各单元的全方位协同。

（3）新技术和新模式为绿色交通发展带来新动力。上海正处于创新驱动发展、经济转型升级的关键时期,以大数据、互联网＋为核心的新技术革命方兴未艾,由此产生的新模式、新业态、新管理方式的发展和融合层出不穷,创新发展将成为交通节能减排和绿色发展的重要动力,将有助于提高交通运营组织效率、提升能耗和污染物排放的治理技术水平和总量控制水平。

总之,绿色交通不再仅仅是狭义的新能源汽车,而是要将生态环保理念贯穿于交通基础设施规划、建设、运营和管理的全过程,从而建成结构绿色、技术绿色、管理绿色的绿色交通运输体系。

14.6　结构绿色

1）构建集约高效的交通方式结构

20 世纪 90 年代,加拿大环保学者 Chris Bradshaw 首次提出绿色交通体系,将交通出行工具按照能耗大小及排污情况进行优先级排序,采用"以人为本"的规划思维,充分考虑人的可达性、舒适性和安全性[5]。绿色交通出行方式是发展环境友好型的交通方式。对于市内交通,节能环保的步行、自行车系统应有充分优先权,同时轨道交通、公交车、出租车等高效率低成本的公共交通系统有优先权(见

图 14-2）。采用资源集约、大众化的出行方式,通过资源的整合和统一配置,实现较大的运输效率、社会效益和交通可持续发展。对于城市对外交通,优化交通运输结构,鼓励发展铁路、水运等运输方式,大力推进海铁联运,优化发展航空、公路等运输方式。

图 14-2　绿色市内交通出行方式优先级[6]

2) 转型优化清洁环保的能源结构

优化客货运输结构持续,提升公交、出租、小汽车、长途客运、货运车辆等机动车的清洁能源使用比例,大力淘汰老旧车辆,鼓励使用纯电动、燃料电池等环境友好的新能源车辆;提高航空、水运、港口资源利用效率,强化清洁能源交通工具和设备的有效应用,加快淘汰高耗能老旧设施设备,减少单位周转量能耗和交通污染物排放、促进行业资源循环利用等,通过碳减排和碳中和,实现生态环境保护和能源可持续利用。

14.7　技术绿色

1) 绿色的城市交通设计

街道空间的设计应体现"宜居""以人为本""生态低碳"的理念,

创建人性化、系统化、连续化的慢行环境,打造生态、低碳、景观、休闲景观长廊,引导居民选择慢行交通,建设绿色、低碳的交通示范区域;在以公共交通为主导的城市交通发展模式下,打造公共交通信号优先、路权优先的交通系统;慢行交通应和公共交通有机结合、协调发展,使公共交通成为集散客流的有效工具;提升包括城市道路、街头绿地在内的城市公共空间品质,提高区域人气,营造优良品质的步行环境和良好的生活氛围。

2) 绿色的城市交通建设

对于道路交通运输基础设施建设,全面推进公路及沿线设施、桥梁、隧道、运输站场节能照明技术、温拌沥青技术和沥青路面冷再生等技术应用,不断扩大清洁能源、可再生能源在公路交通运输基础设施建设中的应用,加强交通建设工地扬尘污染防治工作;对于港航基础设施建设,不断强化靠港船舶岸基供电技术、集装箱码头 RTG"油改电"技术、港口机械节能技术等应用,积极推广清洁能源、可再生能源在港航领域的应用,加强码头堆场扬尘治理;对于航空交通运输基础设施建设,加大机场设施设备节能改造,支持机场加快节能新技术、新装备的推广应用;全面推广加装飞机翼尖小翼、飞机发动机升级改造、地面动力装置(GPU)代替航空器辅助动力设备(APU)等技术应用。

3) 绿色的城市交通运营

对于道路交通运输运营,开展机动车驾驶培训模拟装置、治理公路运输车辆超限超载不停车预检系统、绿色汽车维修、机动车加装尾气装置、高效的交通组织等技术应用;智能交通系统作为先进的交通管理技术,运用高科技手段提高交通系统参与者、交通设施和交通工具之间的有机联系,从而最佳地利用交通系统的时空资源,降低运输成本,提高运输效率,保障道路畅通;对于水路交通运输运营,积极推广营运船舶和施工船舶节能减排改造、港口智能化运营管理系统、内河船舶免停靠报港信息服务系统等技术应用,严格实施船舶排放控制区管控措施,打造智慧、绿色、零排放港口;对于航空交通运输运营,不断强化机场运营管理系统、飞机飞行运营管理系统的升级改造等技术应用。

14.8　管理绿色

1) 绿色交通指标体系构建[7]

目前,国内外对于绿色交通指标体系的研究已有良好开端,但评价内容各有侧重,主要反映出以下问题:一是覆盖面不足,已有的指标体系更多地侧重于节能低碳、污染防治、能源优化等方面,但对资源利用、社会效益等方面涉及较少,不能全面地反映绿色交通发展的内在需求;二是普适性不足,已有的指标体系更多地适用于城市内部的绿色交通发展评估,对于对外交通(航空、水运、铁路、公路)考虑不全面,从综合性和系统角度来说存在一定的缺陷;三是可操作性偏弱,目前部分类别的指标以定性指标为主,在一定程度上无法准确、客观地评估出绿色交通的发展阶段,无法从横向和纵向角度去评判绿色交通的发展趋势。因此,有待进一步形成一套公认、完整、综合、可操作性强的指标体系,客观地反映绿色交通和环境、资源、社会、未来的和谐发展情况,绿色交通系统整体的运行状况,绿色交通基础设施的建设情况,绿色交通发展所取得的业绩和成就,及公众对绿色交通的实际感受。

2) 智慧监测管理体系建设[8]

全面推进行业信息化建设发展,实现能耗排放数据采集实时性、行业综合管理智能化,不断提高运营与管理效率;完善交通运输业能源消费和排放网上直报监测系统,推进企业能耗消费和排放动态监测平台建设,加强环境监测与城市交通运行各交通方式间、规划建设运营不同阶段间的整合对接及测算分析,构建交通节能减排监管平台;建立并逐步完善交通行业能源消费和排放数据库,深入挖掘交通大数据,动态分析和预测用能需求和排放趋势,实现绿色交通行业精细化管理,为制定和调整城市规划、交通方式结构、能耗效率、控制排放等方面的政策制定提供支撑。近期重点建设能耗占比较大的航空、水运行业监测平台;加快完善对居民影响较大的道路交通行业监测管理平台,加大智能交通出行诱导应用推广,提升道路通行、停车诱导、公交出行、不停车收费等服务体验;拓展自适应信号系统应用范围,中心城实现全覆盖,在郊区干线道路以及新城、新市镇内部道路推广应用。

　　智慧监测管理体系建设的一个重要内容是进一步构建新能源监测管理平台,实现现场监控系统功能及新能源综合管理两大功能,其中现场监控功能分布于各个场站,主要实现现场监管,包括充电管理、电力监控、车位检测、安全预警等。新能源综合管理功能设置于企业监控中心,用于数据统计、分析,如通过采集新能源车辆的充电数据和行驶里程,对停车场的用电情况进行分析,评估车辆的运行情况和百千米能源消耗,指导新能源车辆的运行,降低能源成本、提高管理效率,并为今后新能源车辆的持续发展和规划决策提供数据分析工具,适用于小汽车、公交等新能源车辆(见图 14-3)。

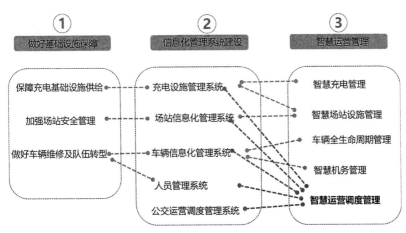

图 14-3　新能源纯电动公交监测管理平台总体思路图

3）动态评估及考核机制[9-10]

评估和考核的重要内容是完善交通能耗排放标准和考核体系，构建全覆盖的交通运输用能设备、设施能耗和污染物排放标准体系，推进行业节能环保准入和退出机制；强化交通运输企业节能减排管理，落实属地化管理职责，定期收集节能减排管控项目数据，对节能目标完成情况进行考评，强化节能目标管理，充分发挥目标责任制的引导和激励作用；进一步加强运输行业碳交易机制建设，积极鼓励交通运输企业参加国家碳排放配额管理，进一步扩大纳入范围和规模；加强行业相关人员技术培训，将能源节约、污染排放的相关知识纳入交通行业培训体系；开展形式多样的绿色低碳交通宣传，强化企业绿色交通理念；开展四新技术征集评选，定期开展推广交流会，交流先进技术与管理经验，即时发布和推荐节能减排新技术、新材料、新工艺和新方法。

参考文献

[1] 陈彦炜,黄广明.香港,为什么?[J].南方人物周刊,2011(8)：28-32.

[2] 杨冉冉,龙如银.国外绿色出行政策对我国的启示和借鉴[J].环境保护,2013,41(19)：68-69.

[3] 上海市交通发展研究中心.交通行业发展报告(2020)[R].上海：上海市交通发展研究中心,2020.

[4] 上海城市交通设计院有限公司.上海市公交客流调查(2019)[R],上海：上海城市交通设计院有限公司,2020.

[5] Bjorklund M. Influence from the business environment on environmental purchasing：drivers and hinders of purchasing green transportation services [J]. Journal of Purchasing and Supply Management, 2011, 17(1)：11-22.

[6] 朱鲤.新阶段、新技术、新要求下的城市绿色交通发展思考：以上海市为例[J].交通与港航,2020,7(6)：31-36.

[7] 孙红娣.绿色交通理念下交通运输的规划研究[J].中外企业家,2018(25)：15.

［8］石红云.新形势下新能源纯电动公交车的运营管理研究［J］.上海节能,2020
(7)：709 - 714.

［9］上海市城乡建设和交通发展研究院.上海绿色交通发展年度报告(2019)
［R］.上海：上海市城乡建设和交通发展研究院,2019.

［10］Custodio P S. General description on green-transportation related issues
［J］. Urban Transport of China，2007，5(4)：34 - 35.

第 15 章

交通强国背景下的
绿色交通指标体系研究

15.1　研究背景和意义

近年来,国家及地方相继出台相关文件,对未来绿色交通的发展提出了指导意见和发展目标。根据交政研发[2017]186号《交通运输部关于全面深入推进绿色交通发展的意见》,至2020年,大中城市中心城区绿色出行比例超过70%,建成一批公交都市示范城市。根据《交通强国建设纲要》,到21世纪中叶,全面建成人民满意、保障有力、世界前列的交通强国,基础设施规模质量、技术装备、科技创新能力、智能化与绿色化水平位居世界前列。

随着城市化和机动化水平不断提高,空气污染、噪声污染、交通拥堵、交通事故、生态环境被破坏等诸多城市交通问题不断涌现,而机动车的快速发展使得资源消耗对环境造成更大的负担,也带来了资源短缺问题。为了打造健康、和谐、可持续发展的城市交通系统,绿色交通的发展迫在眉睫,需要对绿色交通的定义、特征、分类以及统计调查方法等开展必要的研究,形成一套完善科学、可操作性强的指标体系,为绿色交通的规划、发展、评估等提供有力支撑。

15.2　国内外研究现状

15.2.1　指标体系案例

1. 深圳绿色交通指标体系[1]

深圳在绿色交通规划的探索和实践中,提出从交通源头控制、出行方式引导、资源优化配置、交通运行管理等四方面实现绿色交通[1]。

(1) 构建绿色城市空间。强调"紧凑、功能复合"的城市空间结构和功能布局,推行公交导向的土地开发模式,加强交通与土地利用的协调发展,从源头上减少交通出行量。

(2) 发展绿色出行模式。强调"公交+慢行"的交通出行模式,构建公交为主导的一体化绿色交通体系,积极推进慢行交通系统建设,引导市民采用绿色出行方式。

(3) 倡导绿色交通设计。推进交通设施用地的集约化利用,以公交慢行优先为导向配置道路交通资源,加强交通设施功能的一体化设计,打造生态宜人的绿色交通环境。

(4) 加强绿色交通管理。积极引导小汽车的合理发展和使用;开发利用智能交通系统,提高交通运行效率;推广应用绿色交通工具,减少无效碳排放。

绿色交通评价指标体系的构建方法:首先,基于绿色交通的基本内涵及实现路径,按照国际上通用的"目标层-准则层-指标层"指标体系研究思路和逻辑结构,在借鉴国内外其他城市成功范例的基础上,结合城市自身特点,提出绿色交通评价备选指标集;其次,根据一定的指标筛选原则和体系构建原则,对指标的科学性、代表性和可操作性以及指标体系的系统性、全面性、可比性等性能进行综合评估,并根据测评结果进一步修改完善,形成基础评价指标体系;最后,确定指标量化方法和模型评价方法,提出最终的绿色交通评价指标体系和计算方法。

按照上述绿色交通指标体系构建方法及流程,提出以绿色交通发展水平为评价目标,绿色城市空间、绿色出行模式、绿色交通设计、绿色交通管理为实现绿色交通总目标的四大路径(即准则层),在此框架下,选取人均机动化通勤平均出行距离、高峰主要放射通道上不均衡系数等 12 个核心指标构建绿色交通评价指标体系,如图 15‑1 所示。

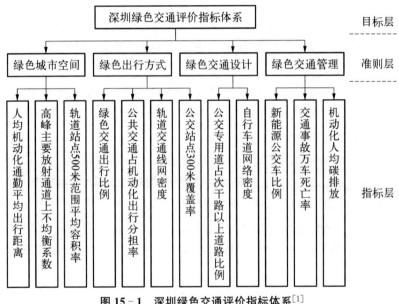

图 15‑1　深圳绿色交通评价指标体系[1]

2. 江西绿色交通指标体系

绿色循环低碳交通运输体系的逻辑框架结构主要分为 4 个基本系统[2]:

(1)交通运输节能减排工作系统。即传统的客运及货物运输节能减排工作系统,它是整个框架体系的核心组成部分。

(2)交通基础设施资源节约与循环利用系统。其主要针对交通基础设施的资源集约高效利用和循环使用。

（3）交通运输装备技术创新系统。其主要针对新能源汽车、车船燃油经济性等技术进步。

（4）政府与市场机制相互作用的支撑保障系统。在各级政府循环低碳发展战略引领下，交通运输主管部门可充分利用节能减排法律制度、绿色低碳财税政策引导交通运输企业乃至社会公众积极参与低碳交通行动，但对于新能源与洁净能源涉及的能源产业的技术创新和进步，需更多其他相关部门的协调和配合。

依据绿色循环低碳交通指标体系建立原则、方法、影响因素及主要特征，结合江西绿色交通运输发展实际对指标体系进行分类（见表 15-1）。

（1）强度性指标。根据影响因素，通过分析结构因素、技术因素、管理因素，制定二氧化碳排放强度和能耗强度相关指标，并将这两类指标归结为强度性指标。

（2）体系性指标。通过分析结构因素及技术因素，制定基础设施、运输装备、运输组织相关指标，并将这三类指标归类为体系性指标。

（3）保障性指标。通过分析人为因素和机制因素，制定对绿色循环低碳交通发展起保障性作用的指标，并将这类指标归类为保障性指标。

（4）资源利用性指标。通过分析结构因素及技术因素，制定资源回收利用、循环利用相关指标，并将其归类为资源利用性指标。

（5）生态建设与环境保护性指标。通过分析技术因素、管理因素、人为因素和机制因素，制定生态建设、环境保护相关指标，将其归类为生态建设与环境保护性指标。

（6）特色性指标。结合江西绿色交通循环低碳交通运输发展实际和特色建立的指标，归类为特色性指标。

表 15‑1 江西绿色交通指标体系汇总表[2]

指 标 类 别		指 标 名 称
强度性指标	能耗强度	营运车辆单位运输周转量综合能耗;营运船舶单位运输周转量综合能耗;港口生产单位吞吐量综合能耗;城市公交单位客运量综合能耗;城市出租车单位客运量综合能耗
	二氧化碳排放强度	营运车辆单位运输周转量二氧化碳排放;营运船舶单位运输周转量二氧化碳排放;港口生产单位吞吐量二氧化碳排放;城市公交单位客运量二氧化碳排放;城市出租车单位客运量二氧化碳排放
体系性指标	基础设施	区域交通基础设施布局及结构优化情况;每万人城市轨道交通与公交专用里程数
	运输装备	节能环保型营运车辆占比;节能环保型营运船舶占比
	运输组织	区域交通运输一体化推进情况;物流公共信息平台覆盖率
保障性指标		节能减排组织机构及工作机制建设;节能减排统计监测体系建设;节能减排市场机制推进;节能减排宣传培训
资源利用性指标		路面旧料回收率(含回收和就地利用);路面旧料循环利用率(含回收后再利用和就地利用);干线公路路面行驶质量指数优良率;省干线航道通航保证率;国道单位用地行驶量提高率
生态建设与环境保护性指标		交通氮氧化合物排放总量下降率;交通 COD 排放总量下降率;港口污水循环利用率;内河干线航道的船舶生活污水处理达标排放率;高速公路服务区污水循环利用率
特色性指标		百万以上人口城市公共交通占机动化出行比例;城市步行和自行车出行比例;中心城区公共交通站点 500 米覆盖率;县县高速公路通车率;县域铁路通车率;城市群高铁和快速铁路通勤时间

3. 加拿大维多利亚交通政策研究所

加拿大维多利亚交通政策研究所对城市可持续发展提出了三方面的目标：

（1）经济：经济生产力、地方经济发展、资源效率、负担能力、运行效率。

（2）社会：公平、安全、社区发展、文化遗产保护、公共健康与公共卫生。

（3）环境：防范与缓解气候变化、防止空气污染、噪声污染和水污染、保护不可再生资源、维护开敞用地、保护生物多样性。

绿色交通作为城市可持续发展中的重要一环，也有着经济、社会、环境三大目标：

（1）经济：高效流动能力、当地的经济发展、运作效率。

（2）社会：社会平等（公平性）、安全和健康的负担能力、社会认同感（社会凝聚力）、文化保育。

（3）环境：空气、噪声和水的污染减少、温室气体排放量减少、资源保护、土地保护与收购工作、保护生物多样性。

基于这些目标，从定量和定性两个角度分别选取指标，得到慢行交通、绿色公交、绿色航空方面的指标体系（见表 15 - 2）。

表 15 - 2　维多利亚交通政策研究所绿色交通指标体系表

指　标　类　别	指　标　名　称
慢行交通	步行交通推广率
	自行车交通推广率
	多种交通联运推广率
	慢行交通资金投入
	完善街道慢行政策
	慢行模式占比
	慢行安全率

指标类别	指标名称
绿色公交	公交联运设施和基础设施建设
	公共交通在通勤中的使用率
	使用公共交通服务便捷度
	公共交通的质量和可靠性
	每十万居民的交通意外死亡人数
	公交出行费用在收入中的占比
	公交系统的运营成本
	公交系统的投资
	公交的温室气体排放量
	空气质量(小于10微米的颗粒物)
绿色航空	着陆的交通工具的数量
	飞机的抵达和出发数量
	静态功率损耗
	气态污染物排放
	飞机的噪声排放
	航站楼的乘客人数
	着陆的乘客人数
	用水量和污水排放
	固体废弃物
	占地和生物多样性

4. 指标体系案例小结

绿色交通指标体系是量化绿色交通发展的有效手段和工具，是绿色交通发展内涵的核心体现，使绿色交通运输体系这个抽象的复杂系统变得可被理解、被测量,让交通运输行业主管部门可以定期了解全行业绿色交通运输发展水平。目前,国内外对于绿色交通指标体系的研究已有良好开端,但评价内容各有侧重,尚未形成一套公认的、完整的、综合的指标体系,主要反映出以下问题:

(1)针对性过强。已有的指标体系更多地侧重在节能低碳、污染防治、能源优化等方面,但对资源利用、社会效益等方面涉及较少,不能全面反映绿色交通发展的内在需求。

(2)普适性不足。已有的指标体系更多地适用于城市内部的绿色交通发展评估,对于对外交通(航空、水运、铁路、公路)考虑不全面,从综合性和系统角度来说存在一定的缺陷。

(3)可操作性偏弱。目前,部分类别的指标以定性指标为主,在一定程度上无法准确、客观地评估出绿色交通的发展阶段,无法从横向和纵向角度去评判绿色交通的发展趋势。

15.2.2　解读《打赢蓝天保卫战三年行动计划》

在《打赢蓝天保卫战三年行动计划》中指出,经过 3 年努力,大幅减少主要大气污染物排放总量,协同减少温室气体排放,进一步明显降低 $PM_{2.5}$ 浓度,明显减少重污染天数,明显改善环境空气质量,明显增强人民的蓝天幸福感。

到 2020 年,二氧化硫、氮氧化物排放总量分别比 2015 年下降 15%以上;$PM_{2.5}$ 未达标地级及以上城市浓度比 2015 年下降 18%以上,地级及以上城市空气质量优良天数比率达 80%,重度及以上污染天数比率比 2015 年下降 25%以上;提前完成"十三五"目标的省份,要保持和巩固改善成果;尚未完成的省份,要确保全面实现"十三五"约束性目标;北京环境空气质量改善目标应在"十三五"目标基础上进一步提高。其中,积极调整运输结构,发展绿色交通体系是重要一环,包括如下四大任务。

1) 优化调整货物运输结构

大幅提升铁路货运比例。到 2020 年,全国铁路货运量比 2017 年增长 30％、京津冀及周边地区增长 40％、长三角地区增长 10％、汾渭平原增长 25％。大力推进海铁联运,全国重点港口集装箱铁水联运量年均增长 10％以上。制订实施运输结构调整行动计划。

2) 加快车船结构升级

推广使用新能源汽车。2020 年新能源汽车产销量达 200 万辆。加快推进城市建成区新增和更新的公交、环卫、邮政、出租、通勤、轻型物流配送车辆使用新能源或清洁能源汽车,重点区域使用比例达80％;重点区域港口、机场、铁路货场等新增或更换作业车辆主要使用新能源或清洁能源汽车。2020 年底前,重点区域的直辖市、省会城市、计划单列市建成区公交车全部更换为新能源汽车。在物流园、产业园、工业园、大型商业购物中心、农贸批发市场等物流集散地建设集中式充电桩和快速充电桩,为承担物流配送的新能源车辆在城市通行提供便利。

3) 加快油品质量升级

2019 年 1 月 1 日起,全国全面供应符合国六标准的车用汽柴油,停止销售低于国六标准的汽柴油,实现车用柴油、普通柴油、部分船舶用油"三油并轨",取消普通柴油,重点区域、珠三角地区、成渝地区等提前实施,研究销售前在车用汽柴油中加入符合环保要求的燃油清净增效剂。

4) 强化移动源污染防治

严厉打击新生产销售机动车环保不达标等违法行为,严格新车环保装置检验,在新车销售、检验、登记等场所开展环保装置抽查,保证新车环保装置生产一致性;取消地方环保达标公告和目录审批,构建全国机动车超标排放信息数据库,追溯超标排放机动车生产和进口企业、注册登记地、排放检验机构、维修单位、运输企业等,实现全链条监管;推进老旧柴油车深度治理,具备条件的安装污染控制装置、配备实时排放监控终端,并与生态环境等有关部门联网,协同控制颗粒物和氮氧化物排放,稳定达标的可免于上线排放检验,有条件的城市定期更换出租车三元催化装置。

15.2.3 相关学者研究成果

陆化普等[3]对传统交通和绿色交通规划特点和差异进行分析后,提出绿色交通评价关键指标,主要有绿色交通分担率、出行距离加权平均值、出行时间指数、公交可达性、公交出行车外时间与车内时间比、清洁能源车辆使用比例、公交车平均行时速度等 7 个指标。

张志芳[4]利用价值函数的方式对公交系统规划进行评价,提出功能性指标(基础设施水平、交通网负荷、绿色交通分担率)、环保性指标(噪声污染、尾气污染、道路绿化率)和社会性指标(居民出行满意度、是否有效促进经济社会发展)三大类 9 项评价指标。

王双等[5]根据《交通运输节能环保“十三五”发展规划》中对绿色交通发展的目标要求与任务部署,从节能降碳、生态保护、污染综合防治、资源节约循环利用、节能环保监督管理等方面,设计构造了一套“四级叠加,逐层收敛,规范权重,统一排序”的全行业绿色交通发展评价指标体系,并聚焦于公路水路交通运输提取了绿色发展核心评价指标。

杨少辉等[6]对城市绿色交通的概念进行解析,明确评价目标是为推进城市绿色交通规划建设,引导城市绿色交通理念的推广,在此基础上提出基础设施水平、绿色出行、政策导向和公众感受 4 类共 12 项评价指标体系,给出指标定义和赋值方法,并提出分类评价和综合评价方法,建议评价结果采用区间表达形式。最后,利用公开发布数据对部分定量指标进行试评价,验证评价方法的可行性。

15.3 绿色交通定义及分类研究

15.3.1 绿色交通核心

“绿色”首先是指能把太阳能转化为生物能、把无机物转化为有机物的植物的颜色。植物是自然界生生不息的生命运动的最基本环节,是一切动物和人类生存的最主要的支持系统。它象征着生机盎然的生命运动,象征着自然存在物之间、人与自然之间的和谐与协调。"绿色"作为一种文化,是指人类效仿绿色植物,取之自然又回报自然而创造的有利于大自然平衡,实现经济、环境和生活质量之间相互促进与协调发展的文化。

交通运输在社会生产中分为生产过程的运输和流通过程的运输。"交通"的生产活动是进行人、物以及信息的传输,因此不论是通过何种方式、何种设施,"交通"的本质是实现人和物的移动而非交通工具的移动。

"绿色交通"作为"绿色"文化的一种,与可持续发展密切相连,它因符合可持续发展而具有生命力,而可持续发展又通过它的实施得以实现(见图15-2)。绿色交通包含三方面的完整统一协调,即通达、有序,安全、舒适,低能耗、低污染。它是实现健康、和谐、可持续发展的城市交通系统的必由之路。一个完善的绿色交通系统需要具

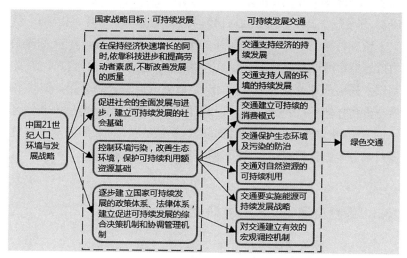

图 15-2   可持续发展战略目标下的绿色交通示意图[7]

有明确的可持续发展的交通战略,能够以最少的社会成本实现最大的交通效率,与城市环境相协调,与城市的土地使用模式相适应,多种交通方式共存,优势互补。

15.3.2　定义及特征

从国内外发展历程来看,绿色交通可分为广义的绿色交通和狭义的绿色交通。

广义的绿色交通为能源绿色,即采用低能耗、低污染的出行方式,通过碳减排和碳中和,实现生态环境保护和能源可持续利用。能源绿色主要有以下优势:

(1)减少空气污染、二氧化碳排放量、尘土污垢等。能源绿色是利用清洁能源,环保、排放少、污染程度小,能够有效缓解汽油、柴油等燃烧带来的有毒有害气体排放和尘土污垢等。

(2)减少道路空间及周边环境噪声。噪声较小是绿色能源的一大特点,它不仅能减少对道路空间本身及周边环境的噪声影响,也让驾驶的舒适度得到有效提升。

(3)降低能源消耗,避免能源短缺带来的伤害。绿色能源是对环境友好的能源,一方面它环保,排放少,污染程度小;另一方面,更深层次的含义在于,它是可再生的能源,如太阳能、风能、生物能、水能、地热能、氢能等,能够减少对自然资源的消耗。随着世界各国对能源需求的不断增长和环境保护的日益加强,绿色能源的推广应用已成必然趋势。

狭义上的绿色交通为资源绿色,即采用资源集约、大众化的出行方式,通过资源的整合和统一配置,实现较大的运输效率、社会效益和交通可持续发展。资源绿色主要有以下优势:

(1)集中用地和设施资源,综合化、集约化利用。资源绿色是指人均占用的用地和设施资源都较少,它体现了大众化的特点,充分保证城市社会的平等性。

(2) 缓解交通拥堵,提升出行效率。交通运输从本质上来说是人和物的移动,而非交通工具的移动,资源绿色能够利用较少的公共资源,实现较大的运输效率,从而真正体现"以人为本"的思想。

(3) 减少民众对个体机动化交通的依赖。人们对个体化交通的过分依赖不但影响了个人身体运动机能与健康,同时也增加了出行者的交通费用,提升了交通事故发生率及其带来的生命和财产损失。

(4) 减少农业区和敏感地区的都市化现象。交通设施的建设可能会对农业区和敏感地区的生态环境造成破坏,而资源绿色以其综合化、集约化的特点,能够将破坏影响降至最低。

15.3.3　分类及特点

以能源绿色为主导的广义上的绿色交通主要考核能源消耗、使用强度、能源结构、污染物排放等;以资源绿色为主导的狭义上的绿色交通主要考核资源集约、能效提高、污染减少、效率兼顾等。结合两类特征和定义,绿色交通总体可包含绿色对外交通和绿色城市交通2个大类共计8个小类(见图15-3):

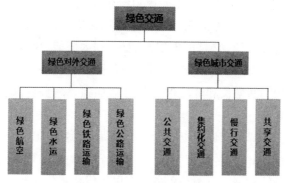

图 15-3　绿色交通分类

1) 绿色对外交通

绿色对外交通主要包括绿色航空、绿色水运、绿色铁路运输、绿色公路运输等。

（1）绿色航空。在保证航空安全和运输质量的前提下,以提高能源利用效率为核心,以节约燃油、减少排放为重心,以科技创新为动力,实现航空运输业向资源节约型、环境友好型航空运输系统发展。

（2）绿色水运。以可持续发展为目标,将航运业的经济发展与环境保护相结合,强调航运效益与环境保护之间互相协调,并将现代科学技术运用到港口、船舶、航道以及日常管理中,使其节能、高效、满足可持续发展要求。

（3）绿色铁路运输。以环境价值为尺度,运用各种绿色技术,在确保铁路运输安全、快捷、高效的条件下,不断减小铁路及配套设施对生态环境的负面影响,同时具有良好的经济效果和可持续发展能力。

（4）绿色公路运输。在公路的全寿命周期内,以创新、协调、绿色、开放、共享为发展理念,最大限度地节约资源,保护环境和减少污染,注重智慧化管理与服务品质提升,为人们提供安全、舒适、便捷、美观的公路使用环境,与自然和谐共生的公路。

2）绿色城市交通

绿色城市交通主要指建立公交优化、慢行友好的绿色城市交通体系,包括公共交通、集约化交通、慢行交通、共享交通等。

（1）公共交通。它包含轨道交通、快速交通系统（BRT）、有轨电车、常规地面公交、轮渡等,运量较高,土地和设施集约化,使用新能源,减少污染,具有固定站点和线路,运营有保障,具有公交专用道,提升运输效率。

（2）集约化交通。它包括通勤班车、大卖场班车、校车、小区班车、旅游包车等,运量虽较常规公共交通低,但远高于个体机动化交通,土地和能耗集约化。

（3）慢行交通。它包括私人自行车、私人电动车、步行、共享单车等,静态和动态人均占用面积均较小;不消耗燃油,能源强度小,具有无机动车道、人行道、隔离设施,保障安全和效率。

(4)共享交通。它包括定制公交、分时租赁、合乘车等新型绿色共享交通,通过共享方式实现有限资源的无限利用,从而达到资源集约效果。

此外,新能源交通和智慧化交通也是实现绿色交通的重要途径。

15.4　绿色交通指标体系研究

15.4.1　构建方法

根据国内外发展经验,指标体系可分为总体层、系统层、状态层和指标层 4 个等级。

(1)总体层。总体层反映总体目标。

(2)系统层。系统层结合相关规划和政策中对绿色交通发展的目标要求与任务部署,将绿色交通发展系统解析为多个子系统。该层面主要揭示各子系统的运行状态和发展趋势。

(3)状态层。状态层反映维持各子系统可持续发展的主要环节和关键组成成分的状态,包括某一时间断层上的状态和某一时间序列上的变化状态。

(4)指标层。指标层采用可测的、可比的、可以获得的指标,对状态层的数量表现、质量表现、强度表现以及速率表现等方面给予直接的度量。

基于这一框架,本研究提出"梳理→筛选→架构→指标→定义→统计"的指标体系构建方法:

(1)梳理。基于国家和地方相关规划和政策,结合国内外发展情况,对现有绿色交通指标进行梳理和解读,形成相对较为完整的指标库。

(2)筛选。在上文提到的构建原则的基础上,结合交通发展特征,筛选出符合城市高质量发展、人与社会环境和谐发展、绿色交通可持续发展的指标,确保每个行业都有所考量。

（3）架构。根据上位规划和政策中对绿色交通发展的目标要求与任务部署,构建系统层和状态层,形成初步架构。

（4）指标。根据不同的系统层和状态层所反映的特点,将筛选得到的指标对号入座,力争每一个状态层都有相应的指标层对其进行完善表征。

（5）定义。指标层确定后,对每一个指标进行明确描述,包括指标的词义解释、计算方法、单位等。

（6）统计。根据指标的定义和应用场景,提出具有可操作性的统计调查方法,一方面需要科学准确地反映指标的含义,另一方面也要求简洁明了,具有可持续性和可推广性。

15.4.2　体系架构

基于绿色交通的定义和分类研究,综合上位规划和政策、国内外案例和相关学者研究,绿色交通发展指标体系拟分为 7 个系统层、17个状态层、73 个指标层（见图 15 - 4）。

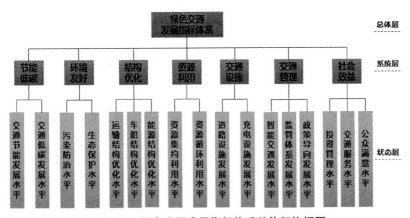

图 15 - 4　绿色交通发展指标体系总体架构框图

1. 节能低碳

节能低碳指尽可能地减少能源消耗、降低温室气体排放,这是整个绿色交通乃至整个社会环境和谐可持续发展的核心目标。

节能低碳分为交通节能发展水平和交通低碳发展水平。交通节能发展水平主要考核交通各行业对于能源的节约利用水平,包括航空、水路、铁路、公路、邮政、城市客运、社会客车的单位运输周转量能耗(单位收入能耗);交通低碳发展水平主要考核交通各行业的排放水平,包括航空、水路、铁路、公路、邮政、城市客运、社会客车的单位运输周转量碳排放(单位收入碳排放)(见图 15-5)。

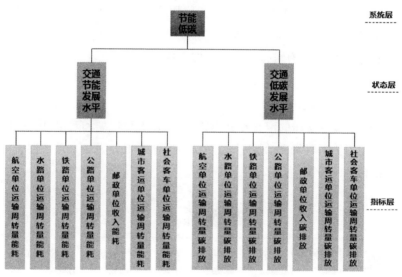

图 15-5 节能低碳系统指标体系框图

2. 环境友好

环境友好是一种人与自然和谐共生的社会形态,其核心内涵是人类的生产和消费活动与自然生态系统协调可持续发展。反映在绿色交通系统中的主要是指尽量减少交通对土地、能源等不可再生资源的占用以及对环境的影响。

环境友好分为污染防治水平和生态保护水平。污染防治水平主要考核交通各行业的主要污染物(一氧化碳、氮氧化物、碳氢化合物、颗粒物等)排放及噪声影响;生态保护水平主要考核铁路、公路、城市道路沿线绿化覆盖情况,这对于保护水土、调节气候、净化大气、防治噪声、维持自然界的生态平衡有重要作用(见图 15-6)。

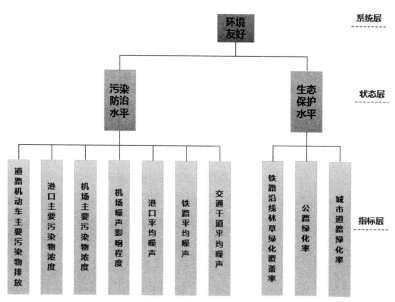

图 15-6 环境友好系统指标体系框图

3. 结构优化

交通问题究其根本是交通需求与交通供给的发展不平衡导致的供需矛盾所引起的,合理的交通结构形成,对于缓解交通问题、促进城市可持续发展有着至关重要的作用。

结构优化分为运输结构优化水平、车船结构优化水平和能源结构优化水平。运输结构优化水平主要考核各行业货运和客运结构组成;车船结构优化水平主要考核各行业清洁能源及新能源车船所占比例;能源结构水平主要考核各行业清洁能源、可再生能源、辅助能源的使用情况(见图 15 - 7)。

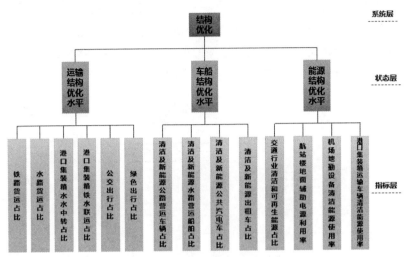

图 15 - 7 结构优化系统指标体系框图

4. 资源利用

随着我国经济的高速发展和工业化进程的不断深入,日益严重的资源能源危机已对人类的生存和社会的发展构成威胁,对交通来说主要表现在对土地和矿石能源无节制的占用。因此,资源的合理化利用成为综合解决资源、环境和经济可持续发展的有效途径。

资源利用分为资源集约利用水平和资源循环利用水平。资源集约利用水平主要考核各行业能否在有限的资源范围内得到最高的产出,实现最大的效益;资源循环利用水平主要考核各行业对于可再生资源的回收再利用水平,实现变废为宝(见图 15 - 8)。

5. 交通设施

交通基础设施是实现交通运输的必要工具,保障交通系统安全正常运营,交通设施发展水平与交通秩序、运行效率、服务品质息息相关(见图 15 - 9)。

交通设施分为道路设施发展水平和充电设施发展水平。道路设

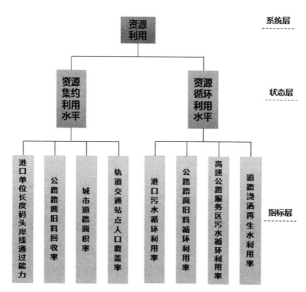

图 15 - 8　资源利用系统指标体系框图

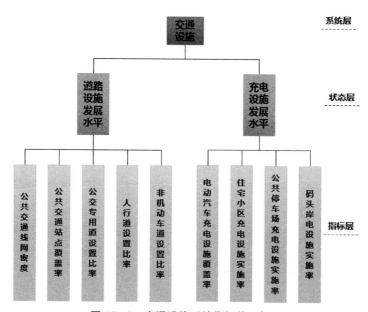

图 15 - 9　交通设施系统指标体系框图

施发展水平主要考核道路上公共交通设施的覆盖情况和慢行交通设施的设置情况；充电设施发展水平主要考核电动汽车充电设施的覆盖情况和码头岸电设施的实施情况。

6. 交通管理

交通管理指按照交通法规的要求、规定和交通系统的实际状况，运用各类技术等手段合理地限制和科学地组织、指挥交通，正确处理交通系统中人、物、交通工具、交通设施之间的关系，使交通系统尽可能安全、通畅、公害小和能耗少。

交通管理分为智能交通发展水平、监管体系发展水平和政策导向发展水平。智能交通发展水平主要考核各行业智能交通的覆盖情况和运用情况；监管体系水平主要考核交通节能环保平台的监测情况和上报情况；政策导向发展水平主要考核绿色交通的规划编制、政策制定、宣传活动执行情况（见图 15 - 10）。

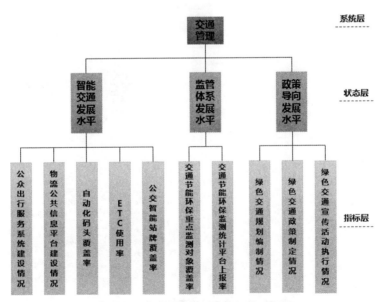

图 15 - 10　交通管理系统指标体系框图

7. 社会效益

社会效益指最大限度地利用有限资源满足社会日益增长的需求，也即项目实施后为社会所做的贡献，从绿色交通角度来说即绿色交通所产生的经济效益、服务效益、公众效益。

社会效益分为投资管理水平、交通服务水平、公众满意水平。投资管理水平主要考核绿色交通的投资补贴情况；交通服务水平主要考核交通的安全性、拥堵情况、运行效率、可达性等；公众满意水平主要考量从使用者层面对绿色交通进行满意度评价（见图 15-11）。

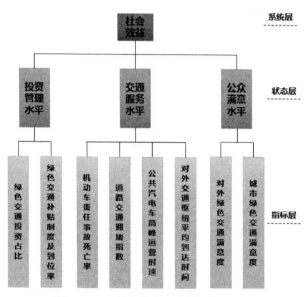

图 15-11　社会效益系统指标体系框图

15.4.3　核心指标

1. 选取原则

绿色交通发展评价指标体系具有全面性和系统性，涵盖绿色交通发展主要任务的各个方面，是对绿色交通发展全方位的评价，但评价过程面临数据量大、评价周期长等客观问题。因此，建议从以下几个角度考量,选取核心指标。

(1)可量化原则。选取的核心指标应可以定量化评估,具有明确易懂的计算公式或计算方法,或可通过某种途径直接获取。

(2)可操作原则。选取的核心指标应具有较强的可实施性和可操作性,能通过简单明了的方法进行获取。

(3)可持续原则。核心指标体系应达到常态化滚动更新的目标,具有可持续的特征,能够从空间和时间上进行横向和纵向对比。

(4)关键性原则。选取的核心指标应能够反映所在状态层或系统层最关键的发展趋势或热点问题。

2. 核心指标

基于以上核心指标选取原则,经过筛选,形成由 17 项指标构成的绿色交通发展核心指标体系(见图 15-12)。

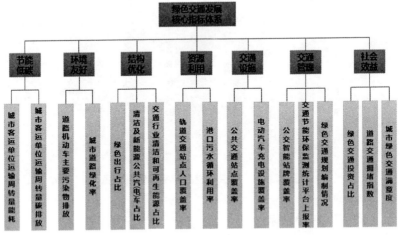

图 15-12　绿色交通发展核心指标体系框图

15.5　绿色交通指标统计调查方法研究

15.5.1　调查方法

调查方法总体采用定期开展全方位大规模调查和阶段性开展常态化数据更新相结合的方法开展绿色交通指标统计调查。

定期开展全方位大规模调查主要针对全套指标体系，采用行业管理部门调查、企业调查、专项调查等相结合的方式，对全市进行全方位大规模的调查，获取相关信息。

阶段性开展常态化数据更新主要针对核心指标体系，重点关注每年新建成设施、新投入及报废车船、重点区域、重点领域、重点企业等，进行小样本补充调查和数据更新。

15.5.2　技术手段

调查的技术手段主要分为行业管理部门调查、企业调查、专项调查、信息化大数据调查四类。

1. 行业管理部门调查

各个行业管理部门积累了大量的数据，这些数据可以为调查提供良好的基础。资料收集的主要内容如表 15 - 3 所示。

表 15 - 3　行业管理部门调查内容一览表

交　通　行　业		调　查　内　容
对外交通	航空	航空燃料使用情况 航站楼地面辅助电源使用情况 机场地勤设备能源使用情况 ……
	水运	港口集装箱水水中转比例 码头岸线通过能力 内河船型配置情况 ……

（续表）

交 通 行 业		调 查 内 容
对外交通	铁路	铁路能源使用情况 铁路客运货运比例 ……
	公路	公路绿化率 公路客运货运比例 公路路面材料废弃情况 ……
城市交通	道路交通	道路基础设施 交叉口基础设施 道路交通流量 车辆能耗及排放 ……
	公共交通	轨道交通基本信息 公共汽(电)车基本信息 轮渡基本信息 出租汽车基本信息 公共交通服务水平 ……
	慢行交通	步行道建设情况 共享单车投放情况 ……
	智能交通	监测统计平台建成情况 出行服务系统覆盖情况 ……
	新能源车辆	新能源公交、环卫、邮政、出租、通勤、轻型物流配送、市内货运车辆等 ……

2. 企业调查

企业调查主要用于能源结构优化水平调查、车船结构优化水平调查、交通节能发展水平调查和交通低碳发展水平调查,获取各行业重点企业的能源、能耗、碳排放等信息,从而得到整个交通行业的发展情况。

企业调查主要依托现状已形成常态化的运输量专项调查系统、重点单位能源利用状况和温室气体排放报送平台等进行相关数据的上报,选取其中的关键指标进行绿色交通指标的计算(见图 15 - 13)。

图 15 - 13　运输量专项调查系统界面
(资料来源:https://zxdc.catsic.com)

3. 专项调查

专项调查主要针对运输结构优化水平和公众满意度,利用问询调查分析居民交通出行特征和各类绿色出行方式满意度等(见表 15 - 4 至表 15 - 6)。

4. 信息化大数据调查

1) 交通卡数据调查

传统调研方法是基于对某一时刻的交通特征的静态抽样调查,随着公共交通卡的广泛使用,可建立一套基于公共交通卡出行数据的调查统计系统。

表15-4　出行情况调查表

1. 您在上一个工作日出行总次数是____次?（往返计两次）
2. 您上一个工作日每次出行的目的和交通方式是怎么样的?（根据出行使用交通工具顺序填写相应编码,组成出行目的与出行方式）

出行次序	(1)出发地编码	(2)出行方式	(3)出发时刻	(4)出发地	(5)到达地编码	(6)到达时刻	(7)目的地	(8)使用公共交通填写（公交、轨道、轮渡）		
								出发点到上车用时	下车到目的地用时	费用
1			__时__分	__区___		__时__分	__区___	__分钟	__分钟	__元
2			__时__分	__区___		__时__分	__区___	__分钟	__分钟	__元
3			__时__分	__区___		__时__分	__区___	__分钟	__分钟	__元
4			__时__分	__区___		__时__分	__区___	__分钟	__分钟	__元
5			__时__分	__区___		__时__分	__区___	__分钟	__分钟	__元
6			__时__分	__区___		__时__分	__区___	__分钟	__分钟	__元
填写说明	1. 单位 2. 中小学 3. 大学 4. 商场、饭店 5. 业务 6. 文化娱乐体育 7. 家 8. 医院 9. 探亲访友 10. 公园、旅游 11. 其他	1. 纯步行 2. 轨道交通 3. 公交车 4. 轮渡 5. 出租车 6. 网约车 7. 驾驶小汽车 8. 乘坐小汽车 9. 单位班车 10. 小区班车 11. 实验班车 12. 校车 13. 摩托车 14. 助动车/电动车 15. 自行车 16. 共享单车 17. 其他	24小时制,精确到分钟	详细地址应填写行政区及××路××号、建筑名称或××路××路	1. 单位 2. 中小学 3. 大学 4. 商场、饭店 5. 业务 6. 文化娱乐体育 7. 家 8. 医院 9. 探亲访友 10. 公园、旅游 11. 其他		24小时制,精确到分钟	详细地址应填写行政区及××路××号、建筑名称或××路××路	从出发地到第一次乘公共交通站点所花费的时间	从最后一次下车（指公共交通、轨道、轮渡）到目的地所花费的时间	公共交通（公交、轨道、轮渡）的票价总和

表 15‑5　满意度调查表 1

指　标		满　意　度					
		非常满意	比较满意	一般	较不满意	不满意	不知道无法评价
设施满意度	您家到最近公交站的距离						
	公交换乘轨道交通的便捷性						
	公交站附近非机动车停车的便利性						
	公交车上无障碍扶手、座位设置						
	公交站车辆到达时刻电子显示屏布设						
	您家到目的地的换乘次数						
	公交车在公交专用道与普通道路的体验						
	公交车语音报站设施						
运营满意度	移动支付方式便捷性						
	候车时间						
	车辆准点率						
	司机驾驶安全性						
体验满意度	车辆内拥挤程度						
	票价						
	排队上车秩序						
	车厢整洁						
	站点整洁						

（续表）

指　标		满　意　度					
		非常满意	比较满意	一般	较不满意	不满意	不知道无法评价
服务满意度	司机服务态度						
	投诉处理						

表 15－6　满意度调查表 2

指　标		满　意　度					
		非常满意	比较满意	一般	较不满意	不满意	不知道无法评价
设施满意度	盲道等无障碍设施						
	人行道路连贯性						
	人行道宽度						
	二次过街安全岛设置（过街道路中间设置行人驻足区域）						
	慢行交通专用的标志和标线						
	照明设施						
	过街信号灯时长设置合理性						
运营满意度	行人违章（闯红灯、占用车行道等）						
	机动车、非机动车与人行道隔离设施						
	步行与停车区域隔离措施						

（续表）

指　　标		满　意　度					
		非常 满意	比较 满意	一般	较不 满意	不 满意	不知道 无法评价
体验 满意度	林荫覆盖等骑行环境						
	路面平整性						
	沿街景观						

以上海为例,据 2017 年的统计资料,市民地面公交和轨道交通出行中使用交通卡的比例已超过全日的 80%,高峰时段接近 90%。相对于传统调查,基于公共交通卡出行数据调查具有以下特点: ① 数据量大并且可以获得准确的出行信息;② 调查费用省、数据直接通过软件处理,可迅速获得结果;③ 可以连续、持续跟踪数据; ④ 可以掌握某一事件环境下出行特征的变化;⑤ 针对通勤交通更具有优势。

2) 手机信令数据调查

通过对可识别手机用户白天及夜间所在交通片区的关联,获得手机用户通勤出行特征,包括一周内每一天通勤出行 OD,上班/下班时间,使用地下轨道交通的比例。手机信令数据也可作为交通卡数据调查的补充和校核。

3) 车载 GPS 数据调查

运用车载 GPS 系统或手机 GPS 导航软件,通过每隔一定时间自动记录下的车辆位置和时间信息,分析某一点的瞬时车速或某一路段上的行程车速。通过公交车 GPS 系统与交通卡数据进行数据分析,还可获得车辆运行效率以及运营准点率等动态数据。

15.5.3　各项指标统计调查方法

　　指标统计调查采用的技术手段首先以行业管理部门调查为主（调研部门以交通主管部门为主，此外还有市环境监测中心、市交警、市规划资源局、民航局、铁路局等）；其次为企业调查（主要涉及能源、能耗、碳排放等）、信息化大数据调查（主要涉及部分需要空间计算的指标）、专项调查（主要涉及出行比例和满意度调查）（见图 15‑14 及表 15‑7）。

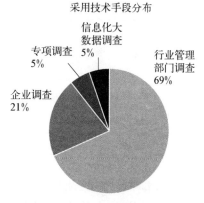

图 15‑14　绿色交通指标体系采用技术手段分布

表 15‑7　绿色交通指标体系统计调查方法汇总表

序号	系统层	状态层	指标层	指标单位	指标类型	技术手段	调研部门
1	节能低碳	交通节能发展水平	航空单位运输周转量能耗	吨标准煤/（万吨·千米）	一般指标	企业调查	/
2			水路单位运输周转量能耗	吨标准煤/（百万吨·千米）	一般指标	企业调查	/
3			铁路单位运输周转量能耗	吨标准煤/（百万吨·千米）	一般指标	企业调查	/
4			公路单位运输周转量能耗	千克柴油/（百吨·千米）	一般指标	企业调查	/
5			邮政单位收入能耗	吨标准煤/万元收入	一般指标	企业调查	/
6			城市客运单位运输周转量能耗	吨标准煤/（万人·千米）	核心指标	企业调查	/
7			社会客车单位运输周转量能耗	吨标准煤/（万人·千米）	一般指标	行业管理部门调查	市发改委、市交警

序号	系统层	状态层	指标层	指标单位	指标类型	技术手段	调研部门
8	节能低碳	交通低碳发展水平	航空单位运输周转量碳排放	吨二氧化碳/（万吨·千米）	一般指标	企业调查	/
9			水路单位运输周转量碳排放	吨二氧化碳/（百万吨·千米）	一般指标	企业调查	/
10			铁路单位运输周转量碳排放	吨二氧化碳/（百万吨·千米）	一般指标	企业调查	/
11			公路单位运输周转量碳排放	吨二氧化碳/（百吨·千米）	一般指标	企业调查	/
12			邮政单位收入碳排放	吨二氧化碳/万元收入	一般指标	企业调查	/
13			城市客运单位运输周转量碳排放	吨二氧化碳/（万人·千米）	核心指标	企业调查	/
14			社会客车单位运输周转量碳排放	吨二氧化碳/（万人·千米）	一般指标	行业管理部门调查	市发改委、市交警
15	环境友好	污染防治水平	道路机动车主要污染物排放	万吨	核心指标	行业管理部门调查	市环境监测中心
16			港口主要污染物浓度	微克/米^3	一般指标	行业管理部门调查	市环境监测中心
17			机场主要污染物浓度	微克/米^3	一般指标	行业管理部门调查	市环境监测中心
18			机场噪声影响程度	居民户数	一般指标	行业管理部门调查	民航局
19			港口平均噪声	分贝	一般指标	行业管理部门调查	市环境监测中心
20			铁路平均噪声	分贝	一般指标	行业管理部门调查	市环境监测中心
21			交通干道平均噪声	分贝	一般指标	行业管理部门调查	市环境监测中心

（续表）

序号	系统层	状态层	指 标 层	指标单位	指标类型	技术手段	调研部门
22	环境友好	生态保护水平	铁路沿线林草绿化覆盖率	%	一般指标	行业管理部门调查	市绿容局、铁路局
23			公路绿化率	%	一般指标	行业管理部门调查	市绿容局、市道运局
24			城市道路绿化率	%	核心指标	行业管理部门调查	市绿容局、市道运局
25	结构优化	运输结构优化水平	铁路货运占比	%	一般指标	行业管理部门调查	民航局、铁路局、市交通委
26			水路货运占比	%	一般指标	行业管理部门调查	民航局、铁路局、市交通委
27			港口集装箱水水中转占比	%	一般指标	行业管理部门调查	市交通委
28			港口集装箱铁水联运占比	%	一般指标	行业管理部门调查	市交通委、铁路局
29			公交出行占比	%	一般指标	专项调查	/
30			绿色出行占比	%	核心指标	专项调查	/
31		车船结构优化水平	清洁及新能源公路营运车辆占比	%	一般指标	企业调查	/
32			清洁及新能源水路营运船舶占比	%	一般指标	企业调查	/
33			清洁及新能源公共汽(电)车占比	%	核心指标	行业管理部门调查	市交通委、各公交公司
34			清洁及新能源出租车占比	%	一般指标	行业管理部门调查	市交通委、各出租车公司

序号	系统层	状态层	指 标 层	指标单位	指标类型	技术手段	调研部门
35	结构优化	能源结构优化水平	交通行业清洁和可再生能源占比	%	核心指标	企业调查	/
36			航站楼地面辅助电源利用率	%	一般指标	行业管理部门调查	民航局
37			机场地勤设备清洁能源使用率	%	一般指标	行业管理部门调查	民航局
38			港口集装箱运输车辆清洁能源使用率	%	一般指标	行业管理部门调查	市交通委
39	资源利用	资源集约利用水平	港口单位长度码头岸线通过能力	吨/米	一般指标	行业管理部门调查	市交通委
40			公路路面旧料回收率	%	一般指标	行业管理部门调查	市道运局
41			城市道路面积率	%	一般指标	行业管理部门调查+信息化大数据调查	市道运局、市规划资源局
42			轨道交通站点人口覆盖率	%	核心指标	行业管理部门调查+信息化大数据调查	市交通委、市规划资源局
43		资源循环利用水平	港口污水循环利用率	%	核心指标	行业管理部门调查	市交通委
44			公路路面旧料循环利用率	%	一般指标	行业管理部门调查	市道运局
45			高速公路服务区污水循环利用率	%	一般指标	行业管理部门调查	市道运局
46			道路浇洒再生水利用率	%	一般指标	行业管理部门调查	市绿容局、市道运局

（续表）

序号	系统层	状态层	指标层	指标单位	指标类型	技术手段	调研部门
47	交通设施	道路设施发展水平	公共交通线网密度	千米/千米²	一般指标	行业管理部门调查+信息化大数据调查	市交通委、市规划资源局
48			公共交通站点覆盖率	％	核心指标	行业管理部门调查+信息化大数据调查	市交通委、市规划资源局
49			公交专用道设置比率	％	一般指标	行业管理部门调查	市交通委
50			人行道设置比率	％	一般指标	行业管理部门调查	市道运局
51			非机动车道设置比率	％	一般指标	行业管理部门调查	市道运局
52		充电设施发展水平	电动汽车充电设施覆盖率	％	核心指标	行业管理部门调查+信息化大数据调查	市交通委、电力公司、市规划资源局
53			住宅小区充电设施实施率	％	一般指标	行业管理部门调查	市（区）交通委（建交委）、电力公司
54			公共停车场充电设施实施率	％	一般指标	行业管理部门调查	市（区）交通委（建交委）、电力公司
55			码头岸电设施覆盖率	％	一般指标	行业管理部门调查	市交通委

（续表）

序号	系统层	状态层	指　标　层	指标单位	指标类型	技术手段	调研部门
56	交通管理	智能交通发展水平	公众出行服务系统建设情况	/	一般指标	行业管理部门调查	市交通委
57			物流公共信息平台建设情况	/	一般指标	行业管理部门调查	市交通委
58			自动化码头覆盖率	%	一般指标	行业管理部门调查	市交通委
59			ETC 使用率	%	一般指标	行业管理部门调查	市道运局
60			公交智能站牌覆盖率	%	核心指标	行业管理部门调查	市交通委、各公交公司
61		监管体系发展水平	交通节能环保重点监测对象覆盖率	%	一般指标	行业管理部门调查	市交通委
62			交通节能环保监测统计平台上报率	%	核心指标	行业管理部门调查	市交通委
63		政策导向发展水平	绿色交通规划编制情况	/	核心指标	行业管理部门调查	市交通委
64			绿色交通政策制定情况	/	一般指标	行业管理部门调查	市交通委
65			绿色交通宣传活动执行情况	/	一般指标	行业管理部门调查	市交通委
66	社会效益	投资管理水平	绿色交通投资占比	%	核心指标	行业管理部门调查	市交通委
67			绿色交通补贴制度及到位率	%	一般指标	行业管理部门调查	市交通委

序号	系统层	状态层	指标层	指标单位	指标类型	技术手段	调研部门
68	社会效益	交通服务水平	机动车责任事故死亡率	人/万人	一般指标	行业管理部门调查	市交警、市统计局
69			道路交通拥堵指数	/	核心指标	行业管理部门调查	市交通委
70			公共汽(电)车高峰运营时速	千米/小时	一般指标	行业管理部门调查＋信息化大数据调查	市交通委、各公交公司
71			对外交通枢纽平均到达时间	分钟	一般指标	信息化大数据调查	/
72		公众满意水平	对外绿色交通满意度	分	一般指标	专项调查	/
73			城市绿色交通满意度	分	核心指标	专项调查	/

15.5.4 绿色交通核心指标说明

1. 节能低碳

1) 城市客运单位运输周转量能耗

a. 指标单位：吨标准煤/(万人·千米)。

b. 指标定义：城市客运(轨道交通、有轨电车、BRT、常规公交、出租车)中,综合能源消耗总量与运输周转总量之比。

c. 调查方法：开展企业调查,由城市客运企业填报各类能源消耗量以及各类客运周转量,最后能耗统一换算为标准煤进行加和,周转量统一换算为万人千米进行加和。

2) 城市客运单位运输周转量碳排放

a. 指标单位：吨二氧化碳/(万人·千米)。

b. 指标定义：城市客运(轨道交通、有轨电车、BRT、常规公交、出租车)中，二氧化碳排放总量与运输周转总量之比。

c. 调查方法：开展企业调查，由城市客运企业填报二氧化碳排放量以及各类客运周转量，最后将二氧化碳排放量进行加和，周转量统一换算为万人·千米进行加和。

2. **环境友好**

1) **道路机动车主要污染物排放**

a. 指标单位：万吨。

b. 指标定义：机动车主要污染物(一氧化碳、氮氧化物、碳氢化合物、颗粒物等)排放量。

c. 调查方法：行业管理部门调查，通过市环境监测中心调研获取机动车主要污染物排放量。

2) **城市道路绿化率**

a. 指标单位：％。

b. 指标定义：有绿化覆盖的道路里程与道路总里程之比。

c. 调查方法：行业管理部门调查，通过市绿容局、市道运局调研获取有绿化覆盖的道路里程、道路总里程。

3. **结构优化**

1) **清洁及新能源公共汽(电)车占比**

a. 指标单位：％。

b. 指标定义：公共汽(电)车中，使用清洁能源和新能源的车辆数占总车辆数之比。

c. 调查方法：行业管理部门调查，通过市交通委、各公交公司调研获取使用清洁能源和新能源的公共汽(电)车数量以及所有公共汽(电)车总数量。

2) **绿色出行占比**

a. 指标单位：％。

b. 指标定义：居民采用绿色交通(公共交通、集约化交通、慢行交通、共享交通)的出行量占总出行量之比。

c. 调查方法:开展居民出行专项调查,抽样获取居民采用绿色交通的出行量和总出行量数据。

3) 交通行业清洁和可再生能源占比

a. 指标单位:%。

b. 指标定义:交通行业中,清洁能源和可再生能源消耗量占所有能源消耗量之比。

c. 调查方法:开展企业调查,由各交通行业企业填报使用的能源类型和各类能源消耗量,计算其中清洁能源和可再生能源的消耗量和所有能源消耗量。

4. 资源利用

1) 轨道交通站点人口覆盖率

a. 指标单位:%。

b. 指标定义:轨道交通站点一定数值半径范围内覆盖的常住人口数与相应的常住人口总数之比。本指标体系中以 600 米作为半径计算覆盖人口。

c. 调查方法:行业管理部门调查与信息化大数据调查相结合,通过市交通委调研获取轨道交通站点分布,通过市规划资源局调研获取城市建成区范围,通过大数据调查获取常住人口分布情况,并在信息化模型中加以交叉计算。

2) 港口污水循环利用率

a. 指标单位:%。

b. 指标定义:港口循环利用的污水量占总污水产生量之比。

c. 调查方法:行业管理部门调查,通过市交通委调研获取港口污水循环利用情况。

5. 交通设施

1) 公共交通站点覆盖率

a. 指标单位:%。

b. 指标定义：公共交通站点一定数值半径的覆盖面积与相应的城市面积之比，通常需扣除城市面积中在技术上不适合公共交通服务的面积，如大型水域、公园、绿地等。本指标体系中以 500 米作为半径计算覆盖率，且公共交通站点应包含轨道交通、有轨电车、BRT、常规公交、轮渡等各类站点。

c. 调查方法：行业管理部门调查与信息化大数据调查相结合，通过市交通委调研获取公共交通站点分布，通过市规划资源局调研获取城市建成区范围，并在信息化模型中加以交叉计算。

2）电动汽车充电设施覆盖率

a. 指标单位：%。

b. 指标定义：电动汽车充电设施一定数值半径的覆盖面积与相应的城市面积之比，通常需扣除城市面积中在技术上不适合充电设施服务的面积，如大型水域、公园、绿地等。本指标体系中以 1 500 米作为半径计算覆盖率。

c. 调查方法：行业管理部门调查与信息化大数据调查相结合，通过市交通委和电力公司调研获取充电设施分布，通过市规划资源局调研获取城市建成区范围，并在信息化模型中加以交叉计算。

6. 交通管理

1）公交智能站牌覆盖率

a. 指标单位：%。

b. 指标定义：安装公交智能站牌的公交中途站站亭数量占所有公交中途站站亭数量之比。

c. 调查方法：行业管理部门调查，通过市交通委、各公交公司调研获取安装公交智能站牌的公交中途站站亭数量以及所有公交中途站站亭数量。

2）交通节能环保监测统计平台上报率

a. 指标单位：%。

b. 指标定义：交通节能环保监测统计平台中，上报的企业数量占所有重点监测企业数量之比。

c. 调查方法：行业管理部门调查，通过市交通委调研获取交通节能环保监测统计平台中上报的企业数量以及所有重点监测企业数量。

3）绿色交通规划编制情况

a. 指标定义：定性描述绿色交通规划编制情况，包括规划名称、所属行业、规划内容等以及规划的推进情况。

b. 调查方法：行业管理部门调查，通过市交通委调研获取绿色交通规划编制情况。

7. 社会效益

1）绿色交通投资占比

a. 指标单位：%。

b. 指标定义：绿色交通投资数额占交通行业总投资数额之比。

c. 调查方法：行业管理部门调查，通过市交通委调研获取绿色交通投资数额以及交通行业总投资数额。

2）道路交通拥堵指数

a. 指标定义：量化表达道路交通运行拥堵程度的数据，以一定范围内各个路段实时采集的平均车速为基本参数，按不同等级道路设施要素和通行能力，加权集成并经过标准化后计算生成。

b. 调查方法：行业管理部门调查，通过市交通委调研获取道路交通拥堵指数。

3）城市绿色交通满意度

a. 指标单位：分。

b. 指标定义：通过问卷调查，对城市绿色交通的各个方面设定满意程度打分，最后加权集成并经过标准化后计算生成综合满意度。

c. 调查方法：开展居民出行专项调查，抽样获取居民对城市绿色交通的满意度。

参考文献

［1］梁对对,崔晓天,谢明隆.绿色交通评价指标体系研究:以深圳为例［C］// 中国城市规划学会城市交通规划学术委员会.新型城镇化与交通发展: 2013 年中国城市交通规划年会暨第 27 次学术研讨会论文集.北京:中国 建筑工业出版社,2014.

［2］胡建强,许家雄,江祥林.绿色循环低碳交通运输评价指标体系研究［J］.公 路与汽运,2018(2):20-22,26.

［3］陆化普,张永波,赵文杰.绿色交通系统评价指标与规划设计要点研究［J］. 建设科技,2012(14):23-26.

［4］张志芳.基于价值函数的城市绿色交通规划评价［J］.交通节能与环保,2015 (4):52-55.

［5］王双,张海颖,凤振华.绿色交通发展评价指标体系研究［J］.中国资源综合 利用,2018,36(9):183-186.

［6］杨少辉,马林.城市绿色交通发展评价指标体系和方法［C］//中国城市规划 学会城市交通规划学术委员会,中国城市规划设计研究院.交叉创新与转 型重构:2017 年中国城市交通规划年会论文集.北京:中国建筑工业出版 社,2017.

第 *16* 章

超大城市慢行交通发展策略研究

　　城市是人集中生活的地方,在"人民城市"的建设背景下,城市的发展理应把宜居、宜业放在首位,其中良好的慢行交通服务是提升人民群众获得感、幸福感、安全感的重要组成部分。纵观国际社会,对标全球城市,大家的发展价值取向不再是经济总量的扩大,而是更绿色、弹性和可持续,鼓励慢行交通已经成了一种健康新风向。例如,"纽约 2050 总规"提到要建设一个强大而公平的城市,其中保障街道安全和高可达性、提升慢行交通品质是重要策略;2018 年伦敦市长在交通战略中提出以"健康街道战略"为核心,在 2041 年前将伦敦打造成为一个"街道有活力、交通有效率、空间有魅力"的国际性宜居城市,其中健康街道与健康市民是重要的发展策略。探索超大城市的慢行交通发展道路,推动交通服务更包容、更公平,是超大城市治理中必须回应的阶段性问题。超大城市的综合交通系统发展过程中除了打造"门户枢纽"、加强区域城市群联系之外,还需要在细微之处见真情,而慢行交通是综合交通系统中的毛细血管,需要用绣花功夫,将其落到实处。实际上从目前来看,"慢行交通"的概念在国际上并没有一个明确的定义,本次提到的"慢行交通"定义为依靠步行、自行车、助(电)动车和摩托车出行的交通方式。

16.1　慢行交通的发展阶段

　　20 世纪 80 年代起,我国的慢行交通发展经历了曲折的发展历程。

（1）20 世纪 80 年代到 90 年代中期，慢行交通占客运交通出行量的比例快速上升，直至达到顶峰。

"飞鸽"牌自行车是新中国生产的第一辆自行车，于 1950 年由天津自行车厂生产。此后，自行车在我国大范围普及，上海产"凤凰"牌自行车、"永久"牌自行车，天津产"飞鸽"牌自行车是主要的供应品牌。20 世纪 80 年代的中国，拥有世界上最多的自行车，被称为"自行车王国"，此时的自行车成为当时人民出行的主要代步工具。以上海为例，中心城区绝大部分居民以步行或非机动车作为主要的出行方式，慢行交通出行比例一直维持在 70% 左右，个体机动交通出行比例一直低于 10%（见图 16-1）。

图 16-1　中国曾是"自行车王国"
（资料来源：http://k.sina.com.cn/article_1463946293_57420c350010055yx.html）

（2）20 世纪 90 年代末期以后，在准机动交通模式下，慢行交通出行比例急剧下降。

20 世纪 90 年代末期以后,随着我国经济社会的快速发展和人民生活水平的提高,城市交通出行进入准机动交通模式。以上海为例,随着 1986 版上海总规的发布和 1992 年开始的浦东新区开发开放计划的实施,上海中心区形成了"申"字形快速路骨架网络,此时的轨道交通也开始建设。这个阶段,慢行交通的出行比例从 1995 年的 78%持续下降至 2014 年的 55%。此外,慢行交通的主体对象也发生了变化,由早期的步行、自行车和少量人力三轮车演变为步行、自行车和助(电)动车,且助(电)动车的出行份额快速上升而自行车快速缩减。

(3) 自 2015 年至今,在以公交为导向的交通模式下,慢行交通出行正在趋向稳定。

坚持公共交通优先发展,是解决超大城市交通问题的必由之路。上海始终坚持这一城市交通发展战略,随着城市规模的不断扩大、城市轨道交通的建设逐步成熟,上海中心城区出行结构逐步趋于稳定。以 2015 年到 2018 年的 4 年为例,上海公共交通出行比例增加了 0.7%,慢行交通出行比例下降了 0.8%,小客车交通出行比例增加了 0.6%(见图 16 - 2)。

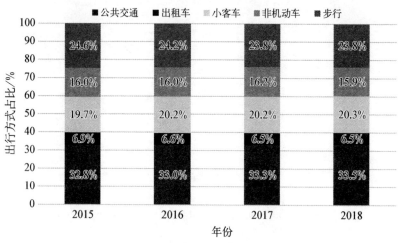

图 16 - 2　上海中心城区工作日出行方式结构图
(资料来源: 2019 年上海市综合交通年度报告)

16.2　慢行交通的出行特征

通过对慢行交通出行的时空特征、出行目的、轨道交通接驳特征、助(电)动车的使用特征等的分析,可以进一步研究各种慢行交通方式的适用场景,从而确定各种慢行交通方式在交通系统中的定位。

16.2.1　出行时空特征

1. 出行时长

自行车和步行的出行时长主要集中在 15 分钟以内。其中,出行时长在 15 分钟以内的自行车出行占 79.12%,出行时长在 15 分钟的步行出行占 86.6%。助(电)动车和摩托车的出行时长主要集中在 20 分钟以内。其中,出行时长在 20 分钟以内的助(电)动车出行占 71.31%,出行时长在 20 分钟以内的摩托车出行占 72.73%。具体情况如图 16-3 所示。

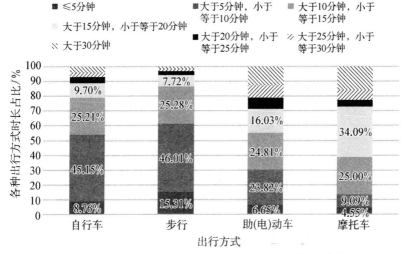

图 16-3　上海市中心城区不同慢行交通方式出行时长分布情况图

2. 出行距离

自行车的平均出行距离约为步行的 3 倍，助(电)动车的平均出行距离约为自行车的3.5 倍。此外，自行车出行距离较短且集中，出行距离 4 千米以内占 93.3%；助(电)动车出行距离相对长且分散，40.8% 的助(电)动车出行距离在 6 千米以内(见表 16-1 及图 16-4)。

表 16-1 不同慢行方式平均出行时长、距离一览表

慢 行 方 式	时间/分钟	距离/千米	速度/(千米/小时)
步行	11.2	0.75	4
自行车（含共享单车）	12.7	2.11	10
助(电)动车	17.5	7.29	25
摩托车	19.8	13.20	40

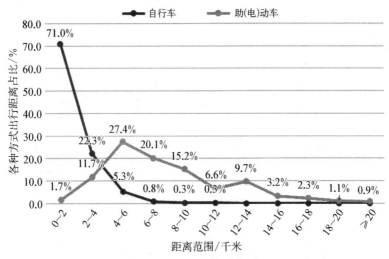

图 16-4 自行车、助(电)动车出行距离分布图

16.2.2 出行目的

慢行交通在购物娱乐中承担着重要作用。根据上海市第五次综

合交通大调查,对交通出行目的进行分析可以得到,慢行交通占所有购物出行的 73.20%,占所有娱乐出行比例的 57.4%,在通勤(上班、上学)和接送中占比约一半(见表 16-2)。

表 16-2 上海不同出行目的下的交通方式结构比统计表

出行方式	上班	上学	购物	娱乐	业务	生活	接送
公共交通/%	27.7	33.6	14.7	28.5	31.4	39.3	14.8
个体化交通/%	25.1	14.6	12.1	14.1	50.9	21.3	37.1
慢行交通/%	47.2	51.8	73.2	57.4	17.7	39.4	48.1

资料来源:上海市第五次综合交通大调查。

此外,近年来随着市民生活水平的提高,对休闲健身的需求更加迫切,在马路上随处可见晨跑/夜跑的市民。上海也举办了众多马拉松赛、城市接力赛等,其中上海国际马拉松赛是我国金牌赛事之一,吸引了国内外众多跑步爱好者。良好的慢行环境可以极大地提升市民的满足感和获得感。

16.2.3 慢行交通的轨道交通接驳特征

1. 轨道交通接驳方式结构

慢行交通在公共交通的"最后一公里"接驳中发挥着重要作用,进一步扩大了轨道交通的服务范围。以上海市中心城区轨道交通站点接驳为例,76%无需交通工具接驳,21%需一端接驳,仅3%两端均需要接驳(见图 16-5)。

对 24%的轨道交通接驳出行进行分析后发现,中心城区非机动车[共享单车、自行车、助(电)动车]接驳比例占据了63%,远超机动化交通(公交车、出租车、网约车、小汽车)。其中,共享单车占据主要地位。共享单车的出现,一定程度上方便了公众的轨道交通出行,提供了"最后一公里"服务(见图 16-6)。

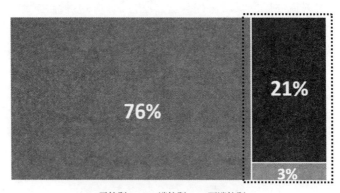

图 16‑5　上海中心城区轨道交通接驳特征

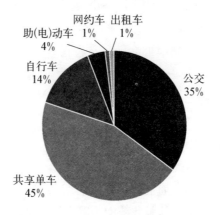

图 16‑6　轨道交通接驳方式占比

2. 各接驳方式出行时间

不同接驳方式到达轨道交通站点的时间相差不大。这和基于时长接受度影响下的方式偏好有关。其中,步行的平均接驳时长为 6.58 分钟,自行车的平均接驳时长为 6.78 分钟,助(电)动车的平均接驳时长为 6.26 分钟(见图 16‑7)。

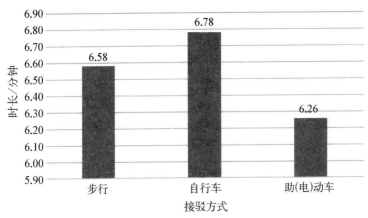

图 16-7　不同交通方式的平均接驳时长

16.2.4　助(电)动车的使用特征分析

1. 使用用途特征分析

由于目前随着产业转型和电子商务的迅速发展,助(电)动车的商用用途愈发普遍。此处以上海为例,针对自用(不用于商业目的)和商用(用于商业目的,如外卖、快递)的特征展开分析。

1) 自用和商用的比例

从时间维度来看,商用的助(电)动车在目前正在使用的助(电)动车中占比为18%~28%。从时间维度来看,自用的助(电)动车出行量大于商用助(电)动车,早高峰两类用途错峰出行,晚高峰两者出行存在部分重叠。商用的助(电)动车占比较高的时段主要集中在上午10:30~11:30和下午17:30~18:30,该时间段外卖配送需求较大(见图16-8)。

从空间维度来看,上海中心城内环内商用助(电)动车使用比例高于中心城其他区域,也高于其他调查区域。闵行区城区和浦江镇商用助(电)动车使用比例均较可观,且差距并不明显。嘉定区新城和外冈镇商用助(电)动车使用比例占比差距较大,远郊镇助(电)动车自用功能更突出(见图16-9)。

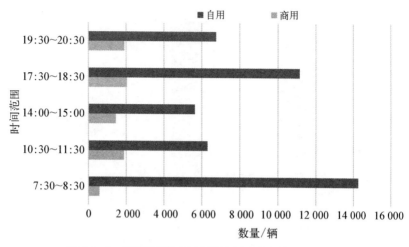

图 16-8　调查路段自用/商用助(电)动车使用时间变化

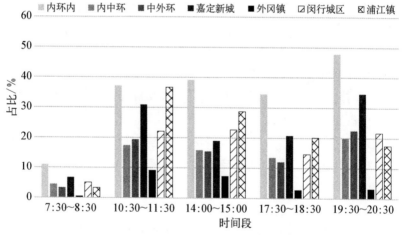

图 16-9　商用助(电)动车时空变化图

2) 自用和商用助(电)动车速度分析

助(电)动车速度整体过快,平均车速为 23.8 千米/小时;商用助(电)动车骑行速度大于自用,机动车与非机动车隔离设施显著地提高了助(电)动车车速。从时间上看,不同时间段,助(电)动车的速度较稳定,时变性并不明显(见图 16－10)。从空间上看,中心城助(电)动车车速,由内环向外环逐步增加,嘉定区、闵行区车速均高于中心城中环内区域车速;整体而言,越往外围,车速相应越快。

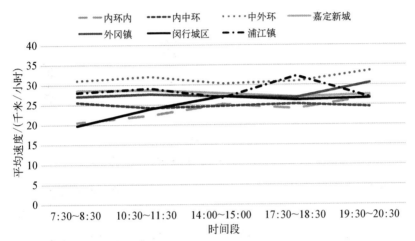

图 16－10　商用助(电)动车车速变化图

从不同使用者角度来看,商用助(电)动车速度高于自用助(电)动车速度,幅度大约为 10％。从道路设施对车速的影响分析,在有隔离设施的道路上行驶的车速较无隔离设施道路上行驶的车速快约 12％。

3) 自用用途下的出行目的分析

在自用用途中,助(电)动车出行中约一半为通勤出行。对不同区域的调查结果显示,助(电)动车使用目的基本一致,以上下班通勤功能为主,中心城、闵行区、嘉定区各占比分别为 45％、47％、44％。其次,用途分别为生活购物、接送孩子(见图 16－11)。

根据受访人的出行频率,其出行频率与出行目的相符,每天出行 1～2 次的占比最高,中心城占比达 56％,闵行区更高,达 61％,其次为每天出行 3～4 次的,占 30％左右,整体使用频率较高。出行

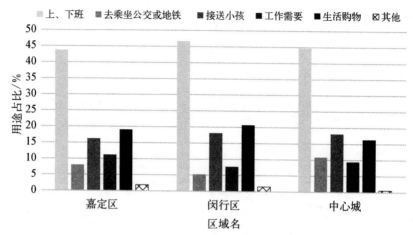

图 16‑11 不同区域助(电)动车使用目的示意图

集中于高峰时段,占 60% 以上,中心城区域高峰时段的集中度甚至高达 71%。由此可见,中心城助(电)动车是通勤和生活的重要交通工具,需充分考虑出行环境并保障其出行安全有序(见图 16‑12 和图 16‑13)。

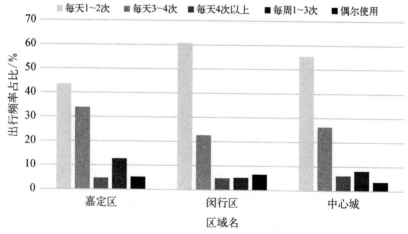

图 16‑12 不同区域助(电)动车使用频率

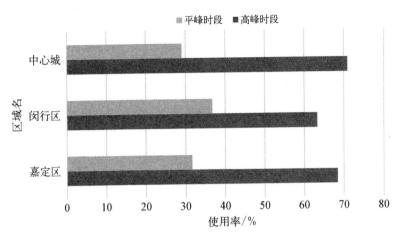

图 16‐13　不同区域助(电)动车使用时间段

在机动化高速发展、公共交通服务水平不断完善的背景下助(电)动车仍有可观的出行占比,究其原因,主要是因为该出行方式具有中短距离出行者的便捷性优势。动态交通流中的助(电)动车需要保障通行空间和通行环境,静态交通流中的助(电)动车同样需要给以高度重视。

16.3　慢行交通发展态势和功能定位

16.3.1　慢行交通发展态势

1. 发展趋势

第一,随着产业转型和电子商务的迅速发展,物流新业态发展迅猛,助(电)动车配送现象普遍。

随着全社会产业转型的迅速发展,近年来,电商物流与我们的日常生活联系日益紧密,尤其是网络购物和在线餐饮外卖的消费群体呈现井喷式增长。由于助(电)动车购买成本低,出行和停放方便,逐步成为末端配送工具的首选,但由于企业竞争和商业效益的追逐,这类出行交通违法现象严重,扰乱了城市交通秩序。然而由于货运物流规划、城市配送体系等仍在完善过程中,故这类出行在未来很长一段时间内仍将会与城市交通共存。

第二,随着科学技术的进步和社会经济的发展,新型的慢行交通工具不断出现。

随着科学技术的进步,新型的交通工具不断涌现,既包含着滑板车、平衡车等便捷轻型化的交通工具,也有老人代步车为老人提供便利出行的交通工具;未来还可能出现无人驾驶配送车辆等新型货运工具。新型交通工具有着准机动化的特性,同时有别于传统的小汽车、摩托车、助(电)动车等产品,在给市民提供了出行便利的同时也带来了相应的管理问题。

第三,共享经济是经济社会发展的内在需求和技术创新结合的产物,其中共享单车经历了竞争、重组后,目前进入平缓期和逐步规范期。

2016年,共享单车开始广泛普及,出现了众多的共享单车企业。2017年下半年,共享单车企业开始进入洗牌重组阶段,部分单车企业(例如小蓝单车、悟空单车)陷入困境甚至倒闭。目前,共享单车企业的发展进入平缓期和逐步规范期。为规范其发展,提升其服务水平,上海2018年颁布了《上海市互联网租赁自行车管理办法(草案)》。截至目前,上海共享单车企业主要为哈罗单车和美团单车(摩拜单车)。共享单车在促进低碳出行、接驳轨道交通方面发挥着重要作用,但也产生了很多问题亟待解决,例如资源的浪费、车辆停放问题等。

2. 面临挑战

第一,慢行交通安全有待加强。

慢行交通安全既包括了出行者本身的出行感受,也涵盖了交通工具和相关设施的使用安全。通过开展上海市民问卷调查结果指出,步行者的安全感受受到助(电)动车的违法行为影响较大,而非机动车出行的安全感受受机动车(包含公交车)的冲突点影响较大。除此之外,助(电)动车的违规充电引发火灾的事件频发,其充电安全也愈发引起重视。老人代步车、平衡车和滑板车的出现和使用,也引发了对使用者出行安全的关注。

第二,慢行交通设施品质有待完善。

随着城市管理精细化的推进,慢行交通设施的品质化诉求较高,也需要以绣花一样的"细心、耐心、卓越心"不断完善服务品质。通过上海市民问卷调查结果指出,路面平整度是影响市民慢行交通出行舒适感的最重要的因素,应在下一步工作中逐步完善。同时,无障碍设施的完善、慢行交通路权也需要更多的人文关怀来予以保障。

第三,不同区域慢行交通需求和出行条件存在较大差异。

超大城市不同区域的交通基础设施发展水平、城市空间结构均不同,因此各区域慢行交通需求和出行条件存在较大差异。以上海市域范围为例,从中央活动区到中心城区、主城片区、新城和新市镇,由于人口规模、开发强度和公共交通基础设施配置的差异,不同区域的慢行交通需求和出行条件也有较大的差别。以共享单车为例,在轨道交通服务水平高的中央活动区,无序投放的共享单车占用公共空间,成为一大问题;但在公交服务差、道路供给不足的外围郊区新市镇,由于政策限制和企业调度管理的难度,共享单车"一车难求",大量需求转移至助(电)动车,造成非机动车机动化程度加剧。因此,相对精细的分区定位与政策制定,是现时乃至未来慢行交通发展的一大挑战。

16.3.2　功能定位

根据对慢行交通发展趋势的分析和慢行交通出行特征的分析结论,提出步行、自行车、助(电)动车、摩托车的功能定位。

1. 步行交通

步行交通是最基本的短距离出行方式,是其他交通方式的衔接,是市民参与休闲性活动的重要方式。

2. 自行车交通

自行车交通是中短距离出行的重要交通方式,是有效延伸公共交通服务的出行方式,是市民休闲健身的重要交通方式。

3. 助(电)动车交通

助(电)动车交通是市民中短距离和中等距离出行的交通方式;是市民短途工作出行的重要方式之一;近期还承担着物流末端配送的重要功能,远期通过优化城市物流配送功能,逐步实现减量。

4. 摩托车

通过摩托车违法专项整治行动,进一步规范使用摩托车。

16.4   超大城市背景下的慢行交通发展策略

16.4.1   围绕区域差别化和公交优先的慢行交通发展策略

对于超大城市这样的城市尺度,城市用地、人口与岗位分布特征、交通系统的供给特征在城市空间分布中存在着显著的空间差异。早在上海第一轮白皮书中,就提出了"交通区域差别政策",旨在针对不同区域交通供求的不同状况,实施交通区域差别政策。此外,公共交通优先是超大城市交通治理的必由之路,这个背景下,慢行交通除了休闲健身的功能外,慢行交通也应围绕公共交通进一步开展。因此,本书将围绕区域差别化和公共交通优先发展的理念,提出慢行交通的空间发展策略。

以上海为例,首先,对上海各街道镇范围内的道路网络、公共交通发展水平进行评估,将此作为区域慢行交通发展条件,具体分析指标为路网密度、常规公交 500 米范围覆盖率、轨道交通站点 600 米覆盖率,并在三类指标分别分析的基础上,进行综合评分计算后,获得了各区域的慢行出行条件得分。

通过分析,可以较为明显地得知慢行出行条件综合指标的圈层特征——内环内、内外环间、郊区新城。内环内各项指标的发展情况较好,内外环间次之。在外环外,郊区新城发展问题较为突出。因此,考虑到该类地区不同的道路网络条件、综合交通体系发展条件,提出其各自慢行交通的发展定位,其中提出了围绕慢行交通和公共交通两者关系的思考。

1. 中心城区

1) 内环内

内环内道路网密度高,轨道交通覆盖率高,主导发展模式为"公共交通＋步行/自行车",这一模式可满足绝大部分的出行需求。在中央活动区,轨道交通供给水平高,受限于高开发强度和有限的道路空间资源,建议以"公共交通＋步行"模式为主;在内环内其他区域,发挥步行和自行车交通在接驳公共交通方面的重要作用。该方式作为绿色低碳的出行方式,在休闲健身中也发挥着一定的作用;逐步引导自用助(电)动车出行向公共交通转移。

2) 内外环间和主城片区

内外环间道路网络密度和公共交通覆盖率较高,主导发展模式为公共交通占机动化出行主导,自行车在其中发挥着重要的接驳作用。同时,随着绿道和公共空间的建设完善,其休闲健身功能也将愈发重要;随着轨道网的加密和公共交通服务水平的提升,逐步引导助(电)动车向公共交通转移。

2. 郊区新城

郊区新城道路网络和公共交通配套情况尚可,但较中心城区仍存在一定差距。因此,助(电)动车在其中发挥着重要的中短距离的点到点联系功能,这部分交通与公共交通存在着竞争和互相补充的关系。近期,助(电)动车承担着重要的生活和生产出行的同时,也承担着接驳公共交通的作用。未来,随着综合交通体系的不断完善,引导机动化出行向公共交通转移,强化步行和非机动车出行对公共交通的衔接功能。

3. 新市镇

新市镇公共交通发展和道路交通网络的发展基础较差,在公共交通覆盖不到的区域,自行车和助(电)动车承担着重要的生活和生产出行。未来,随着综合交通体系的不断完善,一方面,引导机动化出行向公共交通转移;另一方面,强化步行和非机动车出行对公共交通的衔接功能。

16.4.2 慢行交通设施品质化发展策略

1. 构筑相对独立的慢行通道网络,提升通行品质

在非机动车网络方面,主要是通过路网加密、综合采取增加隔离设施、优化路权分配、辟通断点、立体化改造等措施,增加非机动车道网络密度,提升骑行网络通达性。在步行网络方面,主要是通过增设公共通道提升步行可达性,打造社区级完整步行网络;优化过街设施,鼓励商圈构筑相对独立的步行连廊系统。

此外,应注重规范人行道非机动车停放、市政设施布设,沿街商铺及流动摊点经营行为,以及上方牌匾等悬挂物管理;科学选择人行道铺装、照明方式,做到平整防滑、舒适美观;保障人非共板道路设施(街道人行道与非机动车道之间无高差、共板使用)的安全使用,提升慢行交通出行品质。

2. 完善非机动车停放设施

明确人行道停放点设置条件、布局和设施要求,加强非机动车停放点与非机动车交通网络的衔接,加强"市区联合"力度,各行政区加强指导实际停放点的划设,进一步改善道路交通环境。

共享单车的盛行,使得市民购买的自行车意愿降低;而助(电)动车的准机动化特性加之价格优势,使得助(电)动车的保有量快速增长,而助(电)动车的单车占用空间较自行车要大。因此,在现实背景发生重大变化的情况下,可鼓励探索利用公共建筑开放空间组织非机动车临时停放,提升非机动车配建使用效率。

3. 强化无障碍设施建设

近年来,我国老龄化程度加剧,同时还呈现出增速快、80 岁及以上高龄老人群体持续扩大的趋势。党的十九大报告指出,"加强社会保障体系建设,发展残疾人事业,促进社会公平正义"。对老年人、低行动人群的关注和关爱,是关系到每一个家庭的重大民生问题,也是城市温度、人文关怀的重要体现,重点是完善道路、交通工具和配套设施、公共建筑物等公共空间交通包容性设计规范和标准,系统配置推广无障碍设施,切实营造全龄友好、舒适、便捷、无障碍的出行环境。

4. 完善慢行交通标识和指引系统

推进智能化手段在步行和非机动车交通引导中的应用,提供全方位、个性化的实时信息引导,一体化衔接室内慢行空间和室外公共空间,进行无缝式的慢行导航,并注重与其他交通方式的连接一体。信息可以涵盖轨道交通出入口、首末班车时间;地面公交站点位置、公交实时到站信息,共享单车停放点及收费信息,机动车停车场位置、停车位提示及寻车导航,厕所等公共设施位置及导航,商圈商户信息及导航等,多维度、全方位进行引导。

16.4.3 慢行交通出行安全和秩序统筹策略

1. 强化助(电)动车安全管理

基于长期共存,合规使用的理念,进一步规范快递、外卖等配送类人员助(电)动车的使用。引入佩戴头盔、购买保险、信息化监督、强化企业安全主体责任等法规要求。其中,安全头盔对于摩托车、助(电)动车驾驶者来说,相当于轿车驾驶员所系的安全带,是人遇到危险后的最后一道防线。根据世界卫生组织报告,正确佩戴摩托车安全头盔可使交通事故的死亡风险降低 40%,头部受伤的重伤风险降低 70%。对于助(电)动车使用者,正确佩戴安全头盔可起到同样的保护作用。鼓励非机动车驾驶人投保第三者责任保险、人身伤害保险和财产损失保险。目前,顺丰等快递行业已推行非机动车第三者责任保险购买事项,但现状是非机动车保险多数仅在快递、外卖等生产用途领域购买,对于采用该方式出行的市民而言该方面的信息尚不清楚,且相关保险意识不强,需进一步加大宣传力度。

2. 持续加强违法整治

这种整治主要是针对交叉口、城郊接合部等区域的行人、非机动车违法通行整治,这是利用技术手段,强化对行人和非机动车过街行为的监管覆盖。对于需求较大的路口,探索利用非机动车专用相位、导流线、停车等待区等方式加强过街交通组织。此外,加强非机动车和行人的交通违法行为的严格执法,按照过错推定原则,严格执行非机动交通相关的事故规则,并建立与交通事故侵权配套的保险制度。

3. 引导共享单车有序投放

统筹考虑市场需求,停车设施承载能力等要素,引导共享单车有序投放;强化企业主体责任,加强潮汐点运力调度,支持和鼓励电子围栏等智能停车管理设施的建设和运用;促进资源优化整合,引导租赁自行车转型发展。

4. 加强老年人代步车、平衡车等慢速交通工具通行使用管理

首先,完善法律法规和标准体系,强化准入。目前,老年人代步车、平衡车未纳入《国家机动车产品公告》的管理范围,也无相关的设计标准和规范,亟须出台相应的生产技术标准,明确规定其最高行驶速度、核载人数、电动机额定功率、车内安全气囊配置等关键技术问题,规范企业生产销售既符合标准,又符合群众需求的产品;建立生产销售许可制度,对于符合生产要求的厂家发放许可证。

其次,加强监管力度,可考虑针对属于目录中的车辆,实行牌照管理。同时,规范驾驶上路行为,对易造成安全隐患的区域和道路进行限行,避免安全隐患发生。

最后,加大宣传力度,增强市民道路交通安全意识,引导市民购买具有安全保证的车辆,购买者完善相关手续,做到合法上路。

16.4.4　慢行交通与生活功能融合发展策略

1. 完善 15 分钟生活圈慢行交通体系

结合城市更新,加强建筑退线空间整合利用,推进建筑退线空间与道路红线内配套设施一体化设计,创建活跃的沿街界面,营造高品质的交往空间;加强慢行网络与公共交通枢纽或站点,公共活动场所、绿化景观与绿道、公共通道等的便利连接和融合,探索道路断面形式的弹性利用模式和机制。

2. 推进社区稳静化措施改造

通过降低机动车车速、减少机动车流量、减少机动化交通对街道活动的影响,改善地区居民的生活环境,保障步行和非机动车交通使用者的安全,进而打造"安宁社区",提高慢行交通安全性和居住区的宜居性,可具体从设施和管理两个层面开展:设施层面包括物理隔离设施,减速带等;管理层面包括相关政策、立法和执法等,规范驾驶行为(见图 16 - 14)。

图 16 - 14　减速带、路口渠化减速、交叉口环岛减速等交通稳静化措施效果图
(资料来源: https://www.sohu.com/a/130012006_275005, https://www.sohu.com/a/200089330_99895914? qq-pf-to＝pcqq.c2c)

3. 继续推进休闲类慢行通道建设，满足市民休闲游憩需求

随着市民生活水平的提高，对休闲健身的需求更加迫切，在跑步道上随处可见跑步的市民，全国各地的马拉松赛事也越来越多。下一步的重点是统筹绿化、建筑退线和在市政道路空间建设社区级绿道系统，结合自然生态打造乡野休闲绿道（见图 16-15）。

图 16-15   上海徐汇区滨江跑步道
（资料来源：http://k.sina.com.cn/article_6411410090_17e265aaa00100chg6.html）

第 *17* 章

数据驱动的新能源交通
精细化运营管理

汽车电动化、智能化、网联化、共享化、绿色化的革命性转变[1]，不仅与我国再生能源、智慧交通、绿色出行、"互联网＋"、智能制造、大数据的应用趋势相吻合，同时也极大地拉动了能源、交通、通信、环境、人工智能、传统整车与零部件制造领域的技术升级。

汽车电动化融合先进材料应用于高精尖零部件制造以提高技术水平；汽车智能化蕴含了人工智能在交通领域的巨大应用潜力；汽车网联化推动了新一代通信技术的普及；汽车共享化加速了共享经济与共享社会的到来；汽车绿色化体现了全方位的可持续发展理念。

新能源汽车发展也带动了运输行业，充电设施行业及公共交通领域场站设施管理的智能化发展，尤其是在公共交通领域。目前，公交智能调度已较为普及，新能源公交的应用，使得车辆调度系统、充电系统及车辆管理系统融合发展及数据信息共享互通带来可能。以新能源车辆在公共交通领域的应用为案例，针对充电设施运营管理智慧化、场站设施运营管理智慧化、公交车运营管理智慧化进行研究分析。

17.1 充电设施运营管理智慧化

充电设施系统作为新能源车辆的基础支撑系统，通过电能为车辆提供能源。当前，在新能源公交车大规模推广的场景下，充电设施的智慧化运营管理尤为重要，关系到车辆充电安全管理、能源利用效率与车辆运营调度的匹配程度等方面。同时,电动汽车在能源互联网中扮演着重要的中间媒介,通过与电网互动的集中式、分散式、基于换电等控制策略,可以实现智能充放电功能,对电网起到削峰填谷的协调作用。

充电设施运营维护企业宜同步建立电动汽车和充电设施信息化管理服务平台,提供充电导航、数据交换、安全监控、费用结算等服务,逐步实现充电服务的智慧化管理。以上海为例,积极推进充换电设施公共数据采集与监测平台(简称市级平台)建设,截至2017年3月,上海市级平台已完成全市22家充换电设施运营企业的静态数据对接以及20家企业的实时动态数据对接工作,完成接入站点数量2 500余个,接入充电设备数量2万余个,基本实现了对本市公、专用充电设施公共数据的采集与监测。

为了安全、经济、高效地实现电动汽车充电,尤其是纯电动公交车辆的充电,建设充电设施智能监管系统尤其重要,一方面,实现车辆充电过程中安全动态监管;另一方面通过科学合理的充电排班,在保障和满足车辆运营使用的情况下,实现电力资源的最佳分配。

以新能源公交车充电设施智能监控系统为例,充电设施信息化管理规划总体分为三个阶段:第一阶段,场站信息化基础设施建设;第二阶段,大数据挖掘应用,提升企业运营效率及经济效益;第三阶段,利用充电信息数字化管理手段推动企业转型升级。

充电设施运营管理平台可实现现场监控系统功能及新能源综合管理两大功能,其中现场监控功能分布于各个场站,主要实现现场监管,包括充电管理、电力监控、车位检测等。新能源综合管理功能设置于企业监控中心,用于数据统计、分析,如通过采集公交新能源车辆的充电数据和行驶里程,对公交停车场的用电情况进行分析,评估公交车辆的运行情况和百千米能源消耗,指导新能源公交车的运行,降低能源成本、提高管理效率,并为今后新能源车辆的持续发展和规划决策提供数据分析工具。

1. 现场监控系统功能

现场监控系统主要实现自建充电设备的场站智慧化监控,具体功能如下。

(1)充电管理:远程启动、实时监测、数据采集、异常报警。

(2)电力监控:用户站电力 SCADA 监控、调度。

(3)远程抄表:用户站高、低压计量表采集。

(4)车位检测:充电枪对应车位的精确定位,自动识别车位状态。

(5)接口通信:与新能源管理平台通信,实时采集数据。

2. 新能源综合管理平台功能

新能源综合管理平台是一个智能管理工具,主动服务于用户、智能流程,为管控辅助决策。各场站监控系统负责每个场站数据采集并将充电数据自动上传至新能源综合管理平台,综合管理平台负责查询统计、报表汇总、数据分析、资源共享等功能。

(1)数据采集:记录自动上传、统一接口规范。

(2)查询统计:基础台账信息、充电信息、电费账单、营运里程。

(3)报表汇总:基于车队、分公司、线路、人、车、桩、场站统计,形成业务报表。

(4)数据分析。对数据的分析包括以下几个方面:

a. 基于充电数据及营运里程数据,分析场站用电负荷、车辆充电状态、电池状态、车位占用情况。

b. 场用电(停车场)分析,包括根据场站损耗率、场站设备完好率、故障率,得出场站设备设施的使用情况及损耗情况,辅助设备设施的管理。

c. 车辆信息分析,包括分析各车型在各场站的分布占比、故障率、充电速率、百千米电耗、对电池健康做预警、对续航里程做分析,辅助营运调配,分析各种车型的性能。

d. 充电设备数据分析,包括分析各桩型在各场站的分布占比、故障率,对充电行为做分析,辅助充电计划制订及充电过程管理,分析各种充电技术的优劣。

e. 用电(充电桩)分析,包括分析充电桩使用功率、充电桩使用峰值、车位使用峰值、功率与车位占用情况、峰平谷电量,辅助调整充电计划及营运手段。

f. 电量(账单)分析,包括分析峰平谷金额、电费分布、年度契约负荷、错峰充电产生效益,用于建场初期电费模式的调整,后期辅助实现错峰用电、节能增效。通过数据分析,部分车辆可利用白天补电,实现场站错峰充电,可以大大节约经济资源。

g. 充电计划排班分析,包括依据充电排班计划分析、场站容纳量、场站充电完成时间预测,辅助估算场站可以充多少辆车,估算现有车辆全部充完的时间,辅助合理安排充电计划。

h. 异常情况提前预警分析,包括通过大数据分析,可以对充电设施、车辆、电池的性能进行评估,对可能存在的隐患提前预警,降低运营风险,提高工作效益。

(5) 资源共享。新能源综合管理平台与公交车调度系统[公共汽(电)车]共享,同时,数据接入市级平台。

17.2 场站设施运营管理智慧化

场站设施管理智慧化方面,存在公交场站多建设时间久远,信息化程度不高的问题。借助新能源公交车的推广,有待进一步完善场站信息化功能,使管理向公开化、透明化转型。

1. 完善现有场站信息化设施设备、智能监管平台

(1) 借助信息化手段,摸清家底,包括现有场站人员情况、设备情况、管理现状、成本能耗等。

(2) 完善现有场站信息监控平台功能,包括停车场监控数据、车辆进场数据、充电桩实时数据采集;开发场站集中监管平台,实现场站集中统筹管理;对现有场站,通过建设集中管理平台,实现场站统

一监管,提升现有管理效率及管理能级(见图 17-1)。

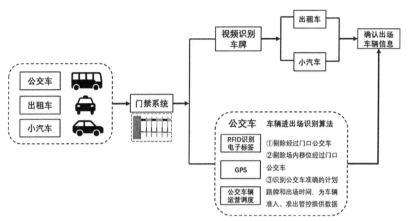

图 17-1　场站车辆进场管理示意图

(3)场站内部划分功能区,探索公交场站综合利用方案,如向新能源出租及新能源社会车辆开放充电设施等,并制订配套管理制度。

在现有出租车及社会车辆新能源化推进阶段,公交场站由于车辆运营特点,白天充电设施闲置,或者仅有部分有使用需求。在保证安全前提下,可为出租车或社会车辆提供一定的充电服务,弥补充电设施不足问题。

2. 推进场站"一体化、自动化、无人化"管理

(1)近期,推进场站"一体化"管理,对内推进现有场站管理及信息化整合。加强车辆管理、人员管理、现场管理新能源车辆等功能模块建设,最大限度提升专业管理效能;对外与营运系统、机务系统、智能场站对接,实现整体管理效率提升。

(2)远期,基于场站信息化的基础,结合新技术研究(无人机、机器人巡检、充电弓)推进智慧化,自动化,无人化管理。

3. 试点公交场站综合开发,探索新产业模式

一方面,试点公交场站综合开发。目前,土地集约化利用指导思

想加强，多个城市在尝试公交场站综合开发。新能源车辆噪声通常比传统柴油车小，可减少与其他业态间的噪声干扰，在业态设计方面的阻力较小，有条件尝试集约化的综合开发。另一方面，试点充电资源对外开放，布局能源补给产业；在现有的场站管理智慧化、信息透明化的基础上，在保障安全的前提下，试点充电资源对社会开放。试点充电资源对外开放，布局能源补给产业。

17.3 新能源公交车运营管理智慧化

1. 新能源公交车与传统公交车的区别

新能源汽车融汇了新能源、新材料和互联网、大数据、人工智能等多种变革技术，推动车辆从单纯交通工具向移动智能终端、数字空间转变。新能源纯电动公交车实现了整车控制器局域网（CAN）系统全覆盖，信息量爆发式增长，网联化新趋势，给车辆数字化管理带来新机遇。与燃油公交车相比，车辆更加智能，实现了辅助驾驶、主动防护的功能，且随技术发展车辆智慧化水平将进一步提高，纯电动公交车与燃油公交车特性对比如表 17-1 所示。

表 17-1　纯电动公交车与燃油公交车特性对比分析表[2]

项　　目	燃油公交车 （以 12 米燃油公交车为例）	纯电动公交车 （以 12 米纯电动公交车为例）
车辆核心部件	发动机及其机械部件	大三电（电池、电控、电机）及小三电（电制动、电转向、电空调）
能源方式	柴油	电力
补给时间	5～10 分钟	续航里程 300 千米，常规充电（120 千瓦）充满电约需 2.5 小时
场站设施	车辆停放、维保功能	车辆停放、维保功能、充电设施、变电站等

(续表)

项　目	燃油公交车 (以 12 米燃油公交车为例)	纯电动公交车 (以 12 米纯电动公交车为例)
维修模式	公交企业自主维修,车辆部件拆卸方便,维修工人以机械工为主	以故障诊断为主,需整车厂技术支持,维修工人以高压电工、低压电工为主
车辆信息化	车载 GPS 信息	整车 CAN,信息量维度爆发式增长
车辆智慧化	—	辅助驾驶、主动防护等功能

2. 新能源公交智慧化管理

新能源车辆由于网联化、智慧化的新特点,具备了信息化管理的基础。借助信息化、智慧化手段,可以实现统一管理车辆全生命周期的相关数据,统一管理维修工艺标准、零件目录、工时标准、技术资料、培训/实训、保障设备和工具、维修支持、使用维护经验等信息,提供系统、一致、专业的技术支持平台。

通过建设车辆智慧化管理系统,可实现车辆各部件从出厂到报废,从进场、充电、维修到出场、运营,全过程、全生命周期的数字化监管。利用大数据技术分析车辆数据(包括车辆运行状态、保养次数、各部件故障及维修次数等),对车辆性能进行综合评估,结合车辆维修保养成本分析,为车辆的采购及弹性报废做技术支撑。未来车辆报废可以不再是一刀切模式,而是对每辆车进行科学测评,实现差异化的报废年限。通过对不同厂家、不同车型车辆表现进行科学评估,指导未来车辆采购。同时,借助信息化手段可以实现智能调度排产、维修数据跟踪,实现保养计划与维护需求、保养计划与营运计划相协调,提高车间协同效率(见图 17-2)。

3. 新能源车辆智慧化运营调度管理

首先,新能源纯电动公交的运营管理应保障新能源车辆的基础设施及场站安全;其次,建设车辆信息化管理平台,在车辆信息化管

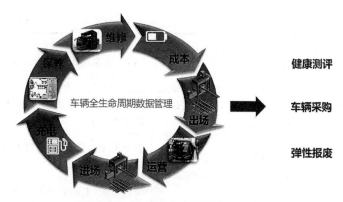

图 17 - 2   车辆全生命周期管理示意图

理基础上,对接公交车调度平台、充电设施平台、场站管理平台,逐步形成传统公交企业信息化管理模式,同时提前谋划,做好大数据及信息化管理人才储备(见图 17 - 3)。

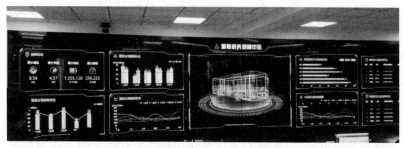

图 17 - 3   新能源公交车智慧管理系统[2]

1) 车辆智慧化运营管理

数据资源以车辆的运营为主线,以提升效率和降低成本为着眼点,整合车辆、场站、供电的相关数据,支持现场车辆充电调度自动化管理功能的实现,根据建设、配车、运营等变化情况,智慧化提供相应的现场充电方案,实现科学调度。

移动互联+大数据,有效利用云存储、云计算的科技手段,进一步整合设施、线网、客流、业务、机务的相关数据,为监控、统计、分析、预警和决策,构建具有可操作性和前瞻性的智慧集成平台,实现营运生产全过程的智慧化和信息化,提高数据统计分析的准确性和生产决策的科学性,全面提升管理效率,为常规公交品质化发展、打造品牌公交奠定基础。

2) 车辆与线路智能调度相结合

将新能源车辆纳入智慧化运调系统管理,及时了解新能源车辆的运行位置、行车间隔等信息,适时掌握每台车辆的运行状况。车队可以根据现有条件灵活运调,避免运营资源浪费,减少车辆盲目调配,车辆运行间隔更加均匀,车辆周转效率明显提高。既让新能源车辆物尽其用,续航里程得到合理使用,又较好地满足了公众乘用公交工具出行的需求。

3) 充电资源统筹调度功能

现有车、线、场采用模块化管理,相互之间存在信息壁垒,通过搭建集车辆运营监测、线路排班、场站充电管理于一体的综合调度管理平台,实现各模块之间的信息共享。

平台通过实时监测车辆电池的使用情况,在接近补电的临界值时,发送提醒信息至车载终端和线路运营公司,线路运营公司统一进行公交车辆的调配,避免对公众的公交出行服务产生影响,同时,在公交首末站附近搜索可提供补电服务的场站,将信息发送至线路运营公司和场站运营公司,确保车辆到达场站后有电可充。

不同车型、不同使用年限的车辆续驶里程不同,将车辆实时状态、充电计划及线网调度相互融合,优化线路调度模式。运营过程中灵活调度,及时了解新能源公交车的运行位置、行车间隔等信息,适时掌握每台车辆的运行状况。车队可以根据现有条件灵活运调,避免营运资源浪费,减少车辆调配盲目性。如车辆运行过程中,突发车辆电量不足问题(带电量剩余30%以下),可结合周边充电设施的分布情况,至就近场站进行补电,调度中心调配附近公交车顶替补电车辆运营(见图17-4)。

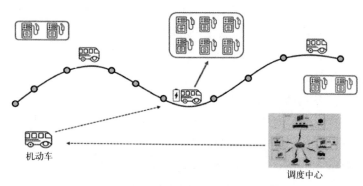

图 17-4   突发车辆电量不足解决思路示意图

4）人才队伍转型升级

新能源车辆在车辆设备、信息化、维修保养方面均与传统燃油汽车不同，这对于企业现有的人员技术及管理模式带来新的挑战，尤其对于维修保养工作，原有的维修人员不能满足新能源车辆维修保养技术要求。人员管理从驾驶技能、营运管理、车辆维保、人力资源等几个方面进行提升。

（1）在驾驶技能方面，通过对公交车司机进行纯电动公交车驾驶培训及让技术过硬的司机兼职创新服务运营业务，解决油转电公交车技术匹配和司机增量问题。

（2）在运营管理方面，通过对管理团队进行新能源车辆管理培训，将原有的管理团队转型为新能源管理团队。

（3）在车辆维保方面，通过对维保人员进行新能源车辆维修、新能源充电设备计费等专项培训，鼓励基层员工立足岗位苦练内功，推动企业用工机制的转型升级。可采用如下方式：

a. 通过与生产企业建立联合培训机制，对员工维修技能进行培训和现场作业指导，通过实操性反复动手操作，可使大部分现有员工掌握格式化保养作业技能，掌握基础性的自主维保技能。通过 1～2年质保期内实践性学习摸索和培训，逐步掌握维修保养和判断故障技能,实现替换型自主维修。

b. 通过挖掘人才和引进外脑,取长补短,解决新能源汽车维修保养人员专业维修本领和日常故障诊断排除技能,对专业性较强的总成故障排除人员实施互换。

c. 对于专业性较强的总成及电器管理模块,与专业厂商协议委托修理,实现技能互补。

在新能源车辆安全管理方面,技术管理与应急管理双联动,建立新能源公交应急管理体系。

5) 技术管理与应急管理双联动,保障新能源车辆运行安全

建立新能源车辆技术管理体系,解决运营中的技术问题。技术质量是新能源汽车的核心要素,关乎车辆使用价值与企业运营成本。新能源汽车质量监督机制的完善主要体现在公交车辆生产前、制造中与投放后 3 个阶段。产业链上各个企业,尤其是运营企业、整车制造企业、关键零部件生产厂商应加强合作,重视各方问题,并及时跟进解决。

防患于未然,建立新能源公交应急管理体系。新能源公交投放市场运营后,需应对运营过程中出现的各种问题,如因车辆技术故障停运待检(待修)、充电设施瘫痪、动力电池起火爆炸、台风暴雨恶劣天气等导致线路新能源车辆停运引发客流大面积聚集等。政府主管部门和公交运营企业应制订专门针对新能源车辆的应急预案,明确各种异常情况下的应急措施,提升各级管理人员处理运营应急的现场指挥、善后处理能力,确保发生运营应急事件时应急运力、应急援救能够得到迅速、及时展开,防止事故影响扩大,使其对社会的影响降到最低。

参考文献

[1] 孙江明.电动汽车产业发展模式[J].高科技与产业化,2012(7):36-39.

[2] 石红云.新形势下新能源纯电动公交车的运营管理研究[J].上海节能,2020(7):709-714.

索　引

致　　谢

　　本书的顺利出版,首先,要感谢行业主管部门和交通运输企事业单位的悉心指导和帮助,感谢上海市交通委员会、上海市道路运输管理局、上海市交通委员会交通指挥中心、上海公共交通卡股份有限公司、上海申通地铁股份有限公司、上海久事(集团)有限公司、上海交运集团股份有限公司、各公交、出租公司等相关处室。其次,要感谢作者所在单位上海市政工程设计研究总院(集团)有限公司、上海城市交通设计院有限公司,为本书的出版提供了全面的支持。上海城市交通设计院成立于1978年,历经了40多年的发展历程,在交通规划、咨询、设计方面经验丰富,具有城乡规划、市政公用、工程咨询、建筑设计、道路设计、节能减排等资质。上海城市交通设计院秉承"诚信、品质、创新、卓越"的企业精神,立足上海、面向国内外,为各地的城市交通建设做出了积极的贡献。

　　另外,感谢上海市政工程设计研究总院(集团)有限公司、上海城市交通设计院的悉心教导和培养,感谢张品立、黄云、陈仕瑜、付亚茵、王若琳、石红云、陈琛、许君洪、何千羽、张蕾、成佳磊、蒋璐、杨嘉睿同志为本书编撰工作付出了大量心血。

　　同时,感谢杨东援教授,感谢国内外诸多专家、学者和专业人员长期以来的关心和帮助。